城市会展业发展的理论、方法与应用

——基于宁波的探索

任国岩　著

北　京
冶　金　工　业　出　版　社
2015

内 容 提 要

本书立足宁波市会展业发展的实际，从理论、方法与应用相结合的角度，对城市会展业发展开展了系统研究。在分析城市资源等特征的基础上，着重分析城市会展业发展的整体架构、重要意义、存在问题、发展定位、主要工作任务和相关保障措施，旨在通过系统剖析城市会展业发展的全方位、全过程，梳理城市会展业发展的整体脉络并对其发展规律开展研究，为城市会展业发展提供参考借鉴。

本书既可以作为政府会展主管部门研判城市会展业发展的重要参考，也可以为高校、科研院所等会展专业研究人员开展学术交流，以及会展企业从业人员分析城市会展业发展环境，进而科学规划会展企业、会展项目发展提供支持，还可以作为高校学生开展研究性学习、撰写研究论文的辅助资料。

图书在版编目(CIP)数据

城市会展业发展的理论、方法与应用：基于宁波的探索/任国岩著．—北京：冶金工业出版社，2015.5

ISBN 978-7-5024-7052-4

Ⅰ.①城…　Ⅱ.①任…　Ⅲ.①展览会—产业发展—研究—宁波市　Ⅳ.①G245

中国版本图书馆 CIP 数据核字(2015) 第 201170 号

出 版 人　谭学余

地　　址　北京市东城区嵩祝院北巷 39 号　邮编　100009　电话　(010)64027926

网　　址　www.cnmip.com.cn　电子信箱　yjcbs@cnmip.com.cn

责任编辑　夏小雪　美术编辑　彭子赫　版式设计　孙跃红

责任校对　郑　娟　责任印制　牛晓波

ISBN 978-7-5024-7052-4

冶金工业出版社出版发行；各地新华书店经销；固安华明印业有限公司印刷

2015 年 5 月第 1 版，2015 年 5 月第 1 次印刷

169mm×239mm；13.25 印张；255 千字；196 页

42.00 元

冶金工业出版社　投稿电话　(010)64027932　投稿信箱　tougao@cnmip.com.cn

冶金工业出版社营销中心　电话　(010)64044283　传真　(010)64027893

冶金书店　地址　北京市东四西大街 46 号(100010)　电话　(010)65289081(兼传真)

冶金工业出版社天猫旗舰店　yjgycbs.tmall.com

(本书如有印装质量问题，本社营销中心负责退换)

序

2015年3月，国务院印发《关于进一步促进展览业改革发展的若干意见》，这是我国首次从国家层面出台相关文件，明确会展业发展的作用和定位，并全方位、多角度地明确会展业发展的目标与途径。恰逢此时，任国岩老师的专著《城市会展业发展的理论、方法与应用——基于宁波的探索》也即将出版，可谓“好雨知时节，当春乃发生”，也预示着我国城市会展业的研究工作将逐步走上学术与实战相结合的新阶段，在理论与方法的融合方面迈上一个新台阶。

当我仔细阅读这本专著后，一种欣喜之情油然而生。我国会展业起步较晚，尽管国内学者一直在积极探索会展业发展的理论研究和方法构建，但能够结合城市会展业发展的实际，将理论、方法与实际有机结合的研究成果并不多见。任国岩老师多年来坚持“依托产业、服务产业、提升产业”的指导思想，结合宁波市会展业的发展实际开展研究，尤其是坚持10余年开展应对性研究工作，付出了艰辛的努力，也取得了可喜的成果。书中不仅梳理了会展业发展的历程、相关理论与应用，也把许多应用性研究方法与会展产业的发展有机结合，在一定程度上解决了会展业发展过程中存在的定性研究多、定量研究少的问题。这也将进一步提升会展业发展在决策、创新、管理和服务方面的科学性和规范性。

作为教师和专业负责人，任国岩老师从无到有进行了一系列工作。2007年他带领会展经济与管理专业获得了浙江省重点建设专业立项，2010年又获得国家级特色专业建设点立项，难能可贵。在教学工作之余，他结合浙江省会展业发展实际开展探索性研究，多年来重视产业服务工作，也承担了会展业发展规划、会展项目评估、会展拉动作用测算、会展产业政策起草、会展产业管理办法制订等多项产、学合作的研究工作。在浙江省会展业发展布局方面，他提出了“浙江省初步形成杭州、宁波、台州、温州、义乌等城市构成的会展城市群，杭州、绍兴、宁波、舟山等地区构成的节庆产业带和杭州、宁波、嘉兴会议城市金三角”的观点，对浙江省会展产业发展的空间布局首次进行科学描述。在会展产业发展的作用方面，他在2005年提出“会展业具有转换器功能，可以依托一产、二产资源，形成三产业态，也可以将三产资源，转化为新的三产业态，通过举办会展活动，延长产业链、提升附加值”的观点，《杭州日报》对此作了详细报道。2008年，他提出的“会展业具有三极管的信号放大作用，其中城市资源是集电极，会展产业是基极，通过会展产业的信号放大作用，可以形成会展在城市经济、文化、社会资源等方面的综合效应，通过发射极释放出来”的观点，《宁波晚报》对此专门进行报道。作为浙江省会展行业协会副会长，在服务行业协会工作方面，任国岩老师先后起草了省会展行业协会的发展规划和工作总结、年度计划等多项文稿。此外，任国岩老师的研究工作更多体现在实践方面，他的多篇研究成果获得省市主要领导的批示，也有更多的成果在宁波会展业发展的实际工作中得到具体体现。

“宝剑锋从磨砺出，梅花香自苦寒来”。对会展业长期的潜心研究，逐步形成了任国岩老师理论与实践相结合的研究风格，也为浙江省会展教育科研工作写上了浓重的一笔。我衷心希望任国岩老师在现有工作的基础上，进一步系统开展研究工作，经过不断的努力，“晓看红湿处，花重锦官城”，在会展业的改革创新等方面形成更多、更好的研究成果，为浙江省和宁波市的会展业发展做出更大的贡献。

浙江省会展行业协会会长　刘志刚

2015年4月

前 言

2015年3月，国务院印发《关于进一步促进展览业改革发展的若干意见》（国发2015年15号），这一文件首次从国家层面明确了会展业发展的作用和定位，并全方位、多角度地明确了会展业发展的目标与途径。文件出台后，在全国会展业引进巨大反响。国家商务部先后多次召开调研会、座谈会，研究制定相关的配套措施。各地方政府也结合自身产业特点，积极研究落实国务院文件精神。本人有幸参加了商务部、浙江省、宁波市等多层面政府会展业主管部门召开的落实国务院文件精神座谈会，亲身感受到相关领导、业内同行对会展业未来发展愿景的描绘，也进一步增强了做好会展科研工作、人才培养工作的主动性和自觉性。

会展业是近年来快速发展起来的新兴现代服务业。国内外专家学者普遍认为，会展业对产业发展具有提升作用，对城市消费具有拉动作用，对弘扬文化具有促进作用。国内许多城市将会展业视为经济发展新的增长点、产业结构调整的突破点、生态可持续发展的着力点和文化传承的衔接点，并出台政策加以扶持。城市是经济的重要支撑平台，城市会展业也是会展业发展的重要单元，城市的资源禀赋直接影响会展项目的策划、管理与服务。在当前网络经济时代，城市的发展面临着巨大的竞争压力，会展业自身的注意力经济效应，可以有效提升城市的品牌形象，扩大城市的国内外影响，因此，发展会展业具有较大的潜力。

在我国，副省级城市是会展业发展的重要城市群体。宁波市是我国计划单列城市，自1997年举办首届宁波国际服装节、1999年承办浙江投资贸易洽谈会以来，经历了长三角南翼会展之都、国际会展之都、国务院《长江三角洲地区区域规划》宁波服务业发展定位和区域性国际会展之都建设多段历程，受到历届市委、市政府领导的高度重视，并逐步形成以产业资源为主体、立足服务于经济发展的专业类会展项目群，同时重视结合市场资源发展消费类会展项目，形成较为鲜明的城市会展业发展特色。在会展场馆和酒店等基础设施建设、会展管理体系建设、会展政策法规体系建设、产业服务体系建设等多方面持续探索，已经初步形成城市会展业发展的特色模式。在长期的运作过程中，也形成具有完备的管理体系、优良的会展基础设施、良好的会展服务体系和结构合理的会展项目群体。尤其是2014年承办“中国—中东欧部长圆桌会议”和“中国—中东欧国家特色商品展”以来，更是将会展业作为拓展城市国际化影响，加强国际合作交流的重要手段。在会展产业政策、会展服务体系建设等方面形成鲜明的特色，具有城市会展业发展的典型特征。因此，基于宁波会展业的探索和研究具有一定的代表性。

会展业是知识密集型、技术密集型和服务密集型产业。会展业发展过程中，不仅需要资源依托，也需要创意设计和管理服务等多环节的有机融合。在会展业的发展过程中，也经常会遇到许多实际问题：是不是所有城市都具备发展会展业的基本条件、什么样的城市适合发展会展业、城市如何结合自身的资源特点确定城市会展业的发展定位、如何设计城市会展管理体系、如何科学规划城市与会展项目的基础设施建设、如何系统策划与设计城市会展项目的整体结构框架、如何出台政策和制定法规加强对会展业的扶持与管理、产业如何构建系统的服务体系，这些都直接影响着城市会展业发展的决策过程以及后期管理和服务工作。由于会展业起步较晚，因此城市会展业发展的理论、方法还不够成熟，导致城市在发展会展业的过程中，缺乏必要的规范性调研手段，会展决策的分析体系和支撑体系无法有效支持城市会展业发展决策，在一定程度上影响了会展业的快速、健康、可持续发展。在宁波会展业的发展历程中，相关研究人员依托宁波市会展经济研究所的平台，紧密结合城市会展业发展的实际需要，从产业发展的动力学、运动学等角度，在城市会展业发展的基础设施、管理体制、项目结构、服务体系、教学科研、国际合作等方面开展了系统深入的研究，在服务地方会展经济发展的同时，也在会展理论、会展经济数学研究方法、城市会展业综合运作等方面形成了较为完善的体系。正是由于这些系统的研究，才使宁波会展业超越了城市资源的约束，积极探索产业发展的创新渠道，有效促进了宁波市会展业快速、健康、可持续发展。这些体系的建设，既是国内会展业发展的一个集中体现，也是城市会展业发展理论、方法、应用的一个缩影。因此，梳理发展的过程、整理相关的理论与方法在实践中的应用，对相关城市发展会展产业应具有一定的参考和借鉴作用。

本研究坚持“依托产业、服务产业、提升产业”的指导思想，立足国内外会展业发展的大背景，从产业发展的实际需要入手，从会展基础理论、会展研究方法以及城市会展业发展的实践角度入手，通过系统梳理宁波市会展业发展的主要历程和关键节点，分析宁波市会展业发展对提升城市注意力经济效应、提升产业竞争力、拉动城市消费、促进文化产业发展、优化城市空间布局、搭建城市国内外合作交流平台等角度归纳会展业对城市政治、经济、文化等方面发展的重要作用；从会展基础设施、管理体制、项目结构、服务体系构建、搭建城市国内外合作交流平台等方面，系统研究城市会展业发展的现状、问题与对策；结合区位资源、产业资源、文化资源、管理资源、服务资源、市场资源等内容，从城市定位、产业定位、项目定位等角度明确会展业发展的方向与目标；并就重点项目、保障措施能提出规范性的对策建议，旨在通过进一步明晰会展业发展的内涵、规范会展业发展外延，系统归纳城市会展业发展的主要理论及观点，探索产业发展的系统性研究方法，为政府发展会展业决策提供支撑，为产业创新提供服务，以便更好地推进城市会展业快速、可持续发展。

著 者

2015 年 4 月

目录

第一章

绪　论

第一节　会展业的基本概念与特征

一、会展业的基本概念

（一）国外会展业的主要概念与分类

国外关于会展的定义很多，狭义会展包括会议和展览会。欧洲是会展的发源地，在欧洲，会展被称为 C&E（convention and exposition）或者 M&E（meeting and exposition）。而广义的会展就是通常所说的 MICE（M：meeting；I：incentive tour；C：conventions；E：exhibition and events）。从 MICE 的角度划分，会展主要包括以下类型：

（1）会议。会议是人们为了解决某个共同的问题或出于不同的目的聚集在一起进行讨论、交流的活动。当今，会议已成为人们经济政治生活中主要的沟通形式。在国际经济迅猛发展的年代，每天都在举行内容迥异的各种会议，全世界每年召开的有一定规模和影响力的会议就达数十万个，如各类公司会议、协会会议、商务型会议、文化交流型会议、专业学术会议、论坛型会议、研讨型会议、政治型会议等。

（2）展览。展览，从字面上分析，可直接理解为有“展”有“览”的活动，即把产品陈列来让人参观。展览是一种具有一定规模和相对固定日期，以展示组织形象和产品为主要形式，以促成参展商和参观者之间交流洽谈的一种活动。

这里要注意区别展览会、展销会、博览会。展销会主要指市场交换场所，具有直接进行商品交换的特性，而展览侧重于商品展示，博览会是弥补展销会和展览之间差异的纽带。博览会一般由政府部门组织或是企业团体在政府帮助下组织，其目的是商贸促销，制造商、贸易商、零售商和批发商应邀来展示商品。博览会上通常不进行直接的商品买卖，参展目的是为了促进将来的销售。在会展业中，展销会、展览会和博览会三个术语经常交叉使用，在北美和欧洲，展览会和博览会两个术语的使用频率较高。

（3）节事。节事顾名思义是节庆活动和特殊事件活动的总称。它包括了各种传统节日和新时期的创新节日以及具有纪念性的事件。目前节事研究的典范之作——Getz 的《Festival, Special Event and Tourism》中，把经过策划的事件分为八种类型：文化节庆（包括节日、狂欢节、宗教事件、历史纪念活动）、文艺娱乐事件（音乐会、文艺展览、授奖仪式）、商贸及会展（展览会、博览会、会议、广告促销）、体育赛事（职业比赛、业余比赛）、教育科学事件（研讨班、专题学术会、学术讨论会、教课发布会）、休闲事件（游戏和趣味体育、娱乐事件）、政治/政府事件（就职典礼、授职仪式、群众集会）、私人事件（周年纪念、家庭事件、社交事件）。

节事一般都有特定的主题，譬如风情特产、文化、宗教、民俗、体育、政治以及自然景观等，由于节事是群众性的休闲娱乐活动，大众的参与性很强，所以节事活动呈现一片热闹景象。目前也被许多城市列为发展自身经济和提高城市形象的突破口。

（4）奖励旅游。奖励旅游管理协会（SITE）对奖励旅游（Incentive）的定义是：“奖励旅游是一种向完成了显著目标的参与者提供旅游作为奖励，从而达到激励目的的一种现代管理工具。”从奖励旅游的定义我们可以看出，奖励旅游的对象（如员工、经销商、代理商）必须能够达成甚至超越企业个别或者总体业绩；奖励旅游的形式通常是由企业提供一定的经费规划假期，委托专业旅游公司精心设计的非比寻常的旅游活动；而奖励旅游的目的是犒劳创造运营佳绩的有功人员，并借此增加参与者对企业的向心力。

作为一种有效的管理手段，奖励旅游在国外早已风行一时。奖励旅游作为企业普遍的奖励方式，已经使越来越多的出色员工得到了满意补偿。奖励旅游中的团体娱乐活动，有助于企业文化建设，给员工和管理者创造一个比较特别的接触机会，同事们可以在比较放松的情景中作一种朋友式的交流，从而增强企业的亲和力和凝聚力。奖励旅游以其综合效益高、客人档次高，引起各大旅游公司的注意。

（二）国内会展业的概念与分类

近年来，国内很多研究人员都从不同的角度对会展的概念、内涵、外延以及特征等开展研究，从不同层次诠释会展业的基本概念。

我国会展业被业内专家普遍认为具有广义与狭义之分。广义的会展业包括狭义的会展业以及城市形象展示、活动管理、企业事件营销等。狭义的会展业主要指展览、会议、节庆、演出、比赛以及各类大型活动构成的体系。

（1）广义的会展业。主要包括城市形象展示（包括城市形象设计、城市宣传用语策划、城市形象展示宣传等）、城市活动管理（各种类型的活动管理，以及活动风险管理、活动的整体策划与设计的管理）和企业的事件营销（通过特定的环境、特定的活动，对企业及产品进行宣传推介，这种活动由于互动程度高、参与性强，往往能对企业的营销工作带来较大的成效，近年来受到越来越多的企业的高度重视）。

（2）狭义的会展业。狭义的会展业主要指会展活动构成的产业范畴。这也是《国民经济行业分类》中会议与展览服务业的基本概念。主要类型如下：

1）展览会。展览会是在集市、庙会形式上发展起来的层次更高的展览形式。在内容上，展览会不再局限于集市的贸易或庙会的贸易和娱乐，而扩大到科学技术、文化艺术等人类活动的各个领域。在形式上，展览会具有正规的展览场地、现代的管理组织等特点。在现代展览业中，展览会是使用最多、含义最广的展览名称，从广义上讲，它可以包括所有形式的展览会；从狭义上讲，展览会用以指贸易和宣传性质的展览，包括交易会、贸易洽谈会、展销会、看样订货会、成就展览等。展览会的内容一般限一个或几个相邻的行业，主要目的是宣传、进出口、批发等。

2）会议论坛。会议论坛是指人们怀着各自相同或不同的目的，围绕一个共同的主题，进行信息交流或聚会、商讨的活动。一次会议的利益主体主要有主办者、承办者和与会者（许多时候还有演讲人），其主要内容是与会者之间进行思想或信息的交流。

现代会议早已超出了单一的政府会议的格局，正朝着多元化方向发展，很多都是直接带有商业目的并能产生巨大经济效益的，如各种高峰论坛、专家培训会议等。会议的一般操作原理为：会议的主办者制订举办会议的计划并委托给承办者，承办者（可以是专业会议组织者即 PCO、公司的会议与奖励旅行部等）将围绕既定的主题进行精心设计，并在市场上联系会议产品及服务的买家（即目标与会者）、相关人员（如政府官员、演讲嘉宾等）及举办场所，最后自己接待会议，或将业务分包给会务公司。

3）节事活动。“节事”一词来自英文“Event”，含有“事件、节庆、活动”等多方面的含义。国外常常把节日（Festival）和特殊事件（Special Event）、盛事（Mega-event）等合在一起作为一个整体，在英文中简称为 FSE（Festivals &Special Events），中文译为“节日和特殊事件”，简称“节事”。西方学者根据自己的理解，将文化庆典、文艺娱乐事件、体育赛事、教育科学事件、私人事件、社交事件等通通归结到节事范围内。从概念上来看，节事是节庆、事件等精心策划的各种活动的简称，其形式包括精心策划和举办的某个特定的仪式、演讲、表演和节庆活动，各种节假日及传统节日以及在新时期创新的各种节日和事件活动。

二、我国现代会展业形成历程

我国会展产业的起步较晚，但发展速度较快。业内普遍认为，2000 年 10 月国务院发展研究中心市场研究所所长任兴洲提出的“会展经济”是国内最早明确的会展经济概念。2002 年 5 月，国家质量监督检验检疫总局发布国家标准《国民经济行业分类》（GB/T 4754—2002），将“会议和展览服务业”纳入“商业服务业”下面，代码为 L7491，这也是国内首次在国民经济行业分类中体现会展产业。

2004 年 2 月，国家统计局发出《国家统计局关于印发文化及相关产业分类的通知》（国统字 2004 年 24 号）。通知规定，“会议及展览服务业”属于“文化及相关产业”中的“广告与会展服务”类别，具体包括大型活动文化商务服务：文艺晚会策划、组织活动，运动会策划、组织活动，大型庆典策划、组织活动，艺术、模特大赛策划、组织活动，艺术节、电影等策划、组织活动，展览、博览会策划、组织活动，民族、民俗活动策划、组织服务；其他大型活动文化商务服务。仅从文化角度，会展业的范围就包含较广的范畴，这也说明会展产业的内涵与外延的复杂性及可拓展性。

三、会展业的特征

会展业原属于公共服务领域，2011 年本科专业目录调整时，将会展经济与管理专业划归旅游管理学科下面。因此，在产业特征方面也应该讲是发生了一定的变化。总体看，会展业主要包含以下特征：

（1）会展业的服务业特征。尽管国外会展项目起步较早，但作为产业形态存在的时间并不长。我国会展业起步虽然晚，但诞生之日起，就具备产业发展的基本特点。作为现代服务业，会展业的重要作用就是通过服务于产业发展，提升产品的附加值、提升产业的品牌价值度，最终实现促进产业发展的作用。

（2）会展业的文化特征。文化是会展活动策划的重要资源依托，许多会展活动都直接、间接依托文化资源，尤其是节庆活动对文化资源的依赖度更高。同样，在举办会展活动的过程中，也伴生着大量的文化活动，这些活动与项目融合体现产业的文化内涵。从另一个角度讲，会展业本身也是文化活动的重要体现形式。因此，会展业具有鲜明的文化特征，也是文化传承的重要媒介与渠道。

（3）会展业的创意特征。会展产业是文创产业的重要组成部分，也是文创产业在经济领域的直接体现。会展策划是会展项目的重要形成手段，也是衡量会展项目创新度、差异度以及会展项目国内外影响的重要标志。旅游是寻找差异性的活动，而会展是创造差异性的活动。会展的生命力就在于创新。

（4）会展业的动感特征。一个城市无论多么富有，都不希望自身处于沉寂状态，都希望通过举办各种活动来提升城市的活跃度，因此，会展产业发展水平也是一个城市活跃指数的重要体现。从这个意义上讲，会展从业人员也是城市的导演，通过举办各类会展活动，在国内外舞台上上演一幕幕舞台剧，所以重视城市会展业发展对提升城市的注意力经济效应具有十分重要的意义。

第二节　会展业的作用分析

作为新兴的现代服务业，会展业具有多重复合作用。国内外普遍认为，会展活动在举办的同时，能够通过信息的交流与传递，实现信息对称，而信息由不对称向对称转化的过程中，带来了势能的转化和混乱度的降低，形成熵值减小、能量增加的过程。此外，会展活动带来生产与销售的外部效应，这种外部效应集中体现在要素的流动与产业的提升，对提升品牌、拓展市场、促成交易具有重要作用。具体主要体现在以下方面。

一、会展业的注意力经济效应

西方注意力经济的思想源头，最早可以追溯到诺贝尔经济学奖获得者赫伯特·西蒙的研究，早在20世纪70年代他就提出了信息丰富导致注意力资源短缺的问题。到了90年代，心理学家桑盖特第一次使用“注意力经济”这一概念。而对注意力经济概念最有力的解释者是后来崛起的注意力经济学派学者——米切尔·高德哈伯。此后，托马斯·达文波特、赛思·高斯坦因进一步发展了注意力经济学术流派。由此，注意力经济学派以一种特殊的对传统思想的革命性，构成了一个学派形成的基本传动力，奠定了全球性学术研究的不凡地位，显示了西方注意力经济学派发展的鲜明的精神特征。

神经经济学（Neuroeconomics）是一个新兴的跨学科领域，它运用神经科学技术来确定与经济决策相关的神经机制。这里的“经济”应该更广义地理解为（人类或其他动物）在评价选项（alternatives）所做出的任何决策过程。2002年诺贝尔经济学奖得主Vernon Smith在颁奖大会上做了题为“经济学中的建构主义和生态理性”报告，在报告中他提到“新的大脑影像技术激发神经经济学研究去探索大脑的内在秩序及其与人类决策（包括固定博弈的选择，也包括由市场和其他制度规则的选择）之间的关系”。此后，越来越多的研究者开始关注这一学科。因此，会展活动与众不同的特征是构成会展项目注意力经济效应的重要因素。

会展活动的注意力经济效应在于，会展项目往往是项目的新颖性与主题内容的新颖性并存，这样才能确保会展项目的正常运作，也正是由于这个原因，会展项目的新颖性会受到社会的关注。会展项目注意力形成的内外部原因分析见表1-1。

当然，注意力只能是产生注意力经济效应的一个前提条件，能否由会展项目的注意力最终转化成为会展项目的注意力经济效应，还受到活动的举办时间、项目的具体安排、相关服务的安排以及其他主客观因素的影响。但有一点是不可否认的，注意力是注意力经济的前提，没有注意力，也就不可能产生注意力经济效应。

表 1-1 会展项目注意力形成的内外部原因分析

项目名称	外在注意力	内在注意力	受关注范围
2010 年上海世博会	主题新颖度、重大项目的关注度	活动安排的新颖度、城市文化及周边景点的新颖度	全球各类相关人士
博鳌亚洲论坛	年度主题的新颖度，高层人士参与的关注度	活动内容安排的新颖度，交流对象的新颖度	全球部分相关群体
深圳高交会	技术创新的吸引力、洽谈采购的吸引力	活动的新颖度、信息的新颖度和吸引力	国内外相关人员群体
广州进出口交易会	品牌的吸引力，中国潜在市场的吸引力	新产品的吸引力、与企业交流前的需求度	国内外相关人员群体
北京汽车展	中国汽车市场的购买力、信息的传播力	交易的吸引力、进入中国市场公关活动的需要	国际汽车生产、销售与消费群体
奥运会	项目品牌的吸引力、举办国际城市关注度	运动项目与成绩的吸引力、整个活动安排的新颖度	全球各类相关人士
青岛啤酒节	项目品牌的吸引力、城市与季节的吸引力	美味食品的吸引力、海滨休闲娱乐吸引力	国内外部分相关群体
法国国际服装节	城市及活动品牌吸引力、服装信息吸引力	活动安排的吸引力、休闲购物旅游的吸引力	国内外部分相关群体

二、会展业对产业的提升作用

会展业具有能耗低、排放少、占用不可再生资源少等特征，因此，具有较明显的生态可持续发展特征。对于优化区域产业结构、提升区域的综合竞争能力具有重要的作用。

（1）会展具有品牌提升的功能。任国岩[1]认为，会展业具有信号放大作用，好比一个三极管，在基极传递一个主题信号，集电极就可以把相关的产业和资源整合起来，在发射极以会展项目的方式发射出去，形成对产业的促进作用。在举办会展项目的同时，又带动与之相关的服务体系、生产体系的运动，进而促进更广阔范围内经济的发展。

（2）会展活动具有提升附加值的作用。长三角区域的会展项目大多是依托

[1] 《宁波晚报》2005 年 9 月 11 日 。

优势产业资源而举办。任国岩[1]认为，会展业可以通过举办相关的活动，将第一产业、第二产业转换为第三产业形式，也可以将第三产业从一种存在形式转换为另一种存在形式。这种过程可以延长产业链、提升产业及产品的附加值。通过发展会展业，可以增加服务业的总量，提升了服务业的发展水平，促进了现代服务业的发展。

（3）会展项目具有交易洽谈功能。会展的核心要素之一，就是搭建交易洽谈平台，集聚参展商与客商，最终促成产品的信息传播和洽谈交易。从营销的角度看，会展业也是事件营销的典型范例。

三、会展业对消费拉动作用

会展业位于服务业产业链的前端，会展业的发展，既可以带动会展基础设施建设，促进上游产业的发展；也可以带来旅游、餐饮、住宿和商务服务等下游产业的发展。其中，会展业对消费的拉动作用最为明显。近年来，国家有关部门十分重视会展业对消费的拉动作用。2008 年 12 月，国务院召开常务会议研究部署搞活流通扩大消费和保持对外贸易稳定增长的政策措施时就明确提出，要“积极培育新的消费热点，大力促进节假日和会展消费，促进消费升级”。会展对消费拉动主要体现在以下方面：

（1）会展项目能带来要素的流动与集聚。会展项目能带动人流、物流。通过带动人流、物流，促进资金的流动和信息的流动，在流动的过程中，必然会增加包括交通、餐饮、住宿、旅游、购物、休闲、娱乐等相关的消费支出。相关会展活动对要素流动的促进作用见表 1-2。

表 1-2　相关会展活动对要素流动的促进作用

展会名称	人员流动	签约额
2010 年上海世博会	7308 万人次	8500 亿元人民币
2013 年杭州西湖博览会	188 万人次	221 亿元人民币
2013 年东盟博览会	7.1 万人次	681 亿元人民币 +86 亿美元
2013 浙江投资贸易洽谈会	5.3 万人次	57 亿元人民币
2013 厦门投资贸易洽谈会	4.0 万人次	4206 亿元人民币
2013 年秋季广交会	18.96 万人次	1946 亿元人民币
2013 北京国际服务贸易交易会	13.8 万人次	786.9 亿美元
2013 深圳高交会	54.1 万人次	237 亿美元

上述数据表明，会展项目在举办期间，可以带来参展商、客商为主体的人员

[1] 《杭州日报》2005 年 9 月 11 日 。

流动；以展品和购物为主体的货物流动；以展位销售、搭建、服务购买等为主体的资金流动；以展品展示、参展商与客商互动交流、洽谈与交易为主体的信息流动。在上述人流、物流、资金流和信息流的流动过程中，必然会带来与之相关的要素流动，形成经济的扩散与流动，市场的拓展与产品的流动，在活跃经济的同时，促进经济的发展。

（2）会展活动能够拉动城市消费。会展活动的过程中，形成大量的人员集聚。无论是商务旅行必须的生活需求，还是新的环境、新的城市，各地特色各异的商品与服务，都能够带来餐饮、住宿、交通、旅游、购物、休闲、娱乐等方面的消费。

上海世博会是会展业带动消费的最典型案例。受长三角城市经济协调会的委托，宁波市会展经济研究所于2009年3月承担了上海世博会对长三角经济拉动作用的测算工作。经过近一年的前期、半年中期、半年后期的调研和测算，研究人员得出初步结论：自2002年成功申办到2010年成功举办，后续的延伸效应以10年计算至2020年，上海世博会对上海市的经济拉动作用达到8500亿元。这8500亿元中，土地增值为2500亿元，基本建设投资3000亿元，上海世博会期间的各类消费增值1850亿元，其余的1200亿元分别为世博会成功申办后因上海世博会带来的旅游增值、各国家地区以及国内相关省份及城市在上海世博会上相关场馆的建设与维护、世博会结束后保留的场馆对上海市旅游以及休闲服务的增值，此外还有上海世博会相关品牌的价值延伸等。这个结果在当时还是比较保守的估计，更加系统完善的测算以及因此而带来的间接拉动作用，包括总部经济的转移、产业的集聚等，还没有计算在内。可见，重大的国际性会展项目将带来多么巨大的消费拉动。这也是许多国家尽管展会本身亏损，也还要争办大型国际性会展项目的原因。

四、会展业对文化的传承作用

文化资源是会展业的重要依托资源，在会展活动的举办过程中，往往还伴生着大量的文化活动，这些文化活动在提高会展项目吸引力和参与度的同时，也客观上促进了文化产业的发展。因此，会展业对文化产业的发展具有十分重要的推进作用。文化资源是会展业的重要资源。孟祥敏[1]认为，文化资源是会展产业的重要资源，尤其是对节庆活动的支撑作用更大。

宁海开游节是会展项目传承文化的典型案例。宁海作为一个县级市，尽管旅游资源比较丰富，但与杭州、绍兴、舟山等周边地区的旅游资源相比，还是比较缺乏竞争力的。但宁海会展旅游部门的相关工作人员，经过长期潜心研究，终于在《徐霞客游记》中发掘出一段经典的文化资源，这就是“癸丑之三月晦，自

---

[1] 孟祥敏，等。会展业促进文化消费的创新模式研究，中国商贸，2013（9）。

宁海出西门，云散日朗，人意山光，俱有喜态"，当年徐霞客正是从这里出发，开始了他长达34年，足迹遍布大半个中国的伟大游历。人们更没有想到，一部《徐霞客游记》中的几句话，经过宁海开游节这个会展项目的传承和演绎，竟成为以徐霞客旅游节举办日为时间节点命名的"中国旅游日"。现在，宁海县相关部门正在积极申报世界线性非物质文化遗产。会展活动，不仅有效地发掘了历史文化资源，并赋予其新的生命活力，这也正是会展业传承文化的重要价值。

五、会展业优化城市空间布局作用

会展业具有优化城市空间布局的作用。会展业对城市的功能具有较高的要求，也客观上促成了城市功能的加快提升。2000年德国汉诺威世博会带动了城市和区域的基础设施建设，特别是轨道交通设施和高速公路，为该区域的未来发展打下了良好基础。同时，汉诺威市还进行了ISDN网络建设，也为城市进一步发展创造了条件。世博会的"世界项目"使汉诺威和下萨克森州的许多旅游及其他设施获得改造和更新，成为地区发展的积极因素。1970年的大阪世博会，为日本促成了六大城市圈之一的关西经济带，使原有的以重工业为主体的产业区域转变为高科技产业、信息产业、物流产业、商贸产业、会展产业、金融服务产业、环保产业和中介产业为中心的产业区域，加快了现代服务业的国际化步伐。

从我国城市会展业发展的实例看，上海世博会是会展项目优化城市空间布局最典型的案例。过去上海主要发展浦西地区，黄浦江则在上海处于边缘地区，因此，黄浦江两岸聚集了上海市主要的工业企业。浦东开发后，黄浦江成为市中心地带，两岸的价值飙升，而在这种情况下，上海的母亲河竟包围在一片污染严重的工厂区和棚户区内。黄浦江两岸都是生产岸线，所谓生产岸线即工厂、码头、仓库，还有1.8万户生活聚集的简屋甚至是棚户简屋，这是多少人没有想到也不敢想的事情。上海市政府多次考虑搬迁工作，但骇于巨大的费用以及超乎想象的难度，都没有落实。上海世博会成功申办后，上海市将园区选址在黄浦江两岸，在国家的大力支持下，上海市动迁了1.8万户棚户区，200多家企业，这些企业有的是严重污染，有的是一些不符合在黄浦江边发展的企业。可以想象，如果没有上海世博会，上海市优化城市空间布局简直就是天方夜谭。以2009年1月25日上海市中心近9000平方米土地招标起价7.4亿元计算，每亩土地价格达到5500万元。世博园区共有8.56平方公里，折合12840亩，即使不考虑世博园区建设后对土地的增值效应，也不考虑黄浦江两岸黄金地带由于工厂污染造成的土地贬值和相关影响，仅按照2009年1月份的土地招标价格起价计算，就价值7000亿元。由此可见，上海世博会作为国际顶级会展项目对优化城市空间布局的作用。上海市社科院城市化研究中心郁鸿胜认为，上海市用了26年寻找一个项目，不仅让黄浦江两岸8.56平方公里的工厂和居民搬迁，而且让上海成功转型，这就是世博会。

六、会展业的城市交流合作平台作用

会展业的发展，带来了物流、资金流、人流和信息流的运动，也为城市的交流与合作搭建了广阔的平台。国内许多城市通过举办会展活动，都带来城市间交流的不断拓展与提升。一是体现在国家领导人到城市参观考察指导。尽管国家领导人都曾在多个省市担任过领导和主要领导职务，但并不是完全了解国内各城市的情况。很多信息都是来自于相关的工作报告、统计数据和领导汇报，这种信息往往是比较宏观的。通过举办会展活动，国家领导人亲自到会展主办城市参加活动，不仅为国家领导人提供了一个较为深入系统了解城市发展的机会，同时也为地方政府负责人专门向国家领导汇报工作提供了一个难得的机会。许多城市都是借助这些机会汇报相关的工作思路，甚至得到国家主要领导人的各项支持。二是体现在国际组织的负责人及外国元首到城市考察。2010 年上海世博会共有 30 余位国际组织的领导人和外国的国家元首到上海访问。其中包括国际展览局秘书长，联合国秘书长和多位副秘书长，还有 20 余位外国的国家元首。宁波市也借助主办上海世博会国际合作论坛的有利时机，邀请时任联合国副秘书长贝楠、国际展览局秘书长洛塞泰斯到宁波考察访问，进一步加深了国际主要机构的高层领导对城市的了解，也有助于宁波正在积极准备的申办以海洋为主题的世界博览会的相关工作。至于相关城市和国际团体的负责人数量更为可观。三是体现在境内外交流人数的不断增加。通过举办活动，为城市之间的互动交流创造了有利条件。宁波市通过举办浙江投资贸易洽谈会，每年都要请省内外相关城市的负责人、相关行业协会、企业的负责人到宁波考察交流。大连市通过举办 APEC 论坛，邀请世界 500 强企业的负责人到大连考察，有效提升了世界 500 强机构对大连投资环境的了解，并通过连续多年举办活动，为世界 500 强企业考察大连市投资环境，与大连市相关部门与企业的深度交流创造有利条件。统计表明，大连市通过举办各类会展活动，为 50 余家世界 500 强企业落户大连，超过落户大连世界 500 强企业数量的一半以上。因此，举办会展活动是一个城市之间、地方政府和国家领导人、国际机构的负责人与国内地方城市负责人交流的有效途径。相关城市会展业促进合作交流情况表见表 1-3。

表 1-3 相关城市会展业促进合作交流情况表

城市	会展项目	领 导 人	国际组织	境内外游客
上海	2010 年世界博览会	时任中央政治局常委全部到场指导，有些中央政治局常委还不止一次	57 个国际组织参与	7308 万人参观
宁波	中国—中东欧论坛	商务部长出席	16 个中东欧国家	境外游客 1 万人，境内 2 万人

续表 1-3

城市	会展项目	领导人	国际组织	境内外游客
厦门	98 投资洽谈会	国务委员马凯	来自 100 个国家和地区的 556 个境外机构组团参会（包括 10 个国际组织、435 个外国团组和 111 个港澳台团组）	1.7 万人
杭州	西湖博览会	香港商务发展局苏锦梁局长，毛光烈副省长	8 个国家和地区的 154 家企业参展，吸引来自 25 个国家和地区的 3422 名专业观众	188 万人
南宁	2012 年中国—东盟博览会	习近平总书记，缅甸总统吴登盛，老挝总理通邢，越南总理阮晋勇，马来西亚副总理穆希丁，泰国副总理吉迪拉	22 个国际组织派员参加	13.6 万人
北京	2013 年第二届京交会	商务部常务副部长姜增伟，商务部部长助理仇鸿	来自 117 个国家和地区的注册客商及参会代表参会	13.8 万人
博鳌	2013 年博鳌亚洲论坛	习近平总书记，文莱苏丹哈吉，哈萨克斯坦总统纳扎尔巴耶夫，缅甸总统吴登盛，秘鲁总统奥扬塔，赞比亚总统萨塔，芬兰总统绍利，墨西哥总统涅托，柬埔寨首相洪森，新西兰总理约翰，澳大利亚总理吉拉德，阿尔及利亚议长本萨拉赫，蒙古国国家大呼拉尔主席恩赫包勒德，第六十七届联合国大会主席耶雷米奇等	37 个国际组织派员参加	1.1 万人
乌鲁木齐	西部博览会	中央政治局委员李源潮，吉尔吉斯共和国总理萨特巴尔季耶夫，塔吉克斯坦共和国第一副总理达夫拉托夫，蒙古国国家大呼拉尔副主席贡其格道尔吉，联合国开发计划署署长克拉克，尼泊尔议会前议长内姆旺	28 个国际组织派员参加，22 个国家的 200 余名华侨华人工商界代表	7.5 万人
青岛	2002 年青岛啤酒节	国家人事部部长张学忠、副部长尹蔚民，国家外经贸部副部长龙永图等		120 万人
宁波	长三角会展业合作论坛	国际展览局秘书长洛塞泰斯	11 个国际组织派员出席	2.1 万人
哈尔滨	中国哈尔滨国际经济贸易洽谈会	黑龙江省省长陆昊、俄罗斯地区发展部副部长伊万诺娃、中国商务部副部长王超	13 个国际组织派员参加，俄罗斯 83 个联邦主体均有客商赴会	36 万人

第三节　国内会展业发展现状

我国会展业起步虽然晚，但发展速度较快。据商务部发布的《2014 中国会展行业发展报告》提供的资料，2013 年，全国共举办各类展览 7319 场，同比增长 1.8%；展览面积 9391 万平方米，同比增长 4.5%；会展经济直接产值达到

3870 亿元人民币，约占全国国内生产总值 568845 亿元人民币的 0.68%，占全国第三产业增加值 262204 亿元人民币的 1.5%。尽管比重还低于国外发达国家，但也充分反映出我国会展业近年来强劲的发展势头和巨大的发展潜力。

一、国内会展业发展的基本情况

我国会展业发展在空间布局上呈现出典型的特征，主要体现在会展业的发展与城市的地位、区域经济发展水平、城市人口数量与经济总量形成较为密切的关联关系。

（1）会展业与城市级别的关系。相关研究表明，城市会展业的发展水平与城市级别之间有着紧密的关联关系，主要反映在城市的资源禀赋对城市会展项目有较大的影响。包括城市的级别可以影响国家有关部门对会展资源的配置，城市的产业特征可以影响到会展项目的类型，城市的人口数量及人均可支配收入可以影响城市消费类展会的经济及社会效益，进而影响展会的主办级别以及展会的规模及可持续发展，城市的产业政策和布局及特征可以影响专业性会展项目的举办，因为专业性会展项目与展会举办地相关产业的生产企业及消费能力有密切的关系。

（2）国内主要城市规模以上会展项目情况。近年来，国内主要会展城市都十分重视对重大品牌项目的培育以及项目的规模化。研究表明，会展项目的影响力、运作质量以及对城市经济和社会的拉动作用，都与城市规模以上会展项目的数量与质量有密切关系。2011 年国内副省级城市展览面积 3 万平方米以上规模展览会统计见表 1-4。

表 1-4　2011 年国内副省级城市展览面积 3 万平方米以上规模展览会统计

城市	数量	排位	城市	数量	排位	城市	数量	排位
广州	28	1	青岛	13	6	杭州	7	11
深圳	26	2	长春	11	7	哈尔滨	8	12
沈阳	21	3	武汉	10	8	大连	5	13
成都	15	4	宁波	10	9	西安	7	14
南京	15	5	厦门	10	10	济南	6	15
备注	本表中的数据，摘自中国会展杂志社、中国会展研究中心编写的《2011 年度中国规模以上展览机构调研分析报告》等							

（3）城市会展业发展基本情况。为综合评价城市会展业发展水平，国家商务部委托相关机构对城市会展业发展综合指数开展测评工作。测评方法主要采用城市年度展览数量、年度展览面积、年度展览馆数量、年度展览馆室内面积、城市会展业管理机构、获得 UFI 认证的成员及项目、年度 TOP100 展览数量、年度细分行业 TOP3 展览项目等 8 个指标进行综合评价，得出城市会展业发展综合指数排名。2014 年国内主要城市会展业发展综合指数排名表见表 1-5。

表 1-5　2014 年国内主要城市会展业发展综合指数排名表

排名	城市	2013 年展览数量	2013 年展览面积/万平方米	2013 年度专业展馆数量	2013 年度专业展馆室内面积/万平方米	2013 年度展览管理机构	2013 年度 UFI 会员单位	2013 年度 UFI 认证项目	TOP100 展览项目数量	TOP3 展览项目数量	城市展览业发展指数
1	上海市	798	1200.8	13	44.40	3	22	20	24	74	276.64
2	广州市	480	831	6	53.48	2	9	8	25	66	184.38
3	北京市	418	552.1	9	44.79	1	26	17	6	43	156.15
4	重庆市	581	500.4	5	35.60	2	1		5	10	119.14
5	南京市	347	370	4	19.50	3	1	1		4	77.05
6	深圳市	86	259.77	1	10.50	2	11	11	9	17	63.23
7	成都市	169	300.9	6	56.21	0	1		5	19	61.74
8	杭州市	223	227.6	7	37.40	14	1		1	1	52.22
9	沈阳市	242	217.58	5	17.96	4	1		4	4	52.01
10	郑州市	192	191.4	3	24.70	0	2			1	43.41
11	天津市	213	170.63	3	11.25	1		1		12	43.09
12	厦门市	184	160.37	2	13.65	3	1	1	2	5	40.89
13	西安市	170	201	4	15.00	4			1	5	40.59
14	长沙市	156	190.7	4	39.00	2			1	3	39.70
15	济南市	131	197	7	18.84	3				8	36.78
16	青岛市	126	180	3	20.77	1			4	9	35.84
17	合肥市	170	167.9	2	13.00	2			1		35.77
18	长春市	108	200	4	27.20	3			3	4	35.75
19	武汉市	117	195.85	2	7.50	2				11	34.64
20	哈尔滨市	65	192.53	3	14.15	3			1	11	29.50
21	大连市	103	129.35	4	10.40	1	1	1		5	27.78
22	苏州市	79	129.4	2	8.50	1	1			4	23.79

续表 1-5

排名	城市	2013 年展览数量	2013 年展览面积/万平方米	2013 年度专业展馆数量	2013 年度专业展馆室内面积/万平方米	2013 年度展览管理机构	2013 年度 UFI 会员单位	2013 年度 UFI 认证项目	TOP100 展览项目数量	TOP3 展览项目数量	城市展览业发展指数
23	东莞市	37	116.36	2	8.00	1	2	2	3	3	23.01
24	贵阳市	94	89	2	7.71	1				2	19.87
25	宁波市	46	84.848	3	11.39	3	1	2		3	18.52
26	廊坊市	67	80	3	6.28	1				1	15.83
27	无锡市	65	72.05	4	9.55	1				1	15.46
28	福州市	51	76.01	1	8.00	2			1	2	14.41
29	昆明市	46	81.13	2	5.84	2				4	14.30
30	太原市	64	57.949	3	8.70	3				4	14.26
31	石家庄市	85	50.3	2	1.20	4					14.25
32	义乌市	28	61.486	1	9.32	1	2	2			14.08
33	烟台市	66	48.8	2	8.54	0				1	12.83
34	潍坊市	45	57.6	5	15.71	0					12.33
35	乌鲁木齐市	47	65.418	1	4.21	2					11.96
36	佛山市	15	72	4	7.48	1			1	3	11.50
37	临沂市	36	64.5	3	8.94	2					11.44
38	海口市	37	56.717	2	5.20	3				4	11.29
39	唐山市	60	42.5	2	2.35	2				2	11.09
40	南昌市	33	50.98	2	6.33	1			1	2	10.50
41	嘉兴市	44	48.24	1	2.34	0				1	9.86
42	兰州市	50	41.795	1	3.18	1					9.70
43	马鞍山市	39	49.7	2	1.45	1					9.32

续表 1-5

排名	城市	2013年展览数量	2013年展览面积/万平方米	2013年度专业展馆数量	2013年度专业展馆室内面积/万平方米	2013年度展览管理机构	2013年度UFI会员单位	2013年度UFI认证项目	TOP100展览项目数量	TOP3展览项目数量	城市展览业发展指数
44	威海市	20	58	2	5.66	1					8.67
45	洛阳市	36	42.59	1	2.2	2					8.38
46	惠州市	46	33	1	2.40	0					8.24
47	淄博市	15	60	1	4.50	0					8.05
48	呼和浩特市	32	32.619	3	4.40	4				1	7.70
49	扬州市	39	34.31	1	1.50	0					7.58
50	淮安市	41	29.9	1	1.30	1					7.42
51	永康市	30	34.735	1	7.60	0				1	7.33
52	昆山市	22	36.7	2	11.20	0				1	7.19
53	温州市	29	29.775	1	3.32	1				1	6.51
54	锦州市	44	13.35	1	6.30	0					6.47
55	西宁市	16	36.2	1	7.62	2				1	6.38
56	盐城市	33	18.86	2	3.50	0					5.74
57	中山市	21	23.54	1	1.54	0	1				5.71
58	南宁市	23	9.51	3	6.65	2			1	2	5.58
59	常熟市	37	15.52	1	2.10	0					5.56
60	东营市	11	35	2	4.30	1				1	5.43
61	铁岭市	11	35.2	1	6.00	0					5.32
62	莱芜市	13	35	1	1.44	0					5.14
63	银川市	17	23.9	2	4.10	3					5.00
64	台州市	18	22.9	2	4.08	0					5.00

续表 1-5

排 名	城 市	2013 年展览数量	2013 年展览面积/万平方米	2013 年度专业展馆数量	2013 年度专业展馆室内面积/万平方米	2013 年度展览管理机构	2013 年度UFI 会员单位	2013 年度UFI 认证项目	TOP100 展览项目数量	TOP3 展览项目数量	城市展览业发展指数
65	常州市	20	24.2	1	1.50	3					4.97
66	绍兴市	20	25.5	1	1.92	1					4.94
67	南通市	28	17.3	1	1.70	0					4.80
68	徐州市	20	25	1	1.30	0					4.73
69	桂林市	20	22.365	1	2.89	1					4.73
70	鞍山市	26	18.05	0	0.00	1					4.51
71	余姚市	17	21.872	1	4.00	1				1	4.49
72	枣庄市	12	29	1	0.50	0					4.25
73	温岭市	25	14.935	0	0.00	0				1	3.99
74	邯郸市	14	20.8	1	2.00	1					3.88
75	泰州市	18	17.34	1	2.00	0					3.83
76	漯河市	15	18.5	1	1.50	0				1	3.80
77	连云港市	16	16.4	1	2.00	1					3.64
78	菏泽市	7	23	1	3.00	1					3.50
79	包头市	16	13.326	1	2.50	1					3.38
80	慈溪市	13	13.7	1	5.00	0				1	3.27
81	阜新市	8	14	1	8.00	0					3.10
82	日照市	8	20	1	0.50	1					3.05
83	邢台市	19	9.5	0	0.00	1					2.95
84	济宁市	4	19.5	1	4.00	0					2.85
85	衡水市	5	20	1	1.06	0					2.71

续表 1-5

排　名	城　市	2013 年展览数量	2013 年展览面积/万平方米	2013 年度专业展馆数量	2013 年度专业展馆室内面积/万平方米	2013 年度展览管理机构	2013 年度 UFI 会员单位	2013 年度 UFI 认证项目	TOP100 展览项目数量	TOP3 展览项目数量	城市展览业发展指数
86	抚顺市	19	6.1	0	0.00	0					2.51
87	德州市	3	12.6	2	6.60	0					2.42
88	丹东市	10	13.7	0	0.00	0					2.37
89	沧州市	10	10.4	1	1.80	0					2.32
90	肇庆市	17	3.06	1	1.15	0					2.22
91	芜湖市	4	12	1	3.10	1					2.11
92	朝阳市	17	2.5	0	0.00	0					1.95
93	滨州市	3	13.6	1	1.30	0					1.89
94	张家口市	4	7.8	1	5.36	0					1.82
95	本溪市	13	4.45	0	0.00	0					1.75
96	漳州市	1	7.26	1	7.26	0					1.65
97	盘锦市	10	2.2	1	3.00	0					1.62
98	佳木斯市	2	12	0	0.00	0				1	1.60
99	宁海市	8	8	0	0.00	0					1.60
100	辽阳市	13	2.8	0	0.00	0					1.58
101	牡丹江市	5	6.1	1	2.33	1					1.54
102	镇江市	5	6.3	1	1.10	2					1.54
103	宝鸡市	11	1.64	1	1.00	0					1.46
104	宁德市	9	3.25	1	1.25	0					1.45
105	玉林市	2	6.3	1	3.30	1					1.36

续表 1-5

排 名	城 市	2013 年展览数量	2013 年展览面积/万平方米	2013 年度专业展馆数量	2013 年度专业展馆室内面积/万平方米	2013 年度展览管理机构	2013 年度UFI 会员单位	2013 年度UFI 认证项目	TOP100展览项目数量	TOP3展览项目数量	城市展览业发展指数
106	三门峡市	9	1.4	2	1.11	0					1.35
107	保定市	4	8.8	0	0.00	0					1.28
108	吉林市	7	3.7	0	0.00	1					1.17
109	鄂尔多斯市	3	4.72	1	1.59	0				1	1.13
110	齐齐哈尔市	2	6.24	0	0.00	0				1	1.02
111	葫芦岛市	7	2.6	0	0.00	0					0.96
112	秦皇岛市	3	5	0	0.00	0				1	0.90
113	泰安市	2	3.5	1	0.35	0					0.69
114	大庆市	1		0	0.00	0			1		0.68
115	柳州市	1	3	1	1.70	0					0.67
116	营口市	4	1.18	0	0.00	0				1	0.62
117	大同市	2	1.8	1	0.81	0					0.56
118	聊城市	2	3	0	0.00	0					0.50
119	拉萨市	0	0	1	3.35	0					0.44
120	阳泉市	1	0.6	1	0.60	0					0.32
121	承德市	2	0.85	0	0.00	0					0.29
122	大兴安岭市	1	1.8	0	0.00	0					0.28
123	长治市	2	0.5	0	0.00	0					0.25
124	绥化市	1	1	0	0.00	0					0.20
125	忻州市	1	0.6	0	0.00	0					0.16

资料来源：商务部网站，2014 中国会展行业发展报告。

（4）国内主要城市重大国际会展项目的布局情况。重大国际会展项目不仅是城市会展业发展的标志，也是城市国际化水平以及国际影响力的标志。近年来，国内许多城市都高度重视通过举办、承办大型国际会展项目，在提升展会品牌的同时，提升城市的国际知名度和综合竞争力。对于临时性的大型、国际性项目，仅体育类近年来我国就举办包括2008年北京奥运会、广州亚运会、深圳大运会等综合性项目。单项的国际体育赛事在我国举办的数量更多。临时性的大型活动尽管影响力大，但持续时间较短，因此，国内许多城市十分重视借助国际和国家资源，培育举办大型综合性或专业性的国际、区域性会展项目，并通过打造项目的品牌来提升城市的品牌形象，通过借助大型展会举办各类活动，形成稳定的国际交流合作平台。粗略统计，国内现在已经有10个城市拥有在国际上具有较大影响的品牌会展项目。国内有关大型会展项目统计见表1-6。

表1-6　国内有关大型会展项目统计

城　市	项　目　名　称	举办时间	已办届数	间　隔
上　海	中国华东进出口商品交易会	3月1～5日	22届	1年/届
海　南	亚洲博鳌论坛	4月1～3日	11届	1年/届
北　京	中国（北京）国际服务贸易交易会	5月28日～6月1日	1届	1年/届
乌鲁木齐	中国—亚欧博览会	9月2～7日	2届	1年/届
厦　门	中国国际投资贸易洽谈会	9月8～11日	16届	1年/届
天津/大连	夏季达沃斯论坛（两市轮办）	9月14～16日	6届	1年/届
西　安	欧亚经济论坛	9月23～24日	4届	1年/届
南　宁	中国—东盟博览会	9月21～25日	8届	1年/届
成　都	中国西部国际博览会	9月26～30日	13届	1年/届
广　州	中国进出口商品交易会	4月15日～5月5日 10月15日～11月4日	111届 112届	1年/2届
深　圳	中国国际高新技术成果交易会	11月16～21日	13届	1年/届
杭　州	世界休闲博览会	10月16～20日	2届	5年/届
备　注	2010年上海已办世界博览会，1999年昆明、2006年沈阳、2011年西安、2014年青岛已办世界园艺博览会，2019年北京将办世界园艺博览会			

资料来源：根据宁波市会展经济研究所对国内主要会展城市主管部门的调研数据整理。

二、国内会展业的基础设施状况

会展活动的举办，必然带来人员的流动、集聚与扩散，因此，会展活动的举办对所在城市的场馆、酒店、交通等基础设施具有较高的要求。从这个角度讲，会展基础设施是支撑会展业发展的核心要素，也是决定城市会展活动规模与质量的重要基础。相关城市都高度重视会展基础设施建设，使国内会展基础设施建设有了快速增长。从另外的角度看，举办会展活动，必然带来交通基础设施的改善，也会吸引大量的资金，投入到会展场馆、酒店等基础设施的建设中去，进一步带动城市经济的发展。因此，近年来，国内相关城市都十分重视会展基础设施坏死的建设，并加大对场馆和酒店等的建设力度。

(1) 国内主要会展城市场馆设施情况。进入21世纪以来，随着会展业的逐步兴起，会展场馆的建设与管理也得到越来越多的城市政府和企业的高度重视。仅以长三角地区会展场馆建设为例，2001～2013年共建成各类专业会展场馆72个，占长三角全部会展场馆整体数量的64%以上。其中大型专业化会展场馆的建设主要是在这个阶段进行的。从面积上看，新建的会展中心普遍面积较大，建设层次较高，完全可以满足大型国际会展项目的需要。从面积上计算，2001年以后长三角地区建成的会展场馆面积约占总场馆面积的70%，百分比高出场馆数量6个百分点。本研究主要选择国内直辖市和副省级以上城市开展相关研究，并就场馆建设的特点、会展管理体系等方面的情况开展分析。2011年国内有关展馆及企业经营情况见表1-7。

(2) 长三角城市会展场馆设施情况。长三角是国内会展业最发达的区域之一，尤其是2002年成功申办世界博览会到2010年成功举办世界博览会的8年间，会展场馆建设得到快速发展。据长三角城市经济协调会会展专业委员会统计的数据表明，截至2014年12月，长三角地区共有各类展览场馆117个，场馆总面积达到252万平方米。其中，超过2万平方米净展位的规模以上展览场馆38个。从地区分布看，上海市有会展场馆15个，浙江省有会展场馆56个，江苏省有会展场馆46个；从不同级别的城市分布看，直辖市（上海）有15个，副省级城市（南京、杭州、宁波）有29个，地级市有会展场馆45个，县域（县级市）有会展场馆28个。从场馆的规模看，10万平方米以上的场馆有3个（上海、南京、义乌各1个），5万～10万平方米的场馆有10个，2万～5万平方米的场馆有23个，1万～2万平方米的场馆有34个，1万平方米以下的场馆有47个。长三角16个城市主要会展场馆设施情况一览表见表1-8。

表 1-7　2011 年国内有关展馆及企业经营情况

单　位	投资/经营	展览面积/平方米	收入/元	自办展情况	安保模式	搭建模式	内外合作	备　注
青岛国际会展中心	政府/国企	5 万	6000 万	4 个	展馆统一管理，核心自配，展览会外借	搭建自营，核心团队自配，劳务外包	引进慕尼黑青岛展览公司战略合作	约 60% 员工为事业编制
苏州博览中心	政府/国企	8 万	8000 万，自办展 4000 万，场地出租 2000 多万，搭建广告 1000 多万，其余为会议餐饮	10 个，有 2 个分别在北京和上海举办		搭建自营，成立专业公司	引进巡回展比较多，并延伸了一批自办展	北京、上海设办事处；引进 IAEE 中国分会；加入美国独立组展商协会；场馆管理取得 UFI 认证
南京博览中心	政府/国企	7.2 万	1.2 亿，其中会议餐饮约 5000 万	2 个		标摊自营，搭建劳务外包给国有公司	自办展与德国斯图加特展览公司合作；场馆管理与韩国大田、北京中展战略合作	
义乌博览中心	国有控股	7.6 万	3500 万元	8 个		标摊自营，特装劳务外包	分离出专业展览公司，自办义博会、消费品交易会、五金电器、文博会、旅博会、森博会、针织及染整机械展览会，境外展 2 个：印度、迪拜小商品展	
重庆国际会展中心	国企	5.8 万	8000 万，自办展和场租各 2000 万，会议餐饮 4000 万	4 个		标摊桁架、广告自营，配备设计管理等核心人员，展具自备，施工劳务外包	吸引北京雅森、京正等品牌连锁	
安徽会展中心	政府/国企	3.7 万	6000/7000 万，自办展占 20% 多	4 个		标摊桁架、广告自营，核心人员自配	虽扶持政策力度不大，但从政府部门到场馆的服务保障能力，备受办展方青睐。	
厦门会展集团	政府/国企	厦门 8 万/福州 8 万	5500 万元	5 个	自配物业公司	专业展服公司	下设 8 家全资子公司：2 个会展中心、1 个会议中心和 2 家展览、1 家搭建广告、1 家物业、1 家广告等公司	
大连星海会展集团	政府/国企	1.5 万	3800 万元	6 个	自营物业、广告、餐饮、工程、搭建、旅游、酒店等，设会展策划、会展展览展示服务、会展旅游服务、会展酒店管理、会展商务、曲阜孔子文化会展中心有限公司等 7 家全资 1 家合资			
广东会展管理有限公司	民企	15 万	2.4 亿，其中自办展 1.9 亿多	4 个	自配	延伸项目均为自营	香港雅式、迅通、迪亿，杜塞尔多夫，中印协等开发项目；集团统一经营，专业化管理的模式；UFI 会员单位	
宁波国际会展中心	政府/国企	7.7 万	0.5 亿元	5	服务外包	服务外包	与上海新国际博览中心有较长时间的管理输入服务，现为托管服务	
说　明	此表是通过政府网站、实地调查等多种渠道侧面了解统计							

资料来源：根据宁波市会展经济研究所对国内主要会展城市主管部门的调研数据整理。

表1-8 长三角16个城市主要会展场馆设施情况一览表

序 号	城 市 名 称	场馆数量/个	场馆面积/平方米
1	上海市	15	567938
2	南京市	7	294114
3	杭州市	14	356085
4	宁波市	8	198851
5	苏州市	10	134900
6	无锡市	6	89435
7	南通市	2	21400
8	镇江市	3	24000
9	常州市	2	26900
10	泰州市	1	12692
11	徐州市	3	23000
12	扬州市	4	57216
13	连云港市	1	18000
14	宿迁市	3	53000
15	盐城市	1	20000
16	淮安市	4	20000
17	温州市	5	71800
18	绍兴市	5	42689
19	金华市	10	237500
20	台州市	3	47050
21	嘉兴市	3	39100
22	舟山市	2	25000
23	湖州市	1	25000
24	丽水市	1	600
25	衢州市	2	5868

资料来源：根据宁波市会展经济研究所对国内主要会展城市主管部门的调研数据整理。

三、会展管理体制建设情况

会展管理体制是会展业的重要支撑体系。由于受到机构改革和编制的限制，国内尚未形成独立完善的会展业管理体制，会展业管理部门多为挂靠在其他部门或为其他部门下设的机构。尽管如此，国内主要会展城市还是结合城市会展业发展的特点，在机构编制、工作职能、行政经费等方面给予大力的支持。这也是我国相关城市和地区会展业近年来快速发展不可忽视的一个重要环节。

（1）国家级会展主管部门。我国国内会展业的主管部门为商务部。根据国家有关文件精神，中华人民共和国外交部、文化部也分别承担国际会议和大型节庆活动的审评工作。此外，国家贸促会负责出国展以及世界博览会的申报以及参与世界博览会的组织协调等方面的工作。具体情况见表1-9。

表1-9 国家有关部门会展相关的职能归类表

会展项目类型	分管部门	分管司局处室	主要职责	备注
会展行业管理	商务部	服务贸易司四处	产业规划制订、相关专项经费管理、会展相关业务指导与行业监管	
展览项目审批	商务部	服务贸易司四处	国家级会展项目的审批与备案管理	
国际大型会议	外交部		国际大型综合性会议审批与监管	
大型节庆活动	文化部		国内外大型节庆活动审批与监管	
出国展管理	贸促会	交流合作部	出国展的审批、组织与政策支持	
申办参与世界博览会	贸促会	展览部世界博览会处	负责世界博览会的申办审批、参与世界博览会相关工作审批	

资料来源：根据宁波市会展经济研究所对国内主要会展城市主管部门的调研数据整理。

（2）地方会展业管理部门。从国内地方会展业发展的特征看，呈现出副省级城市会展业发展整体水平较高的特点。在会展管理体制方面，也以副省级城市会展管理体系相对较为完善。国内有关省、市会展机构设置情况见表1-10。

（3）县（市）会展主管部门。随着县域经济的快速发展，很多县级城市政府也开始关注会展业的发展，并将会展业纳入城市经济和社会发展的整体框架。如浙江省现有11个县级市设有会展主管部门。8个县级市制订了会展业发展的规划，还有部分县级市设有专门的会展产业政策。此外，杭州的萧山区、宁波的

表 1-10 国内有关省、市会展机构设置情况

类别		机构全称	机构性质	机构职能	机构体制	机构级别	领导职数	内设机构	编制人数	相关说明
省级层面	四川	省博览事务局	事业	项目性	独立	正局	1 正 3 副	6 个处	50	省政府直属事业单位，由办公厅代管，主要负责筹办西部博览会
	新疆	国际博览事务局	事业	项目性	独立	正局	1 正 3 副	6 个处	40	省政府直属事业单位，主要负责筹办中国—亚欧博览会
	广西	国际博览事务局	事业	项目性	独立	正局	1 正 8 副	10 个部	50	主要负责筹办中国—东盟博览会，是常设工作机构
城市层面	大连	市展览工作领导小组办公室/市贸促会	参公	展览业＋项目结合性	合署	正局	1 正 4 副	8 个部	/	相当于该市的展览业主管部门（含资助资金管理），还组织自办项目
		市活动协调指导办公室	行政	节庆业＋项目结合性	挂靠	副局	1 正 2 副	/	7	挂靠在市政府办公厅，主任由市府办副主任兼任，负责指导大连市所有政府主导型节庆活动（不包括展览会、会议论坛），同时牵头筹办大连国际服装节
		夏季达沃斯论坛协调办公室	行政	项目性	挂靠	/	/	/	11	挂靠市政府办公厅，由副市长担任办公室主任，市政府秘书长担任办公室副主任
	青岛	市政府会展业发展办公室	行政	产业性	挂靠	正局	1 正 2 副	2 个处	11	挂靠市政府办公厅，负责全市会展业统筹协调、规划政策和专项资金使用管理
	厦门	市会议展览事务局	事业	项目性	合署	正局	1 正 2 副	15 个处	69	市政府直属事业单位，与中国（厦门）国际投资促进中心和厦门市对台贸易促进中心合署，是中国国际投资贸易洽谈会、海峡两岸机械电子商品交易会暨厦门对台进出口商品交易会、海峡论坛的常设工作机构

续表 1-10

类别		机构全称	机构性质	机构职能	机构体制	机构级别	领导职数	内设机构	编制人数	相关说明
城市层面	厦门	市政府会展协调办公室	行政	保障性	内设	副局	1正2副	/	10	属市政府办公厅内设机构，主要负责协调重大会议、重大展览活动的综合保障，市政府副秘书长兼任主任
	厦门	市会展工作办公室	行政	产业性	挂靠	正处	/	/	5	挂靠商务局，是会展产业主管部门，负责行业规划、行业标准、产业政策和相关法规的制定与实施及业务管理
	宁波	市政府会展工作办公室	行政	产业性	挂靠	/	3副	/	5	挂靠市政府办公厅，由市政府相应副秘书长分管，是全市会展业主管部门，部分工作人员从行业协会借用
	深圳	市会展办	行政	产业性	隶属	正处	1正1副	1个处	4	隶属市经发局，与生产服务业处合署
	成都	市博览局/市贸促会	混合	服务+项目结合性	合署	正局	1正3副	7个处	60	其中4名行政编制，16名参公事业编制，40名为企业编制，是该市会展产业主管部门，还负责西博会涉及成都市的相关工作
	成都	市国际商务会展服务中心	事业	产业+项目结合性	隶属	副处	1正2副	8个部	5名行政	隶属于市博览局（市贸促会），另聘20名企业编制，主要为各类商务活动提供咨询和服务；开展各类经贸交流、商务考察，协调和组织企业参加境内外展（博）览会；承办、承接各类会展活动及举办各种形式的招商引资活动
	杭州	市发展览会展业协调办公室/市西湖博览会组织委员会办公室	事业	产业+项目结合性	独立	正局	1正3副	5个处	20	既是该市会展业发展主管部门，也是西湖博览会组织委员会的常设办事机构，为市政府直属的正局级事业单位，副秘书长兼任主任
	武汉	市政府会展办公室	行政	产业性	挂靠	正局	/	2个处	/	在武汉市商务局加挂武汉市政府会展办牌子，下设2个处室

续表 1-10

类别		机构全称	机构性质	机构职能	机构体制	机构级别	领导职数	内设机构	编制人数	相关说明
城市层面	福州	市会展业发展工作领导小组办公室	行政	产业性	挂靠	正局	1正2副	1个处		市会展业发展工作领导小组办公室是市会展业发展工作领导小组的日常办事机构，挂靠市商贸服务业局
	西安	市会展业发展办公室／欧亚经济论坛执委会办公室	混合	产业+项目结合性	合署	正局	1正2副	5个处	3名行政22名参公	参照公务员管理事业单位，既是会展产业主管部门，也牵头筹办欧亚经济论坛、欧亚博览会
		市会展业服务中心	事业	服务性	隶属	/	1正1副	/	3	隶属于市会展业发展办公室，具体负责会展培训、资质认证等日常工作
	海口	市会展局/市贸促会	行政	产业+项目结合性	合署	正局	1正3副	5个处	26	负责全市会展业协调服务和管理，原贸促会人员为参公编制，会展局成立后调整为行政编制
	南宁	市商务局会展科	行政	产业性	隶属	正处	1正1副	2个部	3	属市商务局内设机构，主要负责会展行业统筹管理、综合指导
		市大型活动协调办公室/服务中国—东盟博览会工作领导小组办公室/南宁国际民歌艺术节组委会办公室	行政	产业+项目结合性	挂靠	副局	1正2副	3个部	12	挂靠市政府办公厅，由市委副秘书兼任办公室主任，主要负责全市政府主导型会展项目管理、协调、组织、指导、督办等，协调市有关部门做好“中国—东盟博览会”服务保障工作，牵头筹办南宁国际民歌艺术节
说明		此表根据相关城市政府会展网站及相关文件等整理而成								

江东区等一些区级单位还先后出台会展产业发展政策，促进会展业的快速发展。浙江省主要县级会展城市及标志性会展项目表见表1-11。

表1-11 浙江省主要县级会展城市及标志性会展项目表

城市名称	标志性会展项目	其他会展项目	管理机构	项目类型
义乌市	义博会	森博会、旅浴会	会展办	综合类
温岭市	工量刃具展、泵与电机展	汽车展	会展办	产业类
余姚市	塑博会	有色金属展	会展办	产业类
慈溪市	家电展	家具展、汽车展	家电城管委会	产业类
宁海县	文具展	家具展	大活动办	产业类
绍兴县	纺织面料展	化工产品展	会展办	产业类
海宁市	皮革展	经编产业展	会展办	产业类
嵊州市	电机展	领带展	科技局	产业类
永康市	五金展	汽车展	五金城管委会	产业类
桐乡市	皮革辅料展	食品展、汽车展	经发局	产业类

资料来源：根据浙江省会展行业协会提供的数据整理形成。

从浙江省县级城市会展项目的整体情况看，除义乌市依托义乌小商品专业市场，举办的主要标志性会展项目均为综合类以外，其他城市的标志性会展项目均为产业类。进一步研究表明，县域城市会展业的标志性项目均与当地的块状经济和特色产业具有紧密的联系，而且多个县级城市的会展项目都与当地特色产业常年展专业市场有紧密的对应关系。这也反映出县域会展经济的相关特征。

四、会展政策扶持情况

近年来，国内许多会展城市都十分重视通过政策法规来扶持会展业发展。在具体的操作手段上，既包括对会展项目的奖励经费，还包括对引进会展项目人员的奖励经费。此外，还有的城市专门设立会展先进单位奖励经费以及贸易、进口、特色产业等专项会展项目补贴资金，以结合本地实际强化对特色会展项目的扶持力度。国内有关城市会展业发展专项资金统计见表1-12。

表1-12 国内有关城市会展业发展专项资金统计

城　市	专项资金	备　注
成都市	6500万元	2010年3500万元，2011年增加到6500万元
青岛市	6000万元	包括会议论坛资助

续表 1-12

城 市	专项资金	备 注
北京市	3000 万元	不少于 3000 万元
东莞市	3000 万元	地级市
贵阳市	3000 万元	2011 年起安排
杭州市	2500 万元	包括萧山区从 2010 年起安排 2000 万元
宁波市	2500 万元	从 2008 年起安排
重庆市	2000 万元	
武汉市	2000 万元	2010 年起安排
深圳市	2000 万元	从 2005 年起安排，具有政策先发优势
顺德市	2000 万元	从 2008 年起安排
大连市	1800 万元	从 2010 年起安排
厦门市	1000 万元	
香 港	12000 万港元	从 2009 年起安排
澳 门	8000 万澳元	从 2009 年起安排
说 明	以上资金主要资助市场化会展项目	

资料来源：根据宁波市会展经济研究所 2012 年赴国内 22 个主要会展城市调研数据整理形成。

五、会展教育科研情况

业内普遍认为，我国会展教育工作起步于 2002 年，当时国内有四所本科院校及多家专科院校在教育部尚未设立会展相关专业的情况下，结合城市会展业发展对人才的需求，开设会展业相关方向。2004 年，教育部为配合 2010 年上海世博会的举办以及日益增长的对会展人才的需求，首次批准上海师范大学、上海外经贸大学设立会展经济与管理专业。

截至 2015 年 4 月，国内共有 85 所院校经教育部批准设立会展经济与管理本科专业。除复旦大学太平洋金融学院因故停招外，现有 84 所院校招收会展经济与管理本科专业学生。国内开设会展经济与管理专业高校情况表见表 1-13。

表 1-13 国内开设会展经济与管理专业高校情况表

首招年度	学 校 名 称
2004 年	上海师范大学、上海对外贸易学院
2005 年	沈阳师范大学、广西财经学院

续表 1-13

首招年度	学校名称
2006 年	上海理工大学、上海应用技术学院、上海第二工业大学、复旦大学太平洋金融学院、浙江万里学院、广东商学院、北京第二外国语学院、厦门理工学院
2007 年	浙江大学城市学院、广州大学、湖南商学院、河南财经学院、东华大学、山东交通学院、重庆文理学院
2008 年	中山大学、华南理工大学、重庆工商大学、云南财经大学
2009 年	南开大学、华东师范大学、北京联合大学、河北经贸大学、内蒙古财经学院、哈尔滨商业大学、武汉科技学院、湖北经济学院、湖北商学院北津学院、重庆工商大学融智学院、西安外国语大学
2010 年	天津商业大学、杭州师范大学、浙江传媒学院、华南师范大学、广东工业大学
2011 年	四川大学、首都师范大学科德学院、河北经贸大学经管学院、辽宁对外经贸学院、电子科技大学中山学院、浙江树人学院、海南大学
2012 年	北京农学院、天津工业大学、长春大学旅游学院、武汉长江工商学院
2013 年	新疆财经大学、重庆第二师范学院、琼州学院、四川农业大学、成都学院、暨南大学、济南大学、山东财经大学、山东女子学院、仲恺农业工程学院、北京师范大学珠海分校、江汉大学文理学院、中原工学院、上海外国语大学贤达经济人文学院、哈尔滨德强商务学院、哈尔滨广厦学院、廊坊师范学院、天津财经大学
2014 年	华侨大学、黄山学院、华中师范大学武汉传媒学院、巢湖学院、中南林业科技大学、广东外语外贸大学南国商学院、海口经济学院、成都信息工程学院、四川旅游学院、贵州财经大学
2015 年	北京石油化工大学、天津科技大学、吉林艺术学院、福建师范大学协和学院、贵州民族大学、云南民族大学、西安欧亚学院

资料来源：国家教育部网站，并经过作者整理形成。

第四节　长三角及浙江会展业发展现状

长三角是国内会展业最发达的区域，尤其是 2010 年上海世博会的成功举办，全面推进了长三角地区各级政府对会展业的高度重视，也使长三角地区成为在国际上具有较大影响的会展城市群。

一、上海世博会与区域会展业合作

2002 年 3 月，上海市成功申办 2010 年世博会。从成功申办到成功举办的 8

年间，上海市与长三角城市紧密配合，进一步强化了区域会展业合作，使长三角地区成为世界上具有较大影响力的会展城市群。

（1）长三角城市经济协调会会展专业委员会。长江三角洲城市经济协调会的前身是1992年建立的长江三角洲15个城市协作部门主任联席会议制度。为推动和加强长江三角洲地区经济联合与协作，促进长江三角洲地区的可持续发展，由区域内的上海、无锡、宁波、舟山、苏州、扬州、杭州、绍兴、南京、南通、泰州、常州、湖州、嘉兴、镇江（按城市笔画为序）等15个城市，经过沟通协商，于1997年升格为长江三角洲城市经济协调会。协调会每两年在执行主席方城市举行一次市长会议，由市长或分管市长参加，一次工作会议由相关部门负责人参加。常务主席方是上海市，常设联络处设在上海市人民政府合作交流办公室。经过20年的发展，协调会的成员单位已经基本覆盖长三角两省一市的全部城市。

长三角协调会结合2010年上海世博会的相关需求，于2009年正式启动长三角会展业合作研究课题以及合作专题的建设工作。该项目由宁波市政府主持，具体任务委托宁波市会展经济研究所承担。自2009~2011年近3年的时间，长三角会展业合作课题及专题项目重点针对长三角城市会展业开展具体调研，并在撰写研究要报、针对上海世博会开展合作研究、对上海世博会对长三角地区经济拉动作用进行测算、后世博长三角会展业发展研究等内容开展研究。在研究的基础上，达成城市间会展业合作框架，积极探索区域会展业合作机制，努力构建会展业服务平台。对推进长三角区域会展业发展和打造国际会展城市群，以及配合做好上海世博会等方面的工作发挥重要作用。

为进一步深化长三角会展业的合作，2014年3月30日在江苏盐城召开的长三角协调会第十四次市长联席会议批准设立长三角协调会新型城镇化建设、长三角协调会品牌建设、长三角协调会旅游专业和长三角协调会会展专业四个专业委员会，以进一步深化长三角城市间合作。其中新型城市化建设、品牌建设专业委员会由上海市政府负责组建，旅游专业委员会由南京市政府负责组建，会展专业委员会由宁波市负责组建，秘书处设在浙江万里学院（宁波市会展经济研究所）。会展专业委员会现有上海、南京、杭州、宁波、合肥、苏州、无锡、马鞍山、芜湖、镇江、南通、嘉兴等12个会员城市，扬州为观察员城市。2014年以来，专委会在进一步夯实基础工作的同时，积极推进城市间会展业合作。重点包括承担杭州、芜湖等城市的会展项目评估，承担和参与杭州、无锡、嘉兴（海宁）等城市会展业发展意见的起草、会展业发展报告的撰写以及会展项目评价指标体系制定等工作。此外，还积极推进长三角区域高校间的合作，为城市会展业发展提供人才培训等。专委会计划在2015年编发《长三角会展业发展报告》，开展长三角城市会展业指数测算，在此基础上，专委会还计划联合长三角城市制订

《长三角会展业“十三五”发展规划》，系统推进长三角会展业合作体系建设和服务环境创新。

（2）长三角城市会展联盟。由上海、南京、杭州、合肥、南昌、宁波等6个城市发起成立的长三角城市会展联盟，得到相关城市的高度重视和响应。首届长三角城市会展发展论坛暨长三角城市会展联盟成立大会于2006年12月18日在浦东展览馆隆重举行。长三角城市会展联盟的主要功能和职责包括：一是促进会展资源的流通。包括会展项目、参展企业、专业观众、经营管理、会展服务和专业人才等各方面的流通。联盟内各城市相互支持培育品牌会展，通过区域合作共同做强做大会展业市场。二是促进会展行业的规范。联盟将在各地政府部门及行业机构的大力支持下，推动行业和项目的评估认证、配合政府部门落实相关政策，使整个长三角会展业成为一个共同发展、共同繁荣的有机整体。三是促进会展信息的共享。联盟将通过网站、报纸、杂志、电视、广播等各种媒体平台，形成多方位、多角度的信息发布系统促进会展产业相关信息的高度共享。同时，在联盟内部的信息平台上，将进行有针对性的信息发布，策划各类学术研究及商务活动。四是促进会展品牌的包装。联盟将依托自身媒体和大众媒体，充分发挥联盟的专家优势对各城市会展项目及会展企业进行与国际接轨的包装，在形成“长三角会展”统一大品牌的基础上，根据各城市的特色及优势有的放矢，展现特点、突出优势、解决问题、提升档次。五是促进会展行业链完善。联盟紧密围绕会展业的发展需求，致力于促进长三角整个会展行业链的优化与提升，从而为全面提高长三角会展行业的辐射力、服务力、集聚力和表现力提供更为扎实的平台。

（3）上海市会展行业协会。上海市会展行业协会（Shanghai Convention & Exhibition Industries Association，缩写：SCEIA）成立于2002年4月，初衷是上海市从事会议、展览及相关业务的企事业单位自愿组成的跨部门、跨所有制、非营利性的行业性社会团体法人，是具有广泛代表性的新型行业协会。其目的是为上海市的会展企业提供协调服务，并通过自律公约规范上海市会展市场环境。随着长三角会展一体化，上海市以外的会展企业也逐步加入到协会中来，现在已经形成长三角相关城市联合参与的会展业综合性服务平台。截至2013年10月底，协会已有会员520家，会员成分呈多元结构，基本涵盖了会展主体业务以及与之相关的业务领域。

协会成立以来，积极发挥“服务、代表、协调、自律”职能，在市有关职能部门的指导下，协助政府从事行业管理，就保护会员的合法权益、提高行业整体素质、进行行业统计、形成行业自律机制、行业认证、组织国际交流与合作等方面做了全方位的开创性工作，同时一直致力于为会员单位提供全面的优质服务，体现行业协会的广泛性和代表性，从而真正构筑政府与企业之间沟通交流的和谐平台。近年来，协会通过组织长三角接轨上海世博会合作、推进区域会展产业融合、促进区域会展项目和企业流动、为长三角城市会展业发展提供指导等多种手段，在提升长三角会展城市群竞争力方面发挥了重要作用。

二、浙江省会展业发展现状

浙江省是国内会展业比较发达的省份，初步凸显以杭州、宁波、台州、温州、义乌组成的会展城市群，杭州、绍兴、宁波、舟山等地市形成的节庆产业带和由杭州、宁波、嘉兴等城市构成的会议三角形；绍兴、余姚、慈溪、温岭、永康等县级城市也结合自身的实际发展特色会展产业。近年来全省会展业发展迅速，已经成为国内会展业特色鲜明、实力较强的省份之一。主要体现在以下方面：

（1）会展产业发展得到各级领导的高度重视。会展业对产业的提升作用、对消费的拉动作用以及对文化产业的促进作用，使省内各级政府都十分重视发展会展经济。杭州、宁波、嘉兴、温州、义乌、余姚、绍兴、温岭等市县已经相继出台了地方性会展管理规定，全省近两年累计出台各类会展政策法规30余项，涉及政策扶持资金2亿元以上，为会展业发展提供了有效的支撑、营造了良好的环境。以宁波为例，继2010年宁波将会展业列为国务院《长江三角洲地区区域规划》宁波服务业发展两大定位后，2012年，党代会又提出“建设区域性国际会展之都的工作目标”，市会展办完成了《宁波市“区域性国际会展之都”建设规划》的制定工作。这说明会展业在地方经济发展过程中的地位不断得到提高。

（2）会展管理体系建设逐步完善。浙江省是国内会展管理体制比较完善的省份之一。在全省的11个地市中，已经成立政府独立会展管理部门的有13个市、县（杭州、宁波、绍兴等地市，义乌、绍兴县、余姚、慈溪等县区），成立会展相关协会的有12个市县，省级协会的有2个，市级协会4个（杭州、宁波、嘉兴、温州），绝大多数城市都有对应的会展主管部门，会展行业协会的数量也在不断增长，在产业发展中发挥重要作用。此外，浙江省也是国内县级行政机构独立设置会展主管部门较多的省份，有的乡镇也结合本地会展活动需要成立专门的机构负责会展工作，全省县域会展经济呈现生机勃勃的景象。

（3）会展场馆建设日臻完善。近年来，浙江省各市地在地方政府的引导和市场机制双重作用下，各地区会展业市场呈现快速增长的发展势头，取得可喜佳绩，已形成了北部杭州、中部义乌、东部宁波、南部温台四个具有自己特色的会展业区块快速发展的格局。全省已用于占地面积约五百万平方米、净展位面积近百万平方米的30余个较专业会展场馆，还形成一批功能较为完善的会展场地；全省可以举办高层次会议项目的酒店会议室和各类会展中心的数量已经达到1100余个。这些设施的建设，为全省会展业发展提供了必要的保障。此外，杭州奥体博览中心的续建工程，温州国际会展中心三期建设工作的顺利进行，宁海县会展中心一期工程正式投入使用，仙居会展城综合体建设提到了议事日程，宁波也在着手国际会展中心常年展3、4号馆的建设等等。上述场馆建设工作将为进一步提升会展基础设施水平奠定坚实的基础。浙江省主要城市民航线路统计表见表1-14。

表1-14　浙江省主要城市民航线路统计表

城　市	国外航线	境外航线	国内航线	城　市	国外航线	境外航线	国内航线
杭　州	14	4	56	舟　山			7
宁　波	3	2	37	衢　州			3
温　州		1	29	台　州			8
义乌(金华)			21				

资料来源：根据宁波市会展经济研究所对国内主要会展城市主管部门的调研数据整理。

（4）会展政策法规体系力度加大。2006年杭州市委办公厅、杭州市政府办公厅关于促进会展业发展的若干意见文件下发以来，相继出台多个促进杭州会展业发展的政策性文件，并制定杭州市会展业发展“十二五”规划；近年来，宁波、温州、嘉兴、义乌和绍兴等地也都相继出台促进地方性会展业发展的管理规定和激励政策；宁波市2012年着手制订《关于进一步加快推进进口展的实施意见》，重点扶持境外企业主办、参展的会展项目；省内各市地都重视会展管理规章的建设工作。浙江省会展业标准化技术委员会也在积极研究制订会展业服务相关标准，已经完成《会展行业服务规范》地方标准（DB33/T 770—2009）。

（5）会展项目质量不断提升。统计表明，2012年全省共举办规模以上会展项目60余项，海洋类、贸易类、信息化类会展项目数量不断增加，质量逐步提升。各市地都十分重视招商引展工作，展客商的结构不断优化。此外，县域会展也快速发展是我省会展业的一大亮点，相关县市结合资源优势，在会展综合体、会展项目与产业互动、会展项目与文化资源互动等方面取得了可喜成效。2011年浙江省重点会展城市展览面积3万平方米以上规模展览会统计见表1-15。

表1-15　2011年浙江省重点会展城市展览面积3万平方米以上规模展览会统计

城　市	个　数	城　市	个　数	城　市	个　数
宁波市	10	义乌市	7	绍兴市	4
杭州市	7	温州市	5	嘉兴市	3

资料来源：根据宁波市会展经济研究所对国内主要会展城市主管部门的调研数据整理。

2013年浙江办展的特点呈现出：大展比例扶摇上升，中小展会更加精细。

杭州、宁波、温州已经形成若干个传统品牌大展项目，如西博会、动漫展、浙洽会、国际服装节、消博会、皮革用品博览会等，并且办展规模不断创出新高；其他地级市也都拥有独自的办展优势资源，积极举办大型会展项目，如绍兴的家纺博览会、舟山的渔博会等；更可喜的是义乌、海宁等一批县级市会展发展势头强劲，如义乌义博会、森博会、文博会、旅博会，海宁裘皮服装博览会等。

（6）会展服务质量不断提升。各地注重优化会展场馆的服务工作，同时通过设立相关标准、实施项目招标等手段，不断提升会展服务机构的准入门槛，省、市协会和省会展业标准化技术委员会协同开展浙江会展行业内会展服务标准化的宣贯，加强与相关机构的合作提升餐饮住宿服务质量，同时在中介服务等方面也有较大的突破；在国际服务等方面（UFI 认证，国际机构间的合作，项目国际展客商服务等方面）有进一步的拓展。当前，我省通过 UFI 认证的展会已有宁波国际服装服饰博览会，中国国际家居博览会（宁波），义乌国际袜子、针织及服装工业展，中国义乌国际小商品博览会，还有多个精心培育的展会正在积极申报 UFI 认证。

（7）会展学科建设成效明显。2012 年，也是浙江省会展科研学科建设取得显著成效的一年。2012 年 5 月，中国会展经济研究会县域会展工作委员会在舟山召开成立大会，委员会的成员中主要为浙江省的会展业专家，这对进一步推进全省县域会展经济的发展，保持县域会展产业在国内的领先地位发挥着重要作用。2012 年 10 月，在协会发起和推动下，在省经信委省商务厅、省人保厅和省民政厅等有关部门的大力支持下，成立了浙江远见会展创意产业研究院。此外，在浙高校会展专业的教师们相关会展方面论文发表百余篇，课题研究八十余个，学术研究硕果累累。浙江万里学院会展研究作为学科方向的应用经济学学科获得浙江省重点学科和浙江省高校创新团队。这一切，都有利于浙江省会展业核心竞争力的提升。

（8）会展专业建设水平和人才培养质量不断提升。浙江省是国内会展专业建设质量较高的省份之一。2004 年以来，教育部批准设立 85 所院校开设会展经济与管理专业，全省现有 5 所院校开设会展经济与管理专业，位于上海、广东之后列全国第三位；有 12 所院校开设会展专科专业，每年约培养会展专业学生 1000 余人，累计培养会展专业学生近 5000 人；教师共设立各类会展研究项目约百个，会展科研和特色专业等建设经费达到千万元。其中浙江万里学院会展经济与管理专业是国内唯一一个本科会展特色专业和省“十二五”优势专业，浙江旅游职业技术学院会展策划与管理专业是国家级示范专业，浙江经贸职业技术学院会展策划与管理专业是浙江省重点建设专业，浙江农业商贸职业技术学院会展策划与管理专业是省“十二五”优势专业，浙江大学城市学院会展经济与管理专业是杭州市品牌专业，宁波城市职业技术学院是宁波市旅游会展人才培养基地主持单位等，市级以上立项建设专业数量处于国内领先地位。人才培养质量不断提升，全省会展专业就业率平均在90%以上，先后有多所院校的学生获得全国先进班集体、省优秀社团、市先进党支部等奖励，并在全国“挑战杯”、省“挑战杯”、全国会展策划大赛等项目中获得优异成绩。

随着浙江省会展业的快速发展，众多会展人才培训机构应运而生，组织实施“会展行业能力认证”考试，“会展策划师”职业资格考试等，以满足会展业快速发展的人才之需。

2006年成立了浙江省会展学会。至今，浙江省已有浙江亚太会展业发展研究所、浙江大学城市学院会展研究所、浙江树人大学会展研究中心、浙江省东方会展业研究所、宁波市会展经济研究所和浙江远见会展创意产业发展研究院等8家会展研究机构，为全省会展经济发展提供指导作用。

（9）会展国内外合作逐步拓展。相关城市通过邀请高层访问、共同承担项目等，逐步加强与国际展览局（BIE）、国际展览联盟（UFI）、国际会议联合会（ICCA）等国际机构的合作；通过招商引展等手段加强了同美国、意大利、法国等国家会展企业的合作，通过举办会展项目等强化了与台湾、香港、澳门等地区的合作；与此同时，进一步加强与上海等周边地区会展业的合作，省内各城市间的会展合作更趋紧密，跨城市推介等合作手段不断创新。

第二章

城市会展业发展的理论与方法

第一节　国内外会展业研究相关理论

由于会展业起步较晚，因此，会展业自身尚缺乏系统规范的理论体系。当前国内外在会展业理论研究方面，主要是应用经济学、管理学的相关理论，并将其应用到会展业的实践工作中。

会展业作为现代服务业的重要组成部分，也遵循经济学、管理学常见的理论。因此，会展业的相关研究首先是建立在国外传统的经济学和管理学理论基础上，并应用这些理论来解决会展业发展中的实际问题。

一、波特的竞争理论

迈克尔·波特（Michael E.　Porter）是哈佛大学商学研究院著名教授，当今世界上少数最有影响的管理学家之一。他提出的竞争理论主要包括以下内容：

（1）五力模型。决定企业获利能力的首要因素是“产业吸引力”。企业在拟定竞争战略时，必须要深入了解决定产业吸引力的竞争法则。竞争法则可以用五种竞争力来具体分析，这五种竞争力包括：既有竞争者力、新加入者的威胁力、客户的议价能力、供货商的议价能力及替代品或服务的威胁力。

这五种竞争力能够决定产业的获利能力，它们会影响产品的价格、成本与必要的投资，也决定了产业结构。企业如果要想拥有长期的获利能力，就必须先了解所处的产业结构，并塑造对企业有利的产业结构。

（2）三大一般性战略。竞争战略的第二个中心问题是：企业在产业中的相对位置。竞争位置会决定企业的获利能力是高出还是低于产业的平均水平。即使在产业结构不佳，平均获利水平差的产业中，竞争位置较好的企业，仍能获得较高的投资回报。

每个企业都会有许多优点或缺点，任何的优点或缺点都会对相对成本优势和相对差异化产生作用。成本优势和差异化都是企业比竞争对手更擅长因应五种竞争力的结果。将这两种基本的竞争优势与企业相应的活动相结合，就可导出可让企业获得较好竞争位置的三种一般性战略：总成本领先战略、差异化战略及专一化战略。

“总成本领先战略”要求企业必须建立起高效、规模化的生产设施，全力以赴地降低成本，严格控制成本、管理费用及研发、服务、推销、广告等方面的成本费用。为了达到这些目标，企业需要在管理方面对成本给予高度的重视，确保总成本低于竞争对手。

“差异化战略”是将公司提供的产品或服务差异化，树立起一些全产业范围中具有独特性的东西。实现差异化战略可以有许多方式，如设计名牌形象，保持技术、性能特点、顾客服务、商业网络及其他方面的独特性，等等。最理想的状况是公司在几个方面都具有差异化的特点。但这一战略与提高市场份额的目标不可兼顾，在建立公司的差异化战略的活动中总是伴随着很高的成本代价，有时即便全产业范围的顾客都了解公司的独特优点，也并不是所有顾客都将愿意或有能力支付公司要求的高价格。

“专一化战略”是主攻某个特殊的顾客群、某产品线的一个细分区段或某一地区市场。低成本与差异化战略都是要在全产业范围内实现其目标，专一化战略的前提思想是：公司业务的专一化能够以较高的效率、更好的效果为某一狭窄的战略对象服务，从而超过在较广阔范围内竞争的对手。公司或者通过满足特殊对象的需要而实现了差异化，或者在为这一对象服务时实现了低成本，或者二者兼得。这样的公司可以使其赢利的潜力超过产业的平均水平。

竞争优势是所有战略的核心，企业要获得竞争优势就必须做出选择，必须决定希望在哪个范畴取得优势。全面出击的想法既无战略特色，也会导致低于水准的表现，它意味着企业毫无竞争优势可言。

（3）价值链理论。迈克尔·波特的价值链理论认为：企业的任务是创造价值。企业的各项活动可以从战略重要性的角度分解为若干组成部分，并且它们能够创造价值，这些组成部分包括公司的基础设施、人力资源管理、技术开发和采购四项支持性活动，以及运入后勤、生产操作、运出后勤、营销和服务五项基础性活动，九项活动的网状结构便构成了价值链。

价值链理论发展到今天，实现了新的突破，即价值链可以进行分解与整合。传统的大而全、小而全的企业在竞争中发展困难，而另一些企业则另辟蹊径，它们从对整个价值链的分析中，放弃某些增值环节，从自己的比较优势出发，选择若干环节培养并增强其核心竞争力，利用市场寻求合作伙伴，共同完成整个价值链的全过程。但是这样的价值链是由许多相对独立的且各自都有核心竞争力的增值环节组成的。这些原本属于某个价值链的环节一旦独立出来，就未必只对应于某个特定的价值链，它也有可能加入到其他相关的价值链中去，于是出现了新的市场机会——价值链的整合，即：可以设计一个新的价值链，通过市场选择最优的环节，把它们联结起来，创造出新的价值。

实现虚拟经营的企业能够充分意识到：价值链的分解与整合作为一种经营策略功效卓著，它能够保证企业获得最大的投入产出比。成功实现虚拟运作的步骤应该是：价值链的分解 + 找到核心竞争力 + 培育核心竞争力 + 价值链的整合 = 成功实现虚拟经营。

波特认为："每一个企业都是在设计、生产、销售、发送和辅助其产品的过程中进行种种活动的集合体，所有这些活动可以用一个价值链来表明。"企业的价值创造是通过一系列活动构成的，这些活动可分为基本活动和辅助活动两类，基本活动包括内部后勤、生产作业、外部后勤、市场和销售、服务等；而辅助活动则包括采购、技术开发、人力资源管理和企业基础设施等。这些互不相同但又相互关联的生产经营活动，构成了一个创造价值的动态过程，即价值链。

价值链在经济活动中是无处不在的，上下游关联的企业与企业之间存在行业价值链，企业内部各业务单元的联系构成了企业的价值链，企业内部各业务单元之间也存在着价值链联结。价值链上的每一项价值活动都会对企业最终能够实现多大的价值造成影响。

波特的"价值链"理论揭示，企业与企业的竞争，不只是某个环节的竞争，而是整个价值链的竞争，整个价值链的综合竞争力决定企业的竞争力。用波特的话来说："消费者心目中的价值由一连串企业内部物质与技术上的具体活动与利润所构成，当你和其他企业竞争时，其实是内部多项活动在进行竞争，而不是某一项活动的竞争。"

二、增长极理论

增长极理论最初由法国经济学家佩鲁（Francois Perroux）提出，他认为，如果把发生支配效应的经济空间看作力场，那么位于这个力场中推进性单元就可以描述为增长极。增长极是围绕推进性的主导工业部门而组织的有活力的高度联合的一组产业，它不仅能迅速增长，而且能通过乘数效应推动其他部门的增长。因此，增长并非出现在所有地方，而是以不同强度首先出现在一些增长点或增长极上，这些增长点或增长极通过不同的渠道向外扩散，对整个经济产生不同的最终影响。他借喻了磁场内部运动在磁极最强这一规律，称经济发展的这种区域极化为增长极。

许多区域经济学者将这种理论引入地理空间，用它来解释和预测区域经济的结构和布局。后来法国经济学家布代维尔（J. B. Boudeville）将增长极理论引入到区域经济理论中，之后美国经济学家弗里德曼（John. Frishman）、瑞典经济学家缪尔达尔（Gunnar Myrdal）、美国经济学家赫希曼（A. O. Hischman）分别在不同程度上进一步丰富和发展了这一理论，使区域增长极理论的发展成为了区域开发工作中的流行观点。

三、点轴开发理论

点轴开发理论，最早由波兰经济学家萨伦巴和马利士提出。点轴开发理论是增长极理论的延伸，但在重视“点”（中心城镇或经济发展条件较好的区域）增长极作用的同时，还强调“点”与“点”之间的“轴”即交通干线的作用，认为随着重要交通干线如铁路、公路、河流航线的建立，连接地区的人流和物流迅速增加，生产和运输成本降低，形成了有利的区位条件和投资环境。产业和人口向交通干线聚集，使交通干线连接地区成为经济增长点，沿线成为经济增长轴。在国家或区域发展过程中，大部分生产要素在“点”上集聚，并由线状基础设施联系在一起而形成“轴”。1984 年我国著名经济地理学家陆大道院士提出点轴理论模型，“点”指各级居民点和中心城市，“轴”指由交通、通信干线和能源、水源通道连接起来的“基础设施束”。

四、神经经济学理论

神经经济学（Neuroeconomics）是一个新兴的跨学科领域，它运用神经科学技术来确定与经济决策相关的神经机制。这里的“经济”应该更广义地理解为（人类或其他动物）在评价选项（alternatives）所做出的任何决策过程。2002 年诺贝尔经济学奖得主 Vernon Smith 在颁奖大会上做了题为“经济学中的建构主义和生态理性”报告，在报告中他提到，“新的大脑影像技术激发神经经济学研究去探索大脑的内在秩序及其与人类决策（包括固定赌博的选择，也包括由市场和其他制度规则所中介的选择）之间的关系”。此后，越来越多的研究者开始关注这一学科。

神经经济学综合了经济学、心理学以及神经生物学等诸多学科。经济学试图用一个单一的、逻辑上统一的形式来整体描述所有的选择行为；心理学则考察价值在主观估计和客观估计之间所存在的差异方式，并提出种种心理模型来解释这些观察到的行为偏好。神经生物学着眼于最简单的、可能存在的神经回路来解释最简单的可测量的行为元素。由此看来，这些学科解释人类的选择行为的不同之处在于他们操作的水平不同。此外，当前脑成像技术成为神经科学最盛行的工具。许多脑成像技术比较人们在执行不同任务（包括实验任务和控制任务）时的脑区差异。借用脑成像技术，神经经济学可以直接测量思维和情感，从内部观察人的行为，探讨“黑箱子”问题，从而促进我们对大脑与行为之间关系的理解。正如 Camerer 等经济学家和神经生物学家所言，“新的工具定义了新的科学领域，并消除了旧有边界”，神经经济学借助于脑成像等神经科学技术，打破了这三大学科的界限。

五、注意力经济理论

著名的诺贝尔奖获得者赫伯特·西蒙在对当今经济发展趋势进行预测时也指

出："随着信息的发展，有价值的不是信息，而是注意力。"这种观点被 IT 业和管理界形象地描述为"注意力经济"。

"注意力经济"这一观点最早见于美国加州大学学者 Richard A. Lawbam 在 1994 年发表一篇题为《注意力的经济学》（The Economics of Attention）的文章。最早正式提出"注意力经济"这一概念的是美国的迈克尔·戈德海伯（Michael H. Goldhaber）1997 年在美国发表了一篇题为《注意力购买者》的文章。他在这篇文章中指出，目前有关信息经济的提法是不妥当的，因为按照经济学的理论，其研究的主要课题应该是如何利用稀缺资源。对于信息社会中的稀缺资源，他认为，当今社会是一个信息极大丰富甚至泛滥的社会，而互联网的出现，加快了这一进程，信息非但不是稀缺资源，相反是过剩的。而相对于过剩的信息，只有一种资源是稀缺的，那就是人们的注意力。注意力经济向传统的经济规律发起挑战，认为经济的自然规律在网络时代会产生变异，传统经济的主导稀有资源由土地、矿产、机械化设备、高科技工厂等物质因素转变为"注意力"。

所谓注意力，从心理学上看，就是指人们关注一个主题、一个事件、一种行为和多种信息的持久程度。它有如下几个特点：一是它是不能共享，无法复制的；二是它是有限的、稀缺的；三是它有易从众的特点，受众可以相互交流、相互影响；四是注意力是可以传递的，名人广告就说明了这一点，受众的注意力可以由自己关注的名人到名人所做的广告物——产品；五是注意力产生的经济价值是间接体现。在把注意力转化为经济价值的过程中，媒体既是注意力的主要拥有者，同时又是注意力价值的交换者，所以传媒经济就是以注意力为基础的经济。但在当今信息过剩的社会，吸引人们的注意力往往会形成一种商业价值，获得经济利益，因此在经济上，注意力往往又会成为一种经济资源，在这一意义上，注意力就是"把精神活动投注在特定的资讯项目上。这些特定项目进到我们的意识中，引起我们对特定项目的注意，然后我们便决定是否采取行动。如果你对某项事物，并未考量做出某种行动，就不算注意到这项事物的存在，而由这种注意力所形成的经济模式，就是注意力经济（attention economy）。进一步说，注意力经济是指最大限度地吸引用户或消费者的注意力，通过培养潜在的消费群体，以期获得最大的未来商业利益的经济模式。在这种经济状态中，最重要的资源既不是传统意义上的货币资本，也不是信息本身，而是大众的注意力，只有大众对某种产品注意了，才有可能成为消费者，购买这种产品，而要吸引大众的注意力，重要的手段之一，就是视觉上的争夺，也正由此，注意力经济也称为"眼球经济"。

六、国际分工理论

国际分工理论是指在当前经济全球化的大背景下，任何一个国家和地区都不能完整地依靠自己来形成封闭的生产与经营方式。不同国家和地区依据自身的资源特点进行国际分工，可以有利于最大化实现资源的合理配置与生产效率。国际分工理论可分成五大流派：第一类，从世界体系的视角出发考察国际分工格局的变化，代表性的研究有：伊曼纽尔（1999）；特奥托尼奥（1999）；霍普金斯，伊曼纽尔（2002）。第二类，从市场的角度研究国际分工，旨在探讨市场机制予以组织和协调的国际分工，代表性的研究是亚当·斯密（1776）；大卫·李嘉图（1817）；赫克歇尔—俄林；Dixit and Stiglitz（1977）等等。第三类，从国家的视角研究国际分工，代表性的研究是李斯特（1841）。第四类，从企业的视角研究国际分工，旨在探讨企业机制对国际分工格局的影响，代表性的研究有 Hymer（1960）；Buckley and Casson（1976，1988）；Rugman（1980）；Dunning（1981）；Vernon（1966）；冼国民（1994）。第五类，从个人专业化的视角研究国际分工，旨在从个人分工的微观层面解释宏观的国际分工，代表性的研究有杨小凯、黄有光（1999）；Sachs，Yang and Zhang（2001）；Cheng，W.，Sachs，J. and Yang，X（2000）；张定胜（2000）。这五类国际分工理论流派对国际分工现象的解释各有不同，对其进行归纳总结，吸收合理性、找出问题，具有重要意义。

七、区域经济梯度推移理论

区域经济发展梯度转移理论是指一个国家的经济发展客观上存在梯度差异，高梯度地区通过不断创新并不断向外扩散求得发展，中、低梯度地区通过接受扩散或寻找机会跳跃发展并反梯度推移求得发展。从我国会展业发展的现状看，长三角地区、珠三角地区和京津塘地区是国内会展业最发达的地区，属于高梯度地区。在三个区域中，以上海、北京、天津、广州、深圳等五个城市的会展业发展水平较高属于区域内的高梯度城市。中部地区、西南部地区是我国会展业发展的中梯度城市，而东北、西北地区则是国内会展业发展的低梯度地区。按照区域经济推移理论，我国的会展业整体上是由沿海地区向中部地区转移，最后再向西部地区转移。在区域内，由中心城市向副中心城市或相关地市级城市推移，最后再向县级市推移。

八、网络开发理论

网络开发理论是点轴开发理论的延伸。该理论认为，在经济发展到一定阶段后，一个地区形成了增长极即各类中心城镇和增长轴即交通沿线，增长极和增长轴的影响范围不断扩大，在较大的区域内形成商品、资金、技术、信息、劳动力等生产要素的流动网及交通、通信网。在此基础上，网络开发理论强调加强增长极与整个区域之间生产要素交流的广度和密度，促进地区经济一体化，特别是城乡一体化；同时，通过网络的外延，加强与区外其他区域经济网络的联系，在更大的空间范围内，将更多的生产要素进行合理配置和优化组合，促进更大区域内经济的发展。

九、社会网络理论

社会网络的概念最早是在英国著名人类学家 R·布朗对结构的关注中提出来的。布朗所探讨的网络概念聚焦于文化是如何规定有界群体（如部落、乡村等）内部成员的行为，他的研究比较简单，实际的人际交往行为要复杂得多。较成熟的社会网络的定义是 Wellman 于 1988 年提出的“社会网络是由某些个体间的社会关系构成的相对稳定的系统”，即把“网络”视为是联结行动者（actor）的一系列社会联系（social ties）或社会关系（social elations），它们相对稳定的模式构成社会结构（social structure）。随着应用范围的不断拓展，社会网络的概念已超越了人际关系的范畴，网络的行动者既可以是个人，也可以是集合单位，如家庭、部门、组织。社会网络与企业知识、信息等资源的获取紧密相关。网络成员有差别占有各种稀缺性资源，关系的数量、方向、密度、力量和行动者在网络中的位置等因素，影响资源流动的方式和效率。

第二节　国内外会展业的主要研究观点

国内会展业的相关研究主要集中在近十年间。由早期的重视会展业的概念与特征、会展业的意义以及主要方式，逐步发展到由宏观研究向中观及微观转变，基本覆盖会展经济、会展管理、会展场馆、会展项目、会展服务、会展研究方法、会展国际交流与合作等会展相关领域。

一、宏观研究观点

（1）关于会展经济。吕彤在系统分析大连市会展业发展的基础上，认为城市会展业的国际竞争力的高低，直接关系到整个城市经济体的国际竞争力水平。李毅超对河北省会展业发展的定位、模式和策略开展研究，提出会展业与相关产业的融合模式。张亚峰基于中原经济区语境对河南省会展经济发展战略进行分析，探讨会展业与城市发展战略之间的关系。刘晓明对会展业专业化市场化开展经济学分析，提出会展专业化市场有助于提升会展业的发展，扩大城市和产业的对外竞争力。

（2）关于会展产业。白国宝认为，会展业是现代服务业的重要组成部分，是由各大中型国际博览会、交易会、洽谈会、研讨会等汇集成一个以会带展、以展带会的新兴行业。王晨芳认为，会展产业具有效益高、产业联动性高、导向性强、凝聚性好、交融性大等特点。陈龙江在与国外发达会展城市进行比较的基础上，对广州市会展业发展存在的问题开展分析。姜洋以西部大开发为背景，分析西部会展业发展存在的问题并提出对策建议。祝涵洁以义乌为研究背景，对中小型会展企业核心竞争力提升研究。金森飞就杭州市会展业发展开展研究，提出会展业拉动旅游等产业发展的观点。王靓靓对厦门会展业发展现状开展研究，认为会展业对厦门的城市形象及旅游产业的发展具有较强的带动作用。赵俊林对宁波会展业发展现状及对策研究，提出宁波市会展业应突出服务产业、提升海洋经济、优化县域经济的结构与规模并通过发展智慧会展提升服务质量。

(3) 关于会展场馆。王巍溪对会展场馆的品牌营销策略开展研究，认为场馆的服务与管理有助于提升场馆的营销质量。甄治国以广东中山市为例，对中山市会展场馆的可持续发展策略进行研究。高斐对中国博览会会展综合体安防系统设计开展研究，提出会展场馆风险管理的相关观点。任庆英对海南国际会展中心展览中心双向波浪形单层钢网壳设计开展研究，旨在提出一种新的场馆建筑模式。王载就海南国际会展中心会议中心结构体系选型开展研究，可作为其他会展中心建设的借鉴。范良松研究会展场馆白酒存放数量的理论计算，通过计算场馆存放危险品的最大容量，来研究如何控制场馆的风险。

二、中观研究观点

(1) 关于会展管理体制。刘飞跃对政府对会展业的消极态度及成因进行分析，并提出促进我国会展经济发展的地方政府行为选择。汪海燕对北京市会展农业运行机制开展研究，提出政府应强化对会展项目的管理，并出台政策加以扶持。

(2) 关于会展政策法规。靳文敏对广州、深圳、东莞等地会展资金类政策效果进行评估，认为并不是政策资金规模越大会展业发展的效果就越好。刘贵才对会展知识产权保护开展研究，认为我国会展业知识产权保护方面还存在着实际问题，应进一步强化管理。林海榕对福州市会展产业政策立法开展研究，提出立法的三种途径，强调立法的科学性、公正性和社会性。卢晓就上海会展产业优化升级与金融支持问题开展研究，认为会展业需要政府的金融政策支持，同时也要重视化解金融风险。

(3) 关于会展项目设计。宋冰雪以日本无印良品户外运动用品展为例，对会展的体验性特征开展研究。杜一峰从艺术设计的角度，对体验式会展设计开展研究，强调会展设计的互动体验特征。此外，杜一峰还对会展互动设计进行探索，提出互动设计的相关途径与模式。李春林在阐述会展设计的原则的基础上，对会展设计项目的质量管理开展研究。钱江对数字艺术的特征及对会展艺术的影响开展研究，提出会展艺术设计要重视信息化管理与数字化服务。李春林对会展项目的设计流程开展研究，认为规范会展设计流程意义重大。王青剑对会展视觉导向标识系统设计开展探讨，认为会展文化与艺术设计有十分紧密的关系。吴瑱阳阐述了会展设计中的低碳环保理念及其实践，提出要强化会展业环保管理，鼓励会展艺术设计方案促进环保理念。王玉霞系统研究会展设计视觉传播中的艺术性突破，提出要把会展传播作为艺术传播的新模式来深入探索。

（4）会展项目发展。于孔燕对中国农业会展业发展趋势分析，认为当前会展项目的管理存在一定的问题，并提出相关的对策建议。樊蓉对我国虚拟会展业的现状与前景进行展望，认为虚拟会展与实体会展的结合将是未来商贸发展的重要手段。吴镇阳就会展策划与管理中的人性化服务开展研究，提出会展人性化服务要重视顶层设计，从系统化的角度提升会展管理与服务中的人性化。

（5）关于会展企业。王秀霞对济南市民营会展企业的现状开展分析，认为要形成真正意义上的会展经济，必须强化民营会展企业的作用，大力推动民营会展企业和其他行业的联动关系。权丽娜以重庆会展企业作为研究对象，对如何塑造企业形象开展研究，认为会展企业应重视人才培养和品牌建设。王燕娜对广州民营会展企业发展现状开展研究，认为民营企业应通过资本运作，强化资源整合，提升会展企业的综合竞争力。

三、微观研究观点

（1）关于会展服务。曾玉成对会展活动中检验检疫管理模式的创新开展研究，提出要进一步完善会展活动中的检验检疫服务，提升会展服务的便捷度。黎非就智慧会展移动应用服务研究，提出智慧会展的整体框架和运作方式。黎非还就构建会展业政产学研联盟机制开展研究，提出政产学研相结合是提升城市会展业综合竞争力的重要手段。

（2）关于会展国际国内合作。蔡婕萍对上海市涉外会展企业外向型经济发展影响开展分析，认为在国际合作中存在许多实际问题，建议政府给予大力支持。天津市政府驻成都办事处课题组提出要借鉴四川经验发展天津会展经济，尤其是在场馆管理、项目市场化运作方面进行系统深入的探索。刘松萍对外资进入中国会展业的历程和模式进行分析，提出影响外资进入中国会展业的相关因素和对策建议。

（3）关于研究方法。高秀春等用主成分分析法，对北京等 5 个城市开展分析；张梓园依托波特的竞争理论，用“钻石模型”对济南市会展业的竞争力开展分析；方忠权采用缓冲区分析、核密度估计和 Ripley K 函数分析对广州市会展企业集聚特征开展研究。张玲运用复杂适应系统理论对广州市会展旅游产业集群动力机制开展研究。吴玉霞采用 SWOT 分析方法，对郑州市会展企业的经营管理创新开展研究。史晋娜采用 Logistic 回归模型对成都会展产业发展阶段进行判断与预测。刘民坤采用验证性因子分析方法对会展社会影响尺度进行研究。庞华采用钻石模型方法对广东会展产业竞争力的影响因素分析。王芳采用灰色关联分析方法对青岛市会展业的影响因素开展研究。刘民坤开展会展社会影响尺度与独立变量的相关性研究——广交会的实证研究。张玲对广州市会展旅游产业集聚过程及形成机理开展研究。王蕊完成基于 IPA 分析法的会展旅游城市竞争力研究——以浙江金华为例。马勇开展基于 AHP 中国城市会展业竞争力综合评价指标体系构建研究。上述研究方法为会展业研究进行了积极的探索。

（4）研究视角。刘瑛从产业价值链视角对南昌市会展业的发展模式开展研究，认为会展业的发展要从整个产业链的角度考虑，要从产业的公共服务角度去研究与探索。并从服务营销视角下对南昌市城市会展业的发展策略开展研究，提出南昌市要重视会展营销，提升服务的国际化影响。卢明强以秦皇岛为研究背景，从价值链的角度，对会展业发展的作用开展研究。方忠权从区域经济学的角度，对珠江三角洲地区会展企业空间格局变动情况开展研究，提出广州市会展企业空间集聚和演进的基本特征。林海榕从产业法的视角，对福州市会展业发展的制约因素开展分析，提出要重点做好会展企业服务、会展产业创新工作。

（5）会展产业作用。邱湘琪对会展业关联产业开展分析，认为会展业对关联产业的发展具有重要影响。牛迪以内蒙古呼和浩特市为例，对会展经济对城市发展的拉动效应开展分析，提出发展内蒙古特色会展经济的对策建议。赵伯艳以天津市会展业作为研究对象，分析了会展业对城市发展的重要意义，并提出政府要发挥在会展业发展中的作用。包小忠对会展业的功能及其发挥的前提条件开展研究，认为城市的发展定位、产业支撑是重要内容。吕中芬以会展：城市经济增长的助推器为题，对“酒博会”带动泸州会展经济发展开展研究。祝远红认为，会展经济强市助推产业发展，应大力发展会展产业。贾立超从发挥国家会展中心项目优势带动服务业发展的角度开展研究，提出要建设国际化的会展名城。胡叶星寒对会展对旅游经济的投入产出开展研究，认为会展业是促进旅游业发展的重要支撑手段。龙旭芝从会展业对重庆外贸发展的影响分析，提出商贸会展在城市贸易发展中的基本特征。何艳以西安为例，对会展参展商的旅游消费行为开展调查，认为会展企业应重视开展调研工作，以摸清参展商的需求，为参展商旅游提供服务。

（6）会展产品。韩枚对影响会展产品的需求因素开展研究，认为会展产品价格、会展消费者的收入水平、会展相关商品或服务的价格、消费者对会展产品的偏好、闲暇时间是影响需求的主要因素。任国岩采用联合分析的方法，从会展产品价值属性分析的角度，提出会展业重视服务、提升品牌等对策建议。

（7）会展营销。宋冰雪从参展商的角度，对会展营销开展研究，并分析存在的实际问题。朱彦以西安会展市场为背景，对市场营销创新策略开展研究，并建议会展企业应重视营销创新工作。俞瑜对现代营销手段在会展营销中的应用开展研究，提出要充分发挥网络营销、精准营销等手段，提升会展营销的效果。

（8）会展资源。周宇粱在对南昌市会展业开展研究的基础上，认为更要依据客观实际采取切实有效措施去优化配置会展资源，以提高会展资源使用效率。

（9）发展模式。赵海燕对北京市农业会展的发展模式开展系统研究，并从会展农业发展的平台、层次、客体、支柱、资源、机制和效应等七方面入手，系统分析北京会展农业的产业特征，并展望其未来的发展。赵玉婷对上海市区域特色会展经济发展模式开展研究。

（10）会展旅游。徐振涛结合国内外研究观点，对会展旅游的概念进行辨析。金子轩结合上海世博会，对中国会展旅游状况开展分析。李霞以郑州为例，对郑州市会展旅游现状及发展意义开展研究。王松对哈尔滨发展会展旅游的优势开展分析，提出哈尔滨要将会展业作为促进旅游业发展的重要手段。白雪对贵阳市会展旅游的形成机制开展研究，认为要通过举办会展活动，吸引更多的境内外游客。张颖以天津为背景，对会展旅游开展研究，提出要借助国家会展中心建设提升天津的旅游产业。黄卫平对广西会展旅游发展战略开展研究，提出要借助东盟博览会，进一步拓展东盟地区的客源。彭筱星对郑州会展旅游模式开展研究，认为举办节庆活动有助于拉动旅游经济发展。

（11）会展传播。袁家能以上海世博会为研究背景，认为世博会具有强大的传播功能，也促进了城市的国际竞争力的提升。王丹宜对会展式广告传播与品牌形象塑造开展研究，认为会展业对广告传播具有较大的促进作用。贾伟对会展设计信息传达的新形式进行探讨，提出要结合产业与观众的特点开展创新。贾彦静对大型国际会展的传播功能开展研究，认为会展是国际传播功能创新的具体体现。

（12）会展人力资源。吴海燕提出中小企业会展人员的选聘方案，以及人员选聘管理的对策建议。王丽则对会展企业人力资源管理开展研究，认为要将培训与人才引进相结合。张冬娜对中国会展业人才供需状况分析与人才培养研究，认为人才培养质量不高是导致会展业人才供应不足的主要原因。匡小文就会展业国际化背景下的口译需求与人才培养开展研究，提出要加强小语种会展人才的培养。陈荣荣对会展人力资源开展研究，提出要提高会展人才的待遇，以提升高层次会展人才的稳定性。李洙愚以黑龙江会展企业为背景，提出会展企业人才流动的几点建议。王晶就上海会展行业从业者素质调查及分析，认为会展专业人员流动性较大是导致人才素质不高的重要原因之一。

（13）会展与城市形象。唐凤英认为，会展的宣传有助于提升城市形象，应重视会展业与城市形象宣传的协调互动。刘志超从居民视角探究小城镇会展效益感知模型，认为互动参与有助于提升城市居民的创新意识，促进社会和谐发展。马勇从武汉城市会展品牌构建与提升策略研究角度入手，系统探索影响城市会展品牌构建的因素，并提出相关的对策建议。

（14）会展项目评估。林满以科技会展项目为例，对项目评估指标体系开展研究，提出会展指标设计的整体思路。莫志明采取层次分析法和模糊评价法，以重庆市工业和信息化展览会项目评估为例，对会展评估体系的指标及权重开展研究。郑丽燕则以中阿博览会为背景对宁夏会展业评价指标体系进行探索性构建。

（15）大型项目后续效应。罗绮琦对后亚运视野下广州会展旅游的发展开展研究。提出要充分发挥基础设施建设资源的有利条件，进一步优化城市功能；王敏杰从上海世博会场馆迁移的角度，研究如何进一步优化上海世博会各类场馆、论坛等的品牌价值，延伸上海世博会的拉动效应，提升长三角会展城市群的品牌价值。

（16）会展与文化传承。聂坚以重庆市合川钓鱼城为例，对文化会展对古镇文化传承与保护作用进行探究。王杏丹对会展经济中文化产业的重要性开展研究，提出要重视发掘文化内涵，提升会展业的文化质量。洪振强对当前我国文化会展业发展战略开展研究，提出要大力发展文化会展业，为社会提供更丰富的文化生活。

第三节　城市会展业发展的主要方法

在会展研究方法体系建设与实际应用方面，初步形成传统研究方法应用和结合产业实际探索构建新研究方法体系相结合的特征。

一、国内外传统研究方法的应用

在传统研究方法的应用方面，主要包括以下几个方面：

（1）城市会展业竞争力研究方法。主要包括波特的竞争理论与钻石模型、主成分分析法等。高秀春等用主成分分析法，对北京等5个城市开展分析；张梓园依托波特的竞争理论，用钻石模型对济南市会展业的竞争力开展分析；庞华采用钻石模型方法对广东会展产业竞争力的影响因素分析。

（2）会展中心的选址方法。具体包括中心法、模糊评价法、极坐标法等，也有部分学者采用层次分析法与其他研究方法的有机结合，来创新会展中心选址的方法。此外，运筹学的相关研究方法在会展中心选址方面也有一定的应用。

（3）空间经济学研究方法。包括核密度估计、自相关、自相似等研究方法。方忠权采用缓冲区分析、核密度估计和 Ripley K-函数分析对广州市会展企业集聚特征开展研究。张玲运用复杂适应系统理论对广州市会展旅游产业集群动力机制开展研究。任国岩采用核密度估计和自相关等研究方法，分析长三角会展场馆的集聚及演化特征。

(4) 管理学相关方法。该方法主要用于分析城市发展会展业的基本条件，为会展业决策提供支撑。吴玉霞采用SWOT分析方法，对郑州市会展企业的经营管理创新开展研究。史晋娜采用Logistic回归模型对成都会展产业发展阶段进行判断与预测。刘民坤采用验证性因子分析方法对会展社会影响尺度进行研究。王芳采用灰色关联分析方法对青岛市会展业的影响因素开展研究。刘民坤对会展社会影响尺度与独立变量的相关性研究———广交会的实证研究。张玲对广州市会展旅游产业集聚过程及形成机理开展研究。王蕊完成基于IPA分析法的会展旅游城市竞争力研究——以浙江金华为例。马勇开展基于AHP中国城市会展业竞争力综合评价指标体系构建研究。

(5) 联合分析方法。联合分析法又称多属性组合模型，或状态优先分析，是一种多元的统计分析方法，常用于评估不同属性对消费者的相对重要性，以及不同属性水平给消费者带来的效用的统计分析方法。任国岩等采用联合分析方法，对会展产品的价值属性开展研究。通过对产品价值属性的研究，分析构成产品价值的要素，并提出相关的对策建议，以便进一步提升会展产品的附加值获得最佳综合经济效益。

(6) 社会学等相关研究方法。近年来，采用社会学、艺术学等研究方法对会展项目及管理服务的研究也是会展研究一个新的领域。相关专家学者试图从新的角度来探索会展业发展的规律及特征。在研究方法上，包括社会网络、文化传播、文化传承、节庆与活动方面采用的相关研究方法。如何会文采用社会网络方法研究会展的传播渠道与传播效应。谢炜从艺术学和视觉形态的角度来研究现代会展中的艺术设计。杨顺勇从心理学的角度用心理分析的方法对观众的行为进行研究。乔亮从人格类型差异分析的角度来研究不同气质的消费者对会展营销的影响等。上述的研究，从一个全新的视角对会展业开展研究，在拓展领域的同时，也避免了会展活动单一的经济现象，强化了会展活动的社会特征。

二、当前国内会展业研究主要方法

近年来，结合城市会展业的发展，国内会展专家学者也高度重视会展研究方法体系的建设工作，在参考借鉴其他行业研究方法，并将其改进后应用到会展产业中以外，还积极探索适合会展业自身发展的新型研究方法。

(1) 核密度估计方法。kernel density estimation是在概率论中用来估计未知的密度函数，属于非参数检验方法之一，由Rosenblatt (1955) 和Emanuel Parzen (1962) 提出，又名Parzen窗 (Parzen window)。Ruppert和Cline基于数据集密度函数聚类算法提出修订的核密度估计方法。核密度估计在估计边界区域的时候会出现边界效应。在单变量核密度估计的基础上，可以建立风险价值的预测模型。通过对核密度估计变异系数的加权处理，可以建立不同的风险价值的预测模型。

核密度估计在会展产业中的应用主要是用来分析研究区域会展要素集聚特征以及周边区域特点的一种方法。如可以分析区域及城市会展基础设计、项目和企业的空间布局情况，进而分析区域会展产业资源、政策、管理与服务等环境方面的差异，为相关区域优化会展产业环境提出相关对策建议。当前主要的研究成果包括对广州市会展企业分布情况的分析，任国岩采取核密度分析方法，对长三角会展场馆空间布局的分析，并依据场馆建成的时间，研究会展场馆的空间布局演进规律，进而分析影响不同区域会展场馆设施建设的相关因素，为下一步优化长三角会展场馆空间布局提供参考建议；从丽采取核密度分析方法，对北京市酒店空间布局的分析，研究北京市会议产业发展的空间布局特征，分析不同区域会议产业发展的设施、环境等方面的空间差异。

（2）会展中心选址重心法。重心法（The centre-of-gravity method）原是一种设置单个厂房或仓库的方法，这种方法主要考虑的因素是现有设施之间的距离和要运输的货物量，经常用于中间仓库或分销仓库的选择。商品运输量是影响商品运输费用的主要因素，仓库尽可能接近运量较大的网点，从而使较大的商品运量走相对较短的路程，就是求出本地区实际商品运量的重心所在的位置。近年来，相关会展研究人员将重心法引入到会展中心选址、流动性展会举办地选择等方面。

采用重心法来选择城市的会展中心，一般适合于城市建成时间较短，以城市中心为区域核心，逐步形成“中心—外围”价值与资源阻尼扩散规律的相对比较规范的城市。重心法选址主要考虑会展中心的选择应该尽可能离市中心较近以便方便外地展客商游览购物休闲等；离机场、火车站、汽车站等交通枢纽区域相对较近，便于外地参展商、客商在交通上的便捷度；离政府行政中心距离较近以便于会展主办单位、参展商及客商办理相关的手续；离居民居住比较集中的地区较近，也方便居民前往会展中心参观，另外，居民区集中的地区，酒店、商场等配套基础设施较为完善，便于参展商客商餐饮、住宿、购物、休闲等服务；此外还要考虑会展场馆建设时的成本，尤其是土地价格，应确保土地价格尽可能相对低廉；还有就是要尽可能远离环境污染的工业区以及油库、石化码头等危险品集聚的区域。最后还要考虑会展中心未来的拓展问题，尽可能不要选择周边地区没有拓展空间的区域。重心法会展中心选址一般采用空间解析几何的方法，可直接计算出会展中心的坐标值，再经过转换获得拟建会展中心的经纬度，是一个相对准确的会展中心选址方法。

（3）会展项目质量评估模糊评价法。模糊评价就是利用模糊数学的方法，对受到多个因素影响的事物，按照一定的评判标准，给出事物获得某个评语的可能性。将模糊评价方法用于信息系统效益评价，可以综合考虑影响信息系统的众多因素，根据各因素的重要程度和对它的评价结果，把原来的定性评价定量化，较好地处理信息系统多因素、模糊性以及主观判断等问题。

模糊评价方法在城市会展业发展研究中应用十分广泛。主要包括城市会展业发展可行性分析、会展中心选址、会展项目评估、流动展会举办地选择、会展项目非命题策划、会展项目命题策划等多项研究工作。在相关的研究过程中，模糊评价方法也经常与会展产业自身的相关方法有机结合。如在会展项目命题策划过程中，模糊评价法与赋值还原法结合，解决了会展主办单位、举办时间等无法量化的问题，从而将定量研究方法与定性研究方法有机结合；在会展中心选址过程中，模糊评价方法有时与重心法、极坐标法等方法结合，用于解决复杂区域的会展中心选址问题；会展项目评估过程中，模糊评价方法与层次分析法等有机结合，解决指标的确定和项目描述等方面的问题。

（4）回归分析方法。在掌握大量观察数据的基础上，利用数理统计方法建立因变量与自变量之间的回归关系函数表达式（称回归方程式）来进行计算和研究的一种方法。回归分析中，当研究的因果关系只涉及因变量和一个自变量时，叫做一元回归分析；当研究的因果关系涉及因变量和两个或两个以上自变量时，叫做多元回归分析。此外，回归分析中，又依据描述自变量与因变量之间因果关系的函数表达式是线性的还是非线性的，分为线性回归分析和非线性回归分析。回归分析法预测是利用回归分析方法，根据一个或一组自变量的变动情况预测与其有相关关系的某随机变量的未来值。进行回归分析需要建立描述变量间相关关系的回归方程。根据自变量的个数，可以是一元回归，也可以是多元回归。根据所研究问题的性质，可以是线性回归，也可以是非线性回归。非线性回归方程一般可以通过数学方法转化线性回归方程进行处理。

回归分析方法在会展产业发展的研究工作用应用也较为普遍，包括根据若干年会展业发展的整体形成的趋势，对未来会展项目的规模、价格、效益等相关要素开展预测分析；也可以对会展项目的风险进行回归分析，以便会展项目主办单位能够较好地加强对会展项目的管理，尽可能规避会展项目的风险。此外，回归分析方法也经常与层次分析法、模糊评价法、现场调研方法等组合使用，分析会展项目的成本、质量等方面的问题。

（5）SWOT 分析方法。SWOT（Superiority Weakness Opportunity Threats）分析法，又称为态势分析法或优劣势分析法，用来确定企业自身的竞争优势（strength）、竞争劣势（weakness）、机会（opportunity）和威胁（threat），从而将公司的战略与公司内部资源、外部环境有机地结合起来。该方面的应用面较广，尤其是今年来在旅游行业、营销企业、服务竞争中应用非常广泛。

SWOT 分析方法在会展产业中的应用受到其他新兴研究方法的影响，近年来使用较少，但还是有的专家学者将该方法应用到会展企业的竞争力分析、会展项目发展的环境分析、会展高校人才培养质量分析等方面。如在制订会展产业发展规划的过程中，对会展环境开展研究，分析一个城市发展会展业的有利条件和不利条件，分析未来行业的发展趋势以及对企业竞争力、发展潜力等方面的影响，以便在客观分析环境条件的基础上，确定城市会展业发展的目标定位和主攻方向。

（6）主成分分析法。主成分分析是把多个指标化为少数几个指标的一种统计分析方法。在多指标（变量）的研究中，往往由于变量太多，且彼此之间存在着一定的相关性，因而使得所观测的数据在一定程度有信息的重叠。主成分分析采取一种降维的方法，找出几个综合因子来代表原来众多的变量，使这些综合变量因子尽可能地反映原来变量的信息量，而且彼此之间互不相关，从而达到简化的目的。

主成分分析法在会展中的应用研究主要体现在会展产业综合竞争力研究、会展产业拉动作用测算分析等研究工作中。如城市会展业发展的综合竞争力受到许多因素的影响，但受到条件限制和产业起步较晚的影响，历史数据难以获取、显示数据中不同城市的获取方式也不尽相同，因此，采用较多的指标来进行分析研究具有较大的难度。研究人员在测算分析的过程中，往往选取相关影响较大的主要指标，用以替代其他的细微指标进行研究测算，这样就有利于获取数据，方便计算。

（7）社会网络分析方法。社会网络分析（SNA）是20世纪70年代以来在社会学、理学、人类学、数学、通信科学等领域逐步发展起来的一个研究分支。社会网络分析不仅仅是一种工具，更是一种关系论的思维方式。近些年国内学者已经把应用在很多研究领域。如国内情报学界一些学者利用应用社会网络分析方法，在竞争情报、知识管理、图书馆资源配置、学科热点、引文分析、科研人员合著、网络链接、博客网络等方面展开了一系列研究。

社会网络分析方法尽管进入国内研究领域的时间并不长，但应用的进展却比较迅速。在会展产业发展研究方面，由于会展活动本身就涉及广泛的社会关系，因此在许多方面都可以得到应用。当前应用较多的是用该方法研究会展的社会传播，以及会展项目举办过程中参展商客商与政府部门、行业协会、举办单位之间的关系。具体包括通过问卷调查、关系链描述、群体描述等方式，分析会展构成要素之间的相互影响、相互作用的关系，以便尽可能避免会展服务中的“蝴蝶效应”，并通过尽可能为参展商、客商提供满意的服务等手段，强化展客商之间的互动机制，提高会展活动的综合效果。

（8）空间自相关研究方法。空间自相关（spatial autocorrelation）是指一些变量在同一个分布区内的观测数据之间潜在的相互依赖性。空间自相关统计量是用于度量地理数据（geographic data）的一个基本性质：某位置上的数据与其他位置上的数据间的相互依赖程度。通常把这种依赖叫做空间依赖（spatial dependence）。地理数据由于受空间相互作用和空间扩散的影响，彼此之间可能不再相互独立，而是相关的。在统计上，透过相关分析（correlation analysis）可以检测两种现象（统计量）的变化是否存在相关性，并通过统计方法，进行空间自相关性程度的计算，以分析这些空间单元在空间上分布现象的特性。

空间自相关方法在会展业中主要用于地区之间会展业发展特征及影响分析方面。相关专家学者分别以长三角会展场馆、广东省会展企业、北京市酒店设施等分布情况，来研究区域会展业发展水平之间的关系。研究表明，区域会展业的发展受到许多因素的影响，但周边地区会展业的发展水平，对区域会展业的发展具有较大的影响。相关影响既来自区域环境以及产业链构成等方面，也来自于交通基础设施和会展场馆酒店等基础设施的布局影响。此外，区域块状经济特点、区域会展企业和社会发展会展业的理念、省市政府对会展业的重视程度，也都影响区域会展业之间的相互关系和产业的发展。

第三章

宁波市会展业历程与现状

第一节　宁波市会展业发展的历程与现状

宁波市是我国新兴的会展城市，从1997年举办首届宁波国际服装节，到2003年宁波市政府将会展业列为支柱产业，提出建设长三角南翼会展之都，再到2007年，市政府将会展业列为宁波市经济和社会发展的战略性产业，提出建设国际会展之都的工作目标，会展产业从无到有、从小到大、从弱到强，产业规模不断扩大，会展业产业地位不断提升，成为宁波市经济和社会发展的重要核心产业之一。

迄今为止，宁波市已经逐步成为国内会展业产业定位较高、政策竞争力较强、场馆建设颇具特色、项目设计相对超前的城市，以及符合长三角未来经济和社会发展整体战略的会展业发展格局。会展业将成为宁波市建设现代化国际港口城市的重要组成部分，以及未来一段时期长三角会展特色产业区的重要组成部分。

一、宁波会展业发展的历程概述

从1997年举办首届宁波国际服装节，宁波市会展产业的发展可分成三个阶段[1]。

（1）会展业起步阶段（1997年10月—2002年10月）。1997年10月，宁波市成功举办了首届宁波国际服装节，拉开了宁波会展业发展的序幕。1999年，又举办了首届浙江投资贸易洽谈会。1999年10月，市政府正式批准立项建设宁波国际会展中心；2002年，与上海国际展览有限公司、上海国际展览中心有限公司合作，成立了宁波国际会展中心管理公司，加大了会展业区域合作的步伐。

（2）快速发展阶段（2002年11月—2006年）。2002年11月，宁波市成立了市政府会展工作领导小组，下设会展工作办公室，加强了对全市会展工作的领

[1] 数据来源：国家商务部，“十五”期间中国展览业发展报告，《光明日报》出版社。

导和行政服务。2003 年 1 月 8 日，市政府出台了《关于加快宁波市会展业发展的若干意见》，提出了“建设长三角南翼会展之都”的会展业发展总体目标；同时，明确“把会展业作为我市新的经济增长点和重要的支柱产业之一，大力扶持，重点发展”。2003 年，宁波国际会展中心全面启用，会展业的硬件设施达到全国先进水平。在此基础上，会展项目的数量和规模都有较大幅度的提升，会展管理体系建设也不断得到系统完善。2005 年，宁波市被评为全国优秀会展城市[1]。2001 年以来宁波市专业展览活动情况见表 3-1。

表 3-1　2001 年以来宁波市专业展览活动情况

年　份	展览数量	展位个数/个	展位面积/平方米	展商及观众人数
2001	5	2800	56000	200000
2002	8	3500	70000	350000
2003	19	7258	166830	750000
2004	27	18100	370990	1200000
2005	47	28860	609496	1900000
2006	80	40000	800000	2700000
2007	103	50100	1020000	3400000
2008	151	67000	1270000	4700000
2009	175	70120	1408000	5010000
2010	132	80032	1612000	5357800
2011	148	83579	1700000	5972000
2012	150	87327	1790000	6273000
2013	160	90230	1860000	6325000

资料来源：国家商务部，“十五”期间中国展览业发展报告，《光明日报》出版社，以及宁波市会展办相关资料形成。

（3）全面提升阶段（2007 年—2011 年）。2007 年 6 月，宁波市人民政府下发了《关于进一步推进宁波市会展业发展的实施意见》，将会展业列为宁波市经济和社会发展的战略性产业；同月，宁波市会展中心和国际贸易平台二期工程全面启动；2007 年 5 月，成立了宁波市国际贸易平台工作办公室，国际贸易常年展工作得到进一步强化。在 2007 年 6 月召开的全市会展工作会议上，时任市长毛光烈提出“举全市之力打造国际会展之都”的工作目标；2007 年 11 月，宁波市

[1] 宁波市人民政府。关于加快宁波市会展业发展的若干意见。甬政发［2007］41 号。

成立了接轨上海世博会工作办公室，全面启动接轨上海世博会的工作，并先后完成上海世博会城市最佳实践区、信息化与城市发展国际论坛、宁波特别日等重要项目的组织运作工作；2008 年 3 月，完成《宁波市国际会展之都建设规划》的制定工作。这一切，都标志着宁波市会展业发展进入了一个全新的阶段。

（4）创新发展阶段（2011 年—至今）。2012 年 3 月，市委十二次党代会提出“建设区域性国际会展之都”。2011 年暑期，市政府委托宁波市会展经济研究所组织人员，赴国内 20 余个主要会展城市开展调研工作；在此基础上，2012 年完成了《宁波市“十二五”会展业发展规划》的制定工作；并代表浙江省参加 2012 年在韩国丽水举办的世界博览会，其中宁波以海洋为主题的展馆受到国家贸促会的表扬；2012 年，市政府还重点加大对进口商品展的推介扶持力度，鼓励企业结合宁波市产业发展的实际，围绕建设现代化国际港口城市的工作目标，系统推进进口商品展等相关工作；2013 年，市政府结合贯彻落实十八届三中全会精神，启动了政府主导型会展项目的核查评估工作。当时经过三个月的紧张工作，实现了“整合一批、取消一批、转型一批”等“六个一批”的工作目标，在确保五个重点项目运行的基础上，将原有的其他政府主导型会展项目全部推向社会，并专门出台了《宁波市政府主导型会展项目管理办法》，为强化政府会展项目管理提供法律依据。2005～2013 年各类专业会展活动比较见表 3-2。

表 3-2　2005～2013 年各类专业会展活动比较

年　份	会展活动总数/个	其　中				
		展　会		节庆活动	会议论坛	其　他
		个数/个	面积/平方米			
2005	85	47	600000	24	8	6
2006	148	80	800000	40	26	2
2007	206	103	1020000	48	45	10
2008	276	151	1270000	63	50	12
2009	317	175	1408000	78	72	36
2010	278	132	1612000	50	71	25
2011	312	148	1700000	58	80	26
2012	305	150	1790000	55	77	23
2013	294	160	1860000	51	68	15

资料来源：宁波市会展经济研究所相关统计数据。

二、宁波市会展业发展的现状分析

（1）整体状况。据统计，2013 年全市共举办会展项目 279 个。其中，举办展会160个，增长6%；展览总面积186万平方米，增长4%；展览面积2万平方米以上的大型展会达30个。县域以上举办会议（论坛）68个，减少12%；特色节庆51个，减少7%。年度荣获“中国十佳品牌会展城市”、“2013中国十大影响力会展城市”等奖项。

其中，“1+3”专业展馆（宁波国际会展中心、慈溪国际会展中心、余姚中塑国际会展中心、宁海国际会展中心）共举办展会85个，增长29%；展览总面积136万平方米，增长5%；单个展会平均展览面积达1.6万平方米。全年专业展馆共举办贸易类展会36个，比2012年增加10个，增长39%；展览面积53.7万平方米，占总数40%；两者增幅均高于往年。消费类展会49个，展览面积82.3万平方米。全年专业展馆共举办政府主导型展会18个，占21%；市场主导型展会达到67个，占79%，两者比例约为1∶4。说明随着政策的实施，会展业市场化水平正在稳步提升。2012～2013年全市会展项目统计见表3-3。

表3-3　2012～2013年全市会展项目统计

项目/时间	会展项目总数	其中				
		展会			会议论坛数量	特色节庆数量
		数量	展览总面积/万平方米	2万平方米以上展会数		
2012年	282	150	172	19	77	55
2013年	279	160	186	30	68	51

资料来源：宁波市会展经济研究所相关统计数据。

（2）会展项目的结构不断优化。经过近十年的努力，宁波市初步形成专业展、综合展为主，消费展为辅和政府主导型会展项目与市场化运作会展项目均衡发展的格局。2012～2013年“1+3”专业展馆办展数据统计见表3-4。

表3-4　2012～2013年“1+3”专业展馆办展数据统计

项目/时间	总数	展览总面积/万平方米	其中					
			政府主导型数量	市场主导型数量	贸易类		消费类	
					数量	展览总面积/万平方米	数量	展览总面积/万平方米
2012年	66	129	19	47	26	45.5	40	85.5
2013年	85	136	18	67	36	53.6	49	82.3

资料来源：宁波市会展经济研究所相关统计数据。

（3）展览会议、节庆并行发展。在发展展览会的同时，宁波市也高度重视会议、节庆等活动的发展，在进一步丰富宁波市会展业发展格局的同时，有效促进了会展对经济和社会的均衡推进作用。2006～2011年宁波市会展数量统计（展览、会议、节庆）见表3-5。

表 3-5　2006～2011 年宁波市会展数量统计（展览、会议、节庆）

年　份	会展总数/个	展览会			会　议		节　庆	
		数量/个	占比/%	展览总面积/万平方米	数量/个	占比/%	数量/个	占比/%
2006	162	84	51.9	101	43	26.5	35	21.6
2007	185	97	52.4	114	50	27.1	38	20.5
2008	207	109	52.7	128	57	27.5	41	19.8
2009	228	119	52.2	139	63	27.6	46	20.2
2010	253	132	52.2	155	71	28.0	50	19.8
2011	286	148	51.8	170	80	28.0	58	20.2
2012	282	150	53.2	179	77	27.3	55	19.5
2013	279	160	57.3	186	68	24.4	51	18.3
备　注	统计数据表明，宁波市年度展览会、会议、节庆基本各占 50%、30%、20% 的比例							

资料来源：宁波市会展经济研究所相关统计数据。

（4）空间布局结构日趋优化。按照市委市政府的相关要求，以及宁波市会展业发展规划中关于市区以办展为主、县（市）区以办会和举办节庆活动为主的指导思想，优化市区、县市区办展结构，初步形成差异化特征的产业空间布局形态。2006～2011 年市中心城区和其他县域会展分布情况见表 3-6。

表 3-6　2006～2011 年市中心城区和其他县域会展分布情况

年　份	会展总数/个	市中心城区				其他县域			
		展览会	会议	节庆	小计	展览会	会议	节庆	小计
2006	162	69	33	13	115	15	10	22	47
2007	185	83	35	18	136	14	15	20	49
2008	207	79	42	12	133	30	15	29	74
2009	228	94	45	19	158	25	18	27	70
2010	253	87	43	25	155	45	28	25	98
2011	286	112	50	22	184	36	30	36	102
说　明	文中“市中心城区”是指海曙区、江东区、江北区								

资料来源：宁波市会展经济研究所相关统计数据。

（5）会展项目的规模逐步优化。随着会展项目数量的不断增加，市政府会展主管部门和行业协会将优化会展项目结构、扩大会展项目规模作为近一段时期全市会展工作的主要工作目标。市政府出台相关政策，鼓励企业通过整合、引进外资、强化资本运作等方式，逐步扩大企业的规模与实力。在此基础上，通过整合、归并等手段，逐步提升会展项目的规模与质量。全市已经初步形成以专业类会展项目、综合类会展项目、消费类会展项目均衡发展、循序渐进、可持续发展的态势。2011 年宁波市展出面积 2 万平方米以上大型展览会统计见表 3-7。

表 3-7　2011 年宁波市展出面积 2 万平方米以上大型展览会统计

分　类		序 号	项　目　名　称	展览面积/平方米	已办届数
市中心城区	政府主导	1	浙江投资贸易洽谈会、中国国际日用消费品博览会	80000	13/10
		2	中国食品博览会	55000	8
		3	宁波国际服装服饰博览会	45000	15
		4	中国宁波人才科技周	45000	6
		5	中国（宁波）智慧城市技术与应用产品博览会	22178	1
		6	中国海洋经济投资洽谈会	22000	1
	市场主导	7	中国宁波国际住宅产品博览会	57854	16
		8	宁波国际汽车博览会	50000	16
		9	中国国际家居博览会	50000	9
		10	宁波国际汽车零部件（用品）进出口交易会	35000	5
		11	中国（宁波）国际精品家具展览会	30000	4
		12	全国高教仪器设备展示会	28370	△
		13	中国国际机械工业展览会	25000	12
		14	中国国际机电工业博览会（制博会） —中国模具之都博览会	22970	7
		15	外贸工厂展览会	22000	7
		16	中国纸包装工业（宁波）暨瓦楞包装印刷展览会	20000	4
		17	中国国际粮油产品及设备技术展览会	22000	△
		18	全国摩托车及配件展示交易会暨中国（宁波） 国际摩托车、电动车配件展览会	21810	△
		19	中国国际文具礼品博览会	20840	8
其他县域	政府主导	20	中国塑料博览会	42000	13
		21	中国慈溪家用电器博览会	25000	5
		22	余姚市农业博览会（农业机械展览交易会）	20000	2
	市场主导	23	海峡两岸（余姚）物流与供应链博览会	22000	3
		24	房产·家居博览会	20000	2
		25	余姚汽车交易会	28000	8
说　明		表中“已办届数”标有“△”，是指当年引进举办的巡回展； 余姚汽车交易会每年分春、冬两季，宁波国际汽车博览会和外贸工厂展览会每年分为春、秋两季，中国国际家居博览会每年分为春、夏两季，以上只计一个			

资料来源：宁波市会展经济研究所相关统计数据。

三、宁波市会展业发展带来的重要影响分析

会展业的举办，不仅为宁波市新经济的发展带来了有利的条件，也有效提升了宁波市经济和社会的发展。产业对经济的促进作用，是一个产业高速发展的客观基础。会展产业一方面对经济发展具有较大的促进作用，另一方面对和谐社会建设也具有较强的促进作用。

（1）会展业已经成为经济发展的重要组成部分。经过十年的不懈努力，宁波市会展产业对经济和社会发展的成效已经明显显露。作为宁波市会展业发展具有里程碑意义的2007年，宁波市会展业初步形成规模较大、结构相对合理，经济和社会效益比较明显的产业发展格局。2007年，宁波市共举办会展活动207项。据当时宁波市会展经济研究所统计测算的数字表明，2007年会展业对GDP的贡献高达216亿元。2007年以后，宁波市进一步加大了对会展产业的扶持力度，会展产业的效果得到明显体现，尤其是2009年，在国内外受到金融危机冲击的特殊时期，宁波市会展业坚持“保增促调”的指导思想，加大会展引进和创新工作力度，会展产业克服困难，呈现出较好的效果。统计数据显示，2009年，宁波市共举办会展活动371个。其中，举办展会活动175个，会议（论坛）活动78个，节庆活动72个，其他活动36个。当时宁波市会展经济研究所组织开展预测显示，2009年宁波市会展产业对经济拉动作用可达到260亿左右。

（2）会展产业已经成为产业发展的重要引擎。2001年来，宁波市相关部门都结合发展会展产业出台了相关的服务政策，会展搭建、会展物流、会展旅游、会展印刷等一系列衍生服务也逐步形成规模。此外，展品覆盖的服装、家居、机械、食品、文具、礼品等产业，也随着会展产业的发展得到不断提升。据统计，2009年，宁波市共有会展主营企业190余家，会展辅助服务机构超过1000家，会展累计投资超过30亿元，会展产业带来的直接经济效益达到30余亿元。

（3）会展产业已经成为产业结构调整的重要手段。宁波是以二产为主体的城市。随着生态可持续发展理念的不断深入，重化工业、机械工业、纺织服装工业等高耗能、高污染、多排放企业面临着巨大的发展压力。近年来，市委、市政府重视通过调整产业结构提高区域的综合竞争能力。但从几年来的发展情况看，房地产产业的发展，较多占用了不可再生资源，并在很大程度上增加了商务成本，甚至是影响了和谐社会建设，而在周边地区旅游资源比较丰富的情况下，旅游产业发展也受到了一定的制约。在此基础上，宁波市政府高瞻远瞩，将会展业、国际贸易、物流、金融等产业构成主导宁波市服务业发展的产业链条，作为调整产业结构的重要手段。尽管房地产等产业低迷，住博会、家博会、服装展、工博会等会展项目也受到一定的影响，但2009年宁波会展业的增幅仍达到10.2%。

（4）会展产业已经成为城市功能提升的动力。会展产业最大的特征之一就是能够提升城市整体功能。研究表明，举办一个5万平方米的会展项目，如果外地客商达到60%以上，国外客商达到15%以上，就需要3万张床位的支撑，而这些床位多为四星级以上的酒店床位。对于大型国际会议项目，则需要更多的五星级酒店的床位和会议设施。在推进酒店业发展的同时，对民航、铁路交通、出租车等城市交通基础设施的发展也有较大的促进作用。2002年，宁波市只有1家五星级酒店，2009年底，宁波市已有10家五星级酒店，已建成待评和在建的五星级酒店10余家。出租车、公交车等数量不断增加、档次逐步提高；2007年以来，增开了至韩国首尔和中国香港等地的国际民航线路。2008年以来，又增加了至新加坡、泰国和中国澳门的民航线路。

（5）会展产业已经成为和谐建设的重要抓手。会展产业一方面可以增加大量的就业机会，另一方面也可以通过提供文化活动项目，丰富群众文化生活。会展活动吸引了来自国内外的参展商到宁波，也有力地激发了宁波市民热爱宁波、完善自我的自觉性。在宁波举办展会期间，主办单位和参展企业举办了“同一首歌”、“春天送你一首诗”等大型文化项目，一些街道自发组织相关的文艺活动，开展社区文化活动，寓教于乐，在活跃市民生活的同时，也促进了市民提高自身素质的自觉性，在一定程度上化解了社会矛盾。据宁海开游节的相关统计，在2003年以前，3~5月份上访人数月均33人，举办开渔节后，上访人数有较大幅度降低。举办会展活动，提高了市民的责任感和荣誉感，各级政府和社会团体自觉地为维护城市的综合环境，开展多项服务，有效地提高了城市和谐社会建设的水平。2006年和2008年，宁波市连续被评为全国文明城市，会展活动发挥了不可或缺的作用。宁波市会展业相关公共服务情况见表3-8。

表3-8　宁波市会展业相关公共服务情况

政府部门	工作任务	牵头或分管展会	对口处室
外经贸局	依托会展项目平台，为宁波市外贸行业提供服务支持、招商洽谈等	浙洽会、消博会、中国—中东欧部长圆桌会议、外贸工厂展	外经贸处
贸易局	依托会展项目，为活跃宁波商品市场、促进消费拉动提供服务	宁波食博会、汽车博览会、年货展	市场处
经信委	借助会展平台，提升企业及产品品牌，为企业提供服务	智慧城市博览会、节能产品展	市场处
林业局	培育茶叶品牌、拓展产业市场，促进茶叶消费与科技提升	宁波茶业博览会及特色茶叶产品展	办公室
科技局	通过举办会展活动，促进科技成果转化，为特色产业提供服务	高洽会、新材料高峰论坛	科技成果转化处

续表 3-8

政府部门	工 作 任 务	牵头或分管展会	对口处室
旅游局	通过会展活动为景区及酒店提供服务展示，促进消费	中国旅洽会（不定期巡回展）、宁波旅游节	市场处
侨办	通过甬港论坛进一步拓展与香港各界的深度合作	甬港合作论坛	办公室
发改委	进一步推进海洋产业投资交流洽谈，推进海洋发展战略	中国海洋投资洽谈会	海经办
市人社局	通过洽谈交流促进高层次人才引进和毕业生就业	中国宁波人才科技周、毕业生洽谈会	人才办

资料来源：宁波市会展经济研究所相关统计数据。

（6）会展业也是提高政府公共服务水平的重要手段。会展是一项涉及面广、协调难度较大的综合性活动，通过举办会展活动，政府各部门之间相互配合，提高了综合协调和快速反应能力，也在较大程度上提高了城市的综合管理水平。尤其是浙江省投资贸易洽谈会期间，很多市直部门直接参与了接待活动，通过举办会展活动，进一步提高了相关部分的综合协调能力，提高了政府公共服务水平。对于专业职能部门，通过举办会展活动也是为行业提供公共服务的有效平台。多年会展业的实践证明，通过会展活动，可以进一步提升产业、企业、产品的品牌效应，最终提升产业的综合竞争力。

2003 年以来，宁波市政府相关部门每年都要派出数千人次的管理人员参与宁波市会展项目的管理和服务工作，在充分了解国内外企业发展实际和大项目管理程序的基础上，积累了丰富的经验，打造了一支适应现代服务业发展的干部队伍，为宁波市产业转型升级奠定了坚实的基础。

第二节　宁波市会展管理体系建设

在宁波市会展业发展过程中，会展管理体系建设是促进宁波市会展业发展的重要引擎。自 2003 年市政府下发《关于加快推进宁波市会展业发展的实施意见》（甬政办发 2003 年 1 号）以来，在产业定位、组织体系建设、政策法规建设等方面都形成跨越式发展的态势，是宁波市会展业发展的重要核心支撑体系。

一、宁波市会展业发展的定位

宁波市会展业的发展定位经历了支柱产业、战略性产业、城市服务业发展定位以及区域性国际会展之都建设四个主要阶段，也从侧面反映出宁波市会展业发展的基本特点。

（1）2003 年：支柱产业和长三角南翼会展之都。2003 年 1 月 8 日，宁波市政府下发《关于加快宁波会展业发展的若干意见》（甬政办发 2003 年 1 号），提出“经过 5～10 年的努力，把宁波市建成中国会展名城、长江三角洲南翼的会展之都。会展业的直接营业收入、就业人数和品牌展会数，力争位列全国前 10 位”。

（2）2007 年：战略性产业和国际会展之都。2007 年 6 月，宁波市召开首次全市会展工作会议，时任宁波市市长毛光烈在会议讲话中，提出“聚全市之力打造国际会展之都”的工作目标。并结合宁波市出台《今后五年宁波市服务业跨越式发展行动纲要》的文件精神，提出会展业跨越式发展行动计划。国际会展之都建设规划明确提出，要紧扣现代化国际港口城市建设目标，按照“国际化、市场化、专业化、特色化”的要求，通过体制、机制创新，着力培育会展主体，大力发展展务经济和会务经济，做大做强进出口贸易规模，做大做优进出口企业集聚基地，做强做精承办国内外商务性会议服务外包平台，努力提高会展业发展能级，加快推进宁波国际会展之都建设步伐。初步把宁波建设成为国际商家在中国的主要采购基地、进口设备和重要原材料的供应基地、国内外贸易的物流输送基地、国内外进出口贸易企业的国际营销机构集聚基地、长三角地区的主要国际展览展示和商务会议基地。使会展业成为宁波经济发展新的增长点，产业结构调整的突破点。

（3）2009 年：国务院长江三角洲地区区域规划宁波服务业发展定位。2008 年，在宁波市根据国务院相关要求，征求各部门关于《长江三角洲地区区域规划》起草意见的时候，宁波市政府会展办就高度关注这一发展机遇，提出将会展业纳入国务院《长江三角洲地区区域规划》的报告（草稿）中。当时宁波市共有六个服务业行业进入宁波市发改委报送的城市服务业发展定位中，在不久的征求意见稿中，优化调整为现代物流、商贸会展、滨海旅游和国际贸易等四个产业。最终，在国务院《长三角地区区域规划》正式发布时，商务会展与现代物流作为宁波市服务业的两大定位，出现在正式文本中。

（4）2012 年：建设区域性国际会展之都。2012 年市十二届党代会提出“建设区域性国际会展之都”的工作目标。该工作目标在充分考虑宁波市会展业发展实际和自身特点的基础上，提出了更加明确和切合实际的工作目标。规划提出宁波市未来会展工作将按照“产业配套、市场需要、务实有效”的思路，紧扣区域性国际会展之都建设的目标，坚持“市场化、专业化、品牌化、国际化”发展方向，重点发展展贸经济，创新发展节会经济，着力推进政府会展改革创新，着力提高贸易类展会比重，着力提升会展业质量效益，并努力打造 1～2 个在国际上具有较大影响的专业性会展项目或高端国际会议论坛项目。

二、宁波市会展业发展规划

产业规划，是指综合运用各种理论分析工具，从当地实际状况出发，充分考虑国际国内及区域经济发展态势，对当地产业发展的定位、产业体系、产业结构、产业链、空间布局、经济社会环境影响、实施方案等做出一年以上的科学计划。在会展业发展的过程中，宁波市政府十分重视结合会展业发展的目标定位，制订会展业发展规划。并通过细化工作目标、明确工作任务、完善保障措施等手段，为全市会展业发展提供法律支持。

（1）“十一五”会展业发展规划。2006 年，为进一步提升宁波市“十一五”期间会展业发展的整体质量，宁波市政府会展办、宁波市贸易局联合制订了《宁波市“十一五”会展业发展规划》。规划提出要打造中国会展第四城的工作目标，并将做好先进制造业会展、现代服务业会展项目作为“十一五”期间宁波市会展业发展的重要任务。规划要求，要强化进口商品常年展示基地建设，投资建设国际贸易商品展示交易平台。要积极申办重大的国际、国内会展项目，优化项目结构，提升服务质量，努力创新发展理念，使会展业成为宁波现代化国际港口城市建设的重要手段。

（2）宁波国际会展之都建设规划。为落实 2007 年全市会展工作会议精神，2007 年 10 月，市会展办委托市会展经济研究所起草《宁波国际会展之都建设规划》，规划要求宁波市会展业要紧扣现代化国际港口城市建设目标，按照“国际化、市场化、专业化、特色化”的要求，通过体制、机制创新，着力培育会展主体，大力发展展务经济和会务经济，做大做强进出口贸易规模，做大做优进出口企业集聚基地，做强做精承办国内外商务性会议服务外包平台，努力提高会展业发展能级，加快推进宁波国际会展之都建设步伐。

规划明确了宁波市会展业发展的阶段性目标：到 2013 年，基本形成以东部新城国展中心为会展核心区，以梅山保税港区进口商品展示区域为探索区，以慈溪、余姚会展场馆为辅助区，以其他县（市）区的会议与节庆功能区域为拓展区的立体式会展体系。初步把宁波建设成为国际商家在中国的主要采购基地、进口设备和重要原材料的供应基地、国内外贸易的物流输送基地、国内外进出口贸易企业的国际营销机构集聚基地、长三角地区的主要国际展览展示和商务会议基地。使会展业成为宁波经济发展新的增长点，产业结构调整的突破点。建成具有宁波典型区域特征、产业特征、服务特征的国际会展之都。

（3）会展业跨越式发展规划纲要。2008 年，为配合市委市政府《今后五年宁波市服务业跨越式发展行动纲要》，市会展办又委托市会展经济研究所，起草并制订出《宁波市会展业跨越式发展规划纲要》，提出要大力发展以国际贸易为龙头的现代会展业，努力成为全国一流的国际国内交易服务平台和浙江省对外合作交流平台，基本形成以进出口贸易为主要特征的国际会展之都的产业框架。到 2012 年，全市举办会展活动达到 300 个，力争培育具有国际影响的品牌展 3 个，在国内有影响的品牌展 5 个。具体包括：一是加快建设宁波国际贸易展览中心，完善相关的配套设施，加大投入，持续投入，积极发挥国有资本在会展领域引领性、战略性、基础性和示范性作用，使之成为宁波国际会展之都的核心平台。二是加大招展力度，鼓励引进国际名展，积极吸引国内大展，做足做优市内特展；支持会展企业或中介机构在国展中心等展馆举办国际性、国家级和地区性的各类展会，完善进出口商品常年展示、进口大宗物资交易、国际贸易商务办公、国际贸易信息、运输服务等综合配套服务。三是支持各县（市）、区举办各具特色的国际国内商务型会议。各县（市）、区要结合自身优势，大力引进举办商务、金融、文化、科技等各类会议（论坛）、节庆和体育赛事，创新发展会务经济，加快建设面向国际的会务经济发展平台。四是加强对展会主体的政策扶持力度，培育形成一批外向关联度高、招展引会能力强的优秀会展主体。推进展会品牌建设，培育一批国际化程度高、产业带动力强的优秀会展品牌。

（4）宁波“十二五”会展业发展规划。为落实市委十二次党代会精神，市发改委、市会展办结合会议精神和“十二五”规划的制订工作，由宁波市会展经济研究所主持制订了《宁波市会展业“十二五”规划》。

1）发展思路。规划在系统分析国内外形势和会展业发展态势的基础上，结合宁波市会展业发展实际，提出以会展业转型升级为主线，以调结构、促提升、增实效为目标，以政策推动、创新驱动、开放带动为途径，按照市场化、专业化、国际化、品牌化、联动化的要求，优先发展以贸易类展会为重点的展览业，引导发展商务性会议和特色节庆产业，积极发展新兴“蓝色”海洋会展业，着力推进会展业从注重数量规模向提升质量效益转变，着力推进政府主导性会展项目向市场主导性会展项目转型，着力推进以“内消”展会为主向“内消＋外销”展会协调发展转向，加快把宁波打造成为区域性国际会展之都。

2）发展目标。规划提出，到2015年，力争实现“三个基本”的目标：基本实现数量规模适度增长、结构调整取得进展、质量效益逐步提升的发展态势；基本构筑以实体展会为主，以节庆、会议论坛和虚拟网络展为补充的“1＋3”产业发展格局；基本形成政府推动、市场培育、行会参与的联动发展机制。

一是会展产业得到转型发展。以贸易类展会为重点的展览业得到创新发展，会议和节庆产业得到特色发展。政府主导型会展项目得到转型发展，市场主导型会展项目得到规模发展。会展业总体实力处于国内同类城市前列，努力把会展业培育成为现代服务业的战略性产业。会展业对经济的拉动作用超过400亿元。

二是主体培育取得明显成效。初步形成以宁波市国际贸易投资发展有限公司（以下简称国投公司）为龙头、大中型专业会展企业为支撑、相关会展服务机构为辅助的“123”会展主体结构，即境外或境内外合作的专业会展机构达到10家，实力较强的专业会展企业突破20家（其中年产值2000万元、1000万元以上的各达到10家），相关会展重点配套服务机构超过30家。

三是会展量质实现跨越提升。力争全市举办会展项目达到400个。其中，举办展会达到200个，展览总面积达到250万平方米；展览面积2万平方米以上的大型展会达到30个。不断做强传统会展项目，大力培育新兴会展项目，重点打造一批国内外有较大影响的“新、特、专、优”的“12633”自主品牌会展项目，即12个优势贸易类展会、6个特色消费类展会、3个高端会议论坛、3个品质节庆活动。取得UFI认证的会展项目达到5个。

四是发展环境不断优化改善。全市统筹会展业发展的力量得到加强，市场监管规范有序；政策作用有效发挥，服务保障明显提升；专业会展场馆运营能力明显增强；从业人员素质不断提升，人才培育引进取得突破；会展教育科研、产学合作取得较大成效。

3）保障措施。为进一步做好宁波市区域性国际会展之都建设，规划中还提出要健全组织体系，充分发挥市会展工作领导小组及办公室、各县（市）区和市有关部门、市会展业促进会、市节庆联合会、市会展经济研究所、市会展业服务中心等会展机构的积极作用，加快形成政府主导力、企业主体力、市场配置力的“三力合一”会展业发展增促机制。创新政策措施，加强系统研究，抓紧出台加快推进会展业转型升级的政策文件，合理安排使用会展业发展专项资金，切实提高政策的针对性、实效性和操作性。重视人才培养，积极发挥政府主导和企业主体作用，实施“1+1”会展人才培养工程。做好统计评估，制订会展业统计调查办法，进一步规范会展统计调查工作，完善统计要素和标准设置，健全全市会展业统计数据上报流程，逐步纳入全市国民经济统计体系。加强会展项目评估，成立由各方专业人员组成的会展项目评估机构，逐步向第三方评估认证机构过渡。加强营销推广，有针对性地选择国内外重点会展城市进行专题营销推广和学习考察；整合资源，研究在国内外重要媒体整体营销推广宁波市会展业和品牌项目的办法。

三、宁波市政府会展管理体系

管理体制是指管理系统的结构和组成方式，即采用怎样的组织形式以及如何将这些组织形式结合成为一个合理的有机系统，并以怎样的手段、方法来实现管理的任务和目的。具体地说：管理的体制是规定中央、地方、部门、企业在各自方面的管理范围、权限职责、利益及其相互关系的准则。它的核心是管理机构的设置、各管理机构职权的分配以及各机构间的相互协调。它的强弱直接影响到管理的效率和效能，在中央、地方、部门、企业整个管理中起着决定性作用。

为进一步推进全市会展业发展，宁波市政府高度重视会展管理体系建设工作。2001年，市政府根据承办宁波国际服装节以及浙江投资贸易洽谈会的需要，组建大型活动办公室，挂靠在市政府办公厅。2003年，根据1号文件的要求，宁波市政府又批准设立宁波市会展工作办公室，与原有大型活动办公室合署办公。

（1）市本级会展管理体系。宁波市政府会展管理部门为市会展业发展领导小组及办公室。市会展办现有五个编制。根据《关于印发宁波市人民政府办公厅主要职责内设机构和人员编制规定的通知》（甬政办发〔2011〕189号）的有关规定，市政府会展办的主要职能包括贯彻落实上级服务业发展政策，研究提出并组织实施促进全市会展业发展的重大政策；研究提出全市会展业发展战略、规划和工作计划；指导、协调各县（市）区和市有关部门发展会展业；协调市有关部门做好会展项目的监督管理和重点会展活动的服务保障工作；指导宁波市会展业促进会等行业中介机构和重点专业会展场馆做好相关服务工作；协助做好全市重要会展活动的策划、组织和实施工作；负责全市会展业发展的年度考核考评、统计分析、项目评估、产业报告等工作；负责专业会展主体培育引进，协助市有关部门做好会展人才引进培训工作，做好会展业营销推广工作；承担市会展工作领导小组的日常工作以及承办上级交办的其他事项。

（2）县（市）区会展管理体系。宁波市是国内县域会展经济比较发达的城市。从场馆基础设施看，宁波市除市中心区外，余姚、慈溪、宁海三个县（市）也都有自己的专业会展场馆，并结合块状经济特征，形成与县域经济、常年展专业市场相配套的县域会展品牌项目。为支持县域会展经济的发展，宁波市共有6个县（市）设立会展相关机构。其中江东区作为宁波市会展业发展的核心区域，依托商务局设立会展办，具体负责全区会展业发展工作，并为在国际会展中心举办的会展活动提供服务保障；江北区结合慈孝节等会展活动，成立大型活动办公室，负责行业监管和重点项目服务保障工作；余姚市专门成立会展工作办公室，作为全市会展工作领导小组的常设办事机构，负责全市会展业发展规划、整合会展资源、规范会展业运行机制、协调解决会展活动中的各类问题；牵头组织实施由市政府主办（承办）的会展和大型活动；慈溪市结合家电城建设，将会展业发展职能划归慈溪市经信局分管，负责会展行业情况的汇总、上报及相关工作的研究和协调，指导各地、各有关部门和协会（企业）做好展览工作，做好市家电科技城（会展中心）展览场馆的管理和服务工作；奉化市成立大型活动办公室，负责全市性大型节庆（会展）活动的策划、宣传、协调并组织实施，指导和管理有关部门、镇（街道）的各类节庆（会展）等活动；宁海县大型活动办公室的职能则包括研究制定会展业、节庆活动发展的规划和相关政策，负责全县性大型活动和会展活动的策划、管理、组织、保障实施等工作，牵头协调相关部门保障活动的正常开展，管理指导各部门和乡镇（街道）举办的各类节庆活动，参与策划展示、推介宁海城市形象和对外宣传工作，负责宁海县会展中心的管理，承担中国徐霞客开游节组委会办公室的日常工作；象山县设立大型活动办公室，指导和协调全县会展业发展，负责全县重要会展活动如中国开渔节、“三月三·踏沙滩”等大型活动的策划、组织和实施工作。

其他相关县域也在商务局等相应部门设立专门的科室，负责区域内会展业的管理与服务工作。正是由于形成了较完善的会展行政管理体系，宁波市近年来逐步形成市中心重点举办大型展览项目、县区重点发展会议与节庆项目的格局，全市会展业形成特色鲜明、均衡发展的态势。

四、宁波市会展业政策体系

产业政策是政府为了实现一定的经济和社会目标而对产业的形成和发展进行干预的各种政策的总和。产业政策的功能主要是弥补市场缺陷，有效配置资源；保护新兴、规模较小产业的成长；熨平经济震荡；发挥后发优势，增强适应能力。

宁波市是国内会展政策体系相对完善、政策扶持力度较大的城市。1997 年举办首届宁波国际服装节以来，市政府就设立专项资金，支持对城市经济和社会发展具有较大影响的政府主导型会展项目。

（1）市政府会展业扶持资金。2003 年市政府出台一号文件，提出设立市会展业发展专项资金，大力促进会展业发展。市会展业发展专项资金由市财政专项拨款、国内外企事业单位和个人赞助（捐赠）、从市国际会展中心经营收入中提取一定比例的资金等多渠道来源组成。专项资金重点用于扶持和奖励在市会展中心举办的、新引进和新创办、符合我市产业发展方向的展会项目，用于支持宣传会展业发展、传播会展信息、培养会展人才、奖励会展先进。宁波市相关涉及会展主体扶持政策见表 3-9。

表 3-9 宁波市相关涉及会展主体扶持政策

政策文件	有关规定摘抄	实施情况
《关于加快推进宁波国际会展之都建设的若干意见》（甬政发〔2008〕45 号）	对以国展中心为注册地并引进举办境外进口产品临时展的会展企业，按照其缴纳税收的地方留成部分，给予前两年 60%、后三年 40% 的财政补助；引进国内省、市（地区）举办或联办出口产品临时展的，按照其缴纳税收的地方留成部分，给予前两年 50%、后三年 30% 的财政补助	据了解，此政策未兑现
《关于进一步开拓会展业市场的补充意见》（甬政办发〔2009〕176 号）	从 2009 年起 3 年内，对以国展中心为注册地新注册并新办单个展览会或两个展览会累计的展览面积达到 2 万平方米以上的专业会展企业，注册资金 300 万元以上的资助 30 万元、400 万元以上的资助 40 万元、500 万元以上的资助 50 万元，上述资助资金在新办展览会结束后予以一次性支付兑现	此政策有效期短、注册地范围窄、资助条件起点高，至今无一企业享受
《关于加快推进国际贸易和会展企业总部基地建设的实施意见》（甬政发〔2010〕68 号）	对于新引进的注册资本达到一定标准（会展企业注册资本标准为 100 万元），注册地和企业、总部均设在基地内的市外国际贸易和会展企业，按《关于鼓励引进市外大型服务业机构的有关优惠政策》（甬政办发〔2008〕139 号）的规定享受优惠政策。对入驻的会展企业注册资本达到 100 万元（含本数）以上，一次性按注册资本的 10% 给予补助，最高补助不超过 200 万元	此政策的条件有所放宽，但存在注册地范围窄、政策落实难的问题

续表 3-9

政策文件	有关规定摘抄	实施情况
《宁波市地方税务局营业税差额征税管理暂行办法》	纳税人举办会展活动，以其取得的收入扣除实际支付的场地费、展台搭建费、广告费及其相关费用后的余额为计税营业额（2011 年 12 月 2 日发布实施）	未体现办展重要成本的“交通费、食宿费”内容
备　注	将实施的“营业税改增值税”政策，包含了文化会展创意产业	

资料来源：宁波市会展经济研究所相关统计数据。

（2）市政府会展专项资金。2008 年，市政府财政局、会展办根据宁波市政府《关于进一步加快推进会展业发展的实施意见》精神，每年安排 2500 万预算，设立市场化会展项目扶持专项经费。2009 年，根据《关于进一步加快推进宁波市会展业发展的实施意见》的要求，市政府降低了申请政府会展项目扶持经费的门槛。将原来的新展面积在 6000 平方米方可申请政府会展项目扶持经费，降低到 5000 平方米，对专业类、综合类展会申请政府会展扶持资金的门槛由原来的 20000 平方米降低到综合性展会 10000 平方米，专业性会展项目 8000 平方米。政策的调整，使更多的会展项目能够享受政府会展产业扶持资金的支持。

（3）宁波市进口商品展示专项资金。2013 年，宁波市政府专门出台《关于支持举办进口商品会展活动的通知》。通知要求，大力支持举办进口商品展示活动。对面积在 5000 平方米以上的会展项目，如果进口展位达不到总面积的 50%，将减免进口商品展位的对应租金；对进口参展商展位面积超过 50% 的会展项目，减免全部会展项目的场地租金。另外专门调整了进口商品展会的奖励政策，在现有的市场化运作会展项目奖励经费的基础上，将进口商品展的扶持资金上浮 20%，对进口商品展会可实行“一展一议”的原则，对意义重大的进口商品展示项目，将给予特殊的经费支持。

（4）宁波市政府主导型会展项目专项资金。政府主导型会展项目在宁波市会展业发展初期发挥着十分重要的作用，近年来，宁波市结合中央、省政府的相关文件精神，尽快推进政府主导型会展项目市场化运作的步伐。2013 年，市政府对全市政府会展项目进行核查评估，对指符合全市重大发展战略，具有很强的公共性、需求性或政务性，确需政府搭建平台、重点安排资金保障的项目继续给予支持；对具有相应的公益性、公共性或需求性，不宜完全通过市场运作，还需政府挂名、部门协调或适当资金支持的项目，采取服务外包，适时、逐步转型为市场化运作的手段；对在开拓产品市场、促进内外消费等方面具有一定的作用，或政府已支持举办多届，具备市场化运作基础和前景的会展项目实行全面市场化运作。2014 年宁波市政府主导型会展项目预算安排表见表3-10。

表3-10　2014年宁波市政府主导型会展项目预算安排表　　（万元）

<table>
<tr><th colspan="2">名　称</th><th>牵头单位</th><th>已办届数</th><th>周期</th><th>原有安排</th><th>建议安排</th></tr>
<tr><td colspan="2">中国海洋经济投资洽谈会</td><td>市发改委</td><td>2</td><td>1年/届</td><td>1700</td><td rowspan="2">1500</td></tr>
<tr><td colspan="2">浙江投资贸易洽谈会</td><td>市外经贸局</td><td>15</td><td>1年/届</td><td>1500</td></tr>
<tr><td colspan="2">中国浙江宁波人才科技周（百校千企）</td><td>市委人才办</td><td>8</td><td>1年/届</td><td>1059</td><td rowspan="3">1600</td></tr>
<tr><td colspan="2">宁波高层次人才引进洽谈会</td><td>市人社局</td><td>15</td><td>1年/届</td><td>600</td></tr>
<tr><td colspan="2">中国宁波高新技术成果交易洽谈会</td><td>市科技局</td><td>8</td><td>1年/届</td><td>180</td></tr>
<tr><td colspan="2">中国—中东欧16国部长会议及中东欧特色商品展览会</td><td>市会展办、市外经贸局</td><td>0</td><td>2年/届</td><td></td><td>3000</td></tr>
<tr><td colspan="2">中国宁波智慧城市应用技术博览会</td><td>市经信委</td><td>3</td><td>1年/届</td><td>1000</td><td>700</td></tr>
<tr><td rowspan="4">境内外“宁波周”活动</td><td>国外重点城市“宁波周”（含东北亚“宁波周”）</td><td>市外办、市外经贸局</td><td>/</td><td>1年/届</td><td>600</td><td>300</td></tr>
<tr><td>国内城市“宁波周”</td><td>市经合办</td><td>/</td><td>1年/届</td><td>400</td><td>250</td></tr>
<tr><td>甬港经济合作论坛</td><td>市侨办</td><td>12</td><td>1年/届</td><td>420</td><td>250</td></tr>
<tr><td>甬台经贸活动</td><td>市台办</td><td>2</td><td>1年/届</td><td>350</td><td>300</td></tr>
<tr><td colspan="2">中国宁波新材料与产业化国际论坛</td><td>市科技局</td><td>10</td><td>1年/届</td><td>185</td><td>200</td></tr>
<tr><td colspan="2">宁波大中专毕业生洽谈会</td><td>市人社局</td><td>24</td><td>1年/届</td><td>200</td><td>180</td></tr>
<tr><td colspan="2">宁波国际茶文化节（明州仙茗活动）</td><td>市林业局</td><td>6</td><td>2年/届</td><td>700</td><td>450</td></tr>
<tr><td colspan="2">第六届中国国际声乐节（声乐比赛）</td><td>市文广局</td><td>5</td><td>3年/届</td><td>587</td><td>500</td></tr>
<tr><td colspan="2">宁波国际服装节（服装服饰博览会）</td><td>市经信委</td><td>17</td><td>1年/届</td><td>1250</td><td>400</td></tr>
<tr><td colspan="2">中国国际日用消费品博览会</td><td>市外经贸局</td><td>12</td><td>1年/届</td><td>/</td><td>300</td></tr>
<tr><td colspan="2">浙江进口商品展览会</td><td>市贸促会</td><td>1</td><td>1年/届</td><td>500</td><td>400</td></tr>
<tr><td colspan="2">中国食品博览会</td><td>市贸易局</td><td>9</td><td>1年/届</td><td>700</td><td>300</td></tr>
<tr><td colspan="2">宁波旅游节</td><td>市旅游局</td><td>5</td><td>1年/届</td><td>500</td><td>450</td></tr>
</table>

资料来源：宁波市会展经济研究所相关研究报告。

经过上述调整，2014年，全市政府会展项目的预算由2013年的1.8亿元压缩为1.2亿元，并出台相应的政府主导型会展项目管理办法，强化约束规范。可以预见，未来一段时期，宁波市政府主导型会展项目的组织与管理工作将有较大的变化，宁波市会展业市场化、国际化的水平将进一步提升。

第三节　宁波市会展基础设施建设

会展场馆等基础设施是支持会展业发展的重要保障。2001 年，市政府根据宁波国际服装节、浙江投资贸易洽谈会的发展需要，安排 9 亿元的财政预算，正式启动宁波国际会展中心的建设工作。

一、宁波市会展场馆设施

截至 2013 年 12 月底，宁波市共拥有四个专业会展场馆，一个专业化会展区域。会展场馆累计展位面积 16 万平方米。具体情况如下：

（1）宁波国际会展中心。位于甬新河以东、通途路以南、江澄以西、民安路以北的占地面积 72570 平方米、规划建筑面积 301460 平方米的一期常年展三、四号馆基本建成；现有一至八号临时展馆得到改造升级，配套设施得到进一步完善。基本形成区域性的进口、出口贸易展览展示先行区。

（2）余姚中塑国际会展中心。位于余姚中国塑料城内，占地面积 42000 平方米，分 8 个展馆，标准展位 2000 个。“十二五”期间将进一步完善塑料城展馆及相关配套设施，加快推进塑料城商务中心建设，强化展馆周边设施配套规划，完成部分展馆迁建或扩建规划工程，基本形成特色产业常年展与会展中心功能融合的会展功能区块。

（3）慈溪国际会展中心。现有可容纳 1000 个标准展位，面积 20000 余平方米的会展场馆，同时具有较为完善的停车场、办公楼、会展中心、商务中心等公共配套设施。慈溪国际会展中心主要举办家电展等专业性会展项目，并立足城市会展综合体建设，积极探索县域综合会展运作模式，提升会展产业区块的综合服务功能。

（4）宁海县会展中心。位于宁海五一九广场，占地面积 78 亩，建筑面积 7.2 万平方米，集会展、展销、商贸、办公、文化、餐饮、旅游、体育健身为一体的现代化、多功能、综合性的国际会展中心基本建成，主要包括面积 10000 平方米，可容纳 400 余个国际标准展位的专业会展场馆，并配套城市规划展览馆、800 人多功能厅、会议培训设施等。

（5）象山大目湾海博会展区。位于规划面积 15 平方公里的大目湾低碳生态城内，该会展区规划占地面积约 2000 亩。“十二五”期间将围绕大目湾低碳生态城“养生休闲度假海湾、海洋文博商务中心、低碳宜居示范新城”的总体功能和全力打造国际性的海洋经济、科技、贸易的海博会展区的定位，积极推进前期调研策划、规划论证等相关工作，并力争动建。宁波市“三大场馆”办展企业数量及注册资本情况见表 3-11。

表 3-11　宁波市“三大场馆”办展企业数量及注册资本情况

注册资本额度/万元	宁波国际会展中心	余姚中塑国际会展中心	慈溪国际会展中心	小计/家
35000	1	/	/	1
2000	1	/	/	1
1000	1	/	/	1
500	1	/	/	1
200	1	/	1	2
150	5	2	1	8
120	1	/	/	1
100	6	1	/	7
50	7	/	/	7
30	5	/	/	5
20	2	/	/	2
10	1	2	2	5
合计	32	5	4	41

资料来源：宁波市会展经济研究所相关统计数据。

二、宁波市酒店基础设施

酒店设施是支撑会展业发展的重要基础设施，尤其是对举办大型综合性会展项目，具有较大的支撑作用。截至 2013 年 12 月，宁波市四星级以上酒店情况一览表见表 3-12。

表 3-12　宁波市四星级以上酒店情况一览表

酒店名称	县区	星级	地理位置
宁波华侨豪生大酒店	海曙区	5	柳汀街 230 号
宁波凯洲皇冠假日酒店	海曙区	5	药行街 129 号
宁波南苑饭店	海曙区	5	海曙区灵桥路 2 号
宁波万豪酒店	海曙区	5	和义路 188 号
宁波东港喜来登酒店	江东区	5	彩虹北路 50 号
中信宁波国际大酒店	江东区	5	江东北路 1 号
宁波远洲国际大酒店	江北区	5	江北大道 99 号
宁波大榭国际大酒店	北仑区	5	大榭开发区信开路 111 号
宁波开元九龙湖度假村	镇海区	5	九龙湖镇郎家坪风景区
宁波开元名都大酒店	鄞州区	5	首南中路 666 号

续表 3-12

酒店名称	县区	星级	地理位置
宁波南苑环球酒店	鄞州区	5	鄞县大道 1288 号
万达索菲特大酒店	鄞州区	5	四明中路 899 号
宁波石浦半岛酒店	象山县	5	石浦镇金山路 218 号
宁波象山港国际大酒店	象山县	5	丹东街道象山港路 1111 号
太平洋大酒店	余姚市	5	南滨江路 168 号
余姚宾馆	余姚市	5	舜水南路 108 号
达蓬山大酒店	慈溪市	5	龙山镇徐福村达蓬山度假区
慈溪杭州湾大酒店	慈溪市	5	寺山路 301 号
恒元大酒店有限公司	慈溪市	5	滨海一路 55 号
银凤度假村	奉化市	5	奉化溪口沙堤村
宁波新园宾馆	海曙区	4	解放南路 188 号
宁波大酒店	海曙区	4	中山东路 145 号
宁波嘉和大酒店	海曙区	4	新典路 108 号
宁波文昌大酒店	海曙区	4	中山西路文昌街 2 号
宁波新晶都酒店	江东区	4	百丈东路 1088 号
宁波开元大酒店	江东区	4	百丈东路 812 号
宁波新舟宾馆	江东区	4	宁波中山东路 678 号
宁波天港禧悦酒店	江东区	4	惊驾路 1088 号
宁波金港大酒店	江北区	4	扬善路 51 号
金陵富春国际大酒店	北仑区	4	庐山西路 139 号
戚家山宾馆	北仑区	4	小港东海路 20 号
老板娘新光大酒店	北仑区	4	明州路 789 号
镇海九龙山庄	镇海区	4	九龙湖风景区
招宝山饭店	镇海区	4	城关鼓楼东路 21 号
宁波钱湖悦庄	东钱湖区	4	东钱湖安石路 777 号
浙海大酒店	鄞州区	4	联丰中路 88 号
象山黄金海岸大酒店	象山县	4	松兰山旅游度假区
天明山温泉大酒店	宁海县	4	深圳镇南溪
开元新世纪大酒店	宁海县	4	桃源中路 159 号
中塑石浦大酒店	余姚市	4	新建北路 232 号
慈溪国际大酒店	慈溪市	4	新城大道 625 号
沈师桥大酒店	慈溪市	4	观海卫镇师宓路口
中益商务酒店	慈溪市	4	青少年宫北路 100 号

资料来源：宁波市会展经济研究所调研整理。

宁波会展业的快速发展，是宁波市酒店产业快速发展的重要驱动要素。2001年，宁波市只有1个五星级酒店，2003年，五星级酒店的数量为3个。2013年12月，经过10年的发展，宁波市酒店的数量、规模和质量都有较大的提升，其中五星级酒店达到20个。

三、宁波市交通基础设施

交通基础设施建设是城市会展业发展的重要支撑手段，主要包括民航、铁路、公路、航运等体系。

（1）宁波国际民航体系。宁波市建有栎社国际机场。现开通韩国、新加坡、泰国等国际航线以及中国香港、澳门等联通特区的航线，并开通国内37个城市的航班。栎社机场2013年全年旅客吞吐量达到546万人次，货邮吞吐量达到6.6万吨。但是，同国内其他副省级城市相比，尤其是同其他四个计划单列市相比，宁波国际航班的数量明显偏少。这也是宁波会展业国际化程度较低的一个主要影响因素。

（2）铁路运输系统。2010年，宁波正式开通动车线路，使宁波到上海的时间由原来的6个多小时缩短到3个半小时；2013年高铁线路开通后，宁波市到国内相关城市的时间进一步缩短。其中在长三角区域内，到上海只需要1小时40分，到南京只需要2小时20分，到杭州的时间则缩短到50分钟；在区域外，到沈阳的时间也由原来K75/k76的31个小时缩短到11个小时，到北京的时间由原来的Z11/Z12需要12个小时缩短到高铁的6个小时。原来宁波到广东和福建等城市除乘坐大巴外，只有坐飞机时间较短，乘坐火车需要绕行江西、湖南等省份，耗时15个小时左右。现在沿海大通道的开通，宁波乘火车到福州、厦门只需要4个小时左右，到广州、深圳也只有9个小时。高铁时代彻底改变了宁波市的区位特征，是宁波市全面融入长三角、构建同城效应的重要突破。

（3）公路运输系统。长期以来，宁波市一直处于交通末端的地位。交通不便捷，在很大程度上影响了宁波的区位优势，也对会展业发展产生一定的负面影响。2007年10月，杭州湾跨海大桥建成通车；2009年10月，宁波—舟山大陆连岛工程正式通车；2012年2月，象山港大桥正式通车。宁波市几乎是用跨海大桥，使自己由交通末端变成交通枢纽。此外，宁波市也拥有密集的高速公路网，发达的长途客运体系，使宁波市形成国内为数不多的海、陆、空、铁四维立体交通结构。

第四节　宁波市会展项目体系建设

会展项目是会展业的核心载体。会展项目的数量与规模、品牌与质量，是衡量一个城市会展业发展整体水平的重要标志。初步统计，2014 年宁波市共举办展览项目 52 个，节庆活动 17 个。相关会议论坛 2730 余个，其中具有典型标志性特征的会议论坛 7 个。展览、会议、节庆均衡发展，成为宁波市会展业发展的重要特征。2014 年宁波市主要会展项目情况表见表 3-13。

表 3-13　2014 年宁波市主要会展项目情况表

序号	名　称	举办时间	举办地点
1	第五届中国余姚·河姆渡农业博览会暨第二届中国甲鱼节	1 月 16～20 日	余姚中塑国际会展中心
2	慈溪市第三届环杭州湾绿色优质农产品博览会	1 月 17～19 日	慈溪国际会展中心
3	宁波市第二十五届春节年货展销会	1 月 19～26 日	宁波国展中心
4	2014 年慈溪市第十二届春节年货展销会	1 月 22～26 日	慈溪国际会展中心
5	宁波市第 25 届大中专毕业生综合类供需洽谈会	2 日 12～16 日	宁波国展中心
6	2014（第十届）中国慈溪家电博览会	3 月 1～3 日	慈溪国际会展中心
7	2014 宁波国际机械基础件及零部件展览会	3 月 1～3 日	宁波国展中心
8	2014 中国（宁波）精品家具展览会	3 月 7～10 日	宁波国展中心
9	2014 中国国际机械工业展览会	3 月 13～16 日	宁波国展中心
10	第二届浙江宁波婚庆博览会	3 月 14～16 日	宁波国展中心
11	2014（春）宁波国际汽车博览会	3 月 21～24 日	宁波国展中心
12	第十一届中国（宁波）国际文具礼品博览会	3 月 27～29 日	宁波国展中心
13	第十二届中国国际家居博览会	4 月 11～14 日	宁波国展中心
14	2014 中国（余姚）家用电器交易会暨第七届中国小家电博览会	4 月	余姚中塑国际会展中心
15	2014 中国（余姚）电动工具配套会暨五金机床模具博览会	4 月上旬	余姚中塑国际会展中心
16	2014 余姚（春季）汽车交易会	4 月下旬	余姚中塑国际会展中心
17	第七届宁波国际茶文化节	5 月 8～11 日	宁波国展中心
18	首届中国（余姚）铜产品及加工技术装备展览会	5 月 13～15 日	余姚中塑国际会展中心
19	2014 中国（宁波）城市亮化、美化装备展览会	5 月 15～17 日	宁波国展中心
20	2014 中国国际机电博览会（宁波制博会）	5 月 21～24 日	宁波国展中心
21	中国宁波—中东欧经贸文化交流周	6 月 8～11 日	宁波国展中心
22	中东欧国家特色产品展		
23	第十三届中国国际日用消费品博览会		
24	“制造者”外贸工厂展览会（春季）		
25	第十二届中国家博会家具展览会夏季展	7 月 4～7 日	宁波国展中心
26	第三届浙江宁波婚庆博览会	8 月 8～10 日	宁波国展中心
27	2014 宁波进口消费品博览会	8 月 14～17 日	宁波国展中心
28	2014（秋）宁波国际汽车博览会	8 月 22～25 日	宁波国展中心
29	第三届中国小动物兽医产品展览会暨小动物医师大会	8 月 27～30 日	宁波国展中心

续表 3-13

序号	名　称	举办时间	举办地点
30	2014 中国（宁波）演艺音响、灯光设备及乐器展览会	9 月 2 ~ 5 日	宁波国展中心
31	第四届中国（宁波）智慧城市技术与应用产品博览会	9 月 12 ~ 14 日	宁波国展中心
32	2014 中国浙江宁波人才科技周	9 月 18 ~ 21 日	宁波国展中心
33	宁波高层次人才引进洽谈会		
34	中国宁波高新技术成果交易洽谈会		
35	第十八届中国国际服装服饰交易会	9 月 23 ~ 26 日	宁波国展中心
36	中国（浙江）环保产业博览会	9 月 24 ~ 27 日	宁波国展中心
37	第三届中国海洋经济投资洽谈会	9 月底	宁波国展中心
38	第十六届浙江投资贸易洽谈会		
39	2014 中国浙江进口商品展览会		
40	第 35 届中国浙江国际自行车电动车展览会	10 月 9 ~ 12 日	宁波国展中心
41	第十九届宁波国际住宅产品博览会	10 月 31 日 ~ 11 月 3 日	宁波国展中心
42	2014 浙江国际汽车零部件（用品）进出口交易会	11 月 5 ~ 7 日	宁波国展中心
43	2014 中国磷复肥工业展览会	11 月 6 ~ 9 日	宁波国展中心
44	第十六届中国塑料博览会	11 月 6 ~ 9 日	余姚中塑国际会展中心
45	2014 中国食品博览会	11 月 14 ~ 17 日	宁波国展中心
46	2014 中国（宁波）节能环保技术与产品博览会	11 月 19 ~ 20 日	宁波国展中心
47	2014 余姚（秋季）汽车交易会	11 月 21 ~ 24 日	余姚中塑国际会展中心
48	2014 宁波国际时尚生活博览会	11 月 28 ~ 30 日	宁波国展中心
49	“制造者”外贸工厂展览会（秋季）	12 月 4 ~ 6 日	宁波国展中心
50	2014 中国（宁波）国际茶业博览会	12 月 6 ~ 9 日	宁波国展中心
51	2014 宁波品牌商品折扣展览会（秋季）	12 月 11 ~ 21 日	宁波国展中心
52	2014 宁波进口时尚消费品暨进口食品博览会	12 月 12 ~ 15 日	宁波国展中心

资料来源：宁波市政府会展办。

一、展览项目的基本情况

自 1997 年举办首届宁波国际服装节（服博会）以来，宁波市的展览项目得到快速发展，不仅在数量上增幅较快，而且在规模上也有较大的增长。

（1）政府主导型展览项目现状。政府主导型会展项目是宁波市会展业快速发展的重要支撑手段。从 1997 年举办首届国际服装节，到 1999 年承办浙江投资贸易洽谈会，在会展业发展的初期，宁波市政府主导型会展项目在宁波市会展业的发展过程中始终发挥着重要的支撑作用，这也是宁波市会展业发展的特色所在。宁波市政府主导型会展项目一览表见表3-14。

表3-14　宁波市政府主导型会展项目一览表

名　称	牵头单位	已办届数	周　期
中东欧国家特色产品展	市外经贸局	/	/
中国国际日用消费品博览会	市外经贸局	12	1年/届
中国海洋经济投资洽谈会	市发改委	2	1年/届
浙江投资贸易洽谈会	市外经贸局	15	1年/届
中国浙江宁波人才科技周（含百校千企）	市委人才办	8	1年/届
宁波高层次人才引进洽谈会	市人社局	15	1年/届
中国宁波高新技术成果交易洽谈会	市科技局	8	1年/届
中国宁波智慧城市应用技术博览会	市经信委	3	1年/届
甬港经济合作论坛	市侨办	12	1年/届
中国宁波新材料与产业化国际论坛	市科技局	10	1年/届
宁波大中专毕业生洽谈会	市人社局	24	1年/届
宁波国际茶文化节（明州仙茗系列活动）	市林业局	6	2年/届
第六届中国国际声乐节（声乐比赛）	市文广新闻出版局	5	3年/届
宁波国际服装节（宁波国际服装服饰博览会）	市经信委	17	1年/届
浙江进口商品展览会	市贸促会	1	1年/届
中国食品博览会	市贸易局	9	1年/届
宁波旅游节	市旅游局	5	1年/届
宁波购物节	市贸易局	1	1年/届
中国宁波节能环保技术与产品博览会	市经信委	5	1、2年/届
民营企业对话世界500强	市外经贸局	3	1年/届
香港美食博览会	市农业局	2	1年/届
中国越剧节	市文广新闻出版局	1	1年/届
中国（宁波）农民电影节		5	1年/届

资料来源：宁波市会展经济研究所相关统计数据。

但是，随着会展业的发展，政府主导型会展项目面临着巨大的发展瓶颈，成为制约宁波市会展业发展的负面因素。主要体现在以下几个方面：

1）政府主导型会展项目对市场化项目带来一定的影响。会展业具有资源不可复制等特点，对一个城市而言，每年举办的专业类会展项目一般只有一个，消费类会展项目也最多不应超过两个。政府主导型会展项目，绝大多数都是以宁波市特色产业为主题，挤占了市场化运作展会的主题空间，提高了对境外展客商的接待规格，也对市场化运作展会选择场馆空间形成一定的制约，对市场化运作的会展项目带来一定的不利影响。

2）政府主导型会展项目牵涉较多的人力财力。据财政局提供的数据，2012年全市政府主导型会展项目累计支出财政经费16680万元，远超过当年市场化运作项目的政府扶持性资金。政府主导型会展活动也牵涉了相关主承办部门的大量精力，尤其是展会举办前夕和正式举办期间，主要承办部门几乎投入全部力量参与组织、协调和接待工作，对政府相关部门的日常工作也带来一定的影响；个别部门在办展过程中也存在接待费用过高、相关活动投入过大等现象。

3）政府主导型会展项目缺乏内生性发展动力。由于政府主导型会展项目的自身特点，相关承办机构将项目的公共服务、安全保障、环境氛围等作为展会的主要内容。因此，在缺乏市场竞争机制的背景下，政府主导型会展项目拓展领域、创新思路的动力不强，也导致很多展会经过多年的培育，在规模上没有太多的拓展，在主题上也反复“炒冷饭”，成为“长不大的孩子”，在一定程度上也影响了展客商优胜劣汰。此外，有些展会还出现摊派、忽视市场规律等现象，给相关企业带来一定的压力和负担。

4）政府主导型会展项目过多不符合“十八大”精神。党的十八届三中全会召开后，中央明确提出进一步加强廉政建设，减少不必要的政府干预，放开市场准入，发挥资源在市场中的绝对作用的思路。因此，大量的资金投入到政府主导型会展项目中，行政资源过多介入产业发展，不仅干预了市场运作型会展项目的健康发展，也对党风廉政建设带来一定的不利因素。市委已将清理整顿政府主导型会展项目作为学习、贯彻落实十八届三中全会精神、改进工作作风的重要切入点。

综上所述，尽管政府主导型会展项目对宁波市会展业的发展做出了较大的贡献，但也带来一定的负面影响，存在着发展中的实际问题。因此，对政府主要性会展项目进行核查规范，不仅是党风廉政建设的重要内容，也是促进宁波市会展业可持续发展的重要举措，具有重要意义。

（2）市场运作型展览项目。宁波市近年来十分重视市场化会展项目的引进与扶持工作，鼓励宁波市内外会展企业结合宁波市经济和社会发展的实际，积极策划和举办与产业需求相吻合、与消费需求相吻合的各类会展项目。2013年，宁波市共举办市场运作型会展项目30余个，累计面积42万平方米。

为进一步支持宁波市内外会展企业举办市场运作型会展项目，2008年市政府设立2500万专项资金，专门扶持市场化运作的会展项目，包括对新展的培育与支持，对原有会展项目扩增面积、优化参展商结构的扶持，同时还对引进、新建会展企业给予注册资金一定比例的经费支持。

二、宁波市会议论坛项目情况

作为国内外具有较大影响的商务型城市，宁波市是举办国内商务会议及行业会议较多的城市，每年都要举办大量的专业性会议论坛活动。2014 年举办的大型综合性会议论坛情况见表 3-15。

表 3-15　2014 年举办的大型综合性会议论坛情况

序号	名　　称	举办时间	举办地点
1	2014 年（第九届）中国铜加工行业发展论坛	5 月	余姚市
2	2014 中国旅游日论坛	5 月	宁海县
3	中国—中东欧国家经贸促进部长级会议	6 月	宁波市
4	发展中国家城镇发展高级研修班	7 ~ 11 月	余姚市
5	2014 甬港经济合作论坛	10 月	宁波市
6	第十届中国塑料产业发展国际论坛	11 月	余姚市
7	中国（宁波）新材料与产业化国际论坛	11 月	宁波市

资料来源：宁波市政府会展办官方网站。

宁波市会议产业主要是为全市特色产业发展提供高层次国际交流合作、专业技术与服务合作等。此外，大量的产业会议、行业会议也是宁波市会展产业发展的主要特征之一。据不完全统计，2013 年宁波市举办的 100 人以上参加、在星级酒店住宿时间超过 1 夜，并在酒店至少保证一顿餐饮并租用会议场地的会展项目有 2730 余个。如果将统计范围扩大到全部酒店和会议场所，缩小目标会议的统计规模为 50 人，相关部门抽样调查的各类相关会议累计数量超过 10000 个以上。

三、宁波市节庆活动基本情况

宁波市节庆活动是宁波市会展业的又一重要组成部分。早在 1997 年，宁波市就举办首届国际服装节。后来，又逐步举办宁海中国徐霞客开游节、象山中国开渔节，以及奉化水蜜桃节、弥勒文化节等系列节庆活动。通过节庆活动，一方面提升了产业、企业和产品的品牌影响力，拓展了产品市场；另一方面，在丰富宁波文化生活的同时，促进了市民和境内外游客参与活动，也有助于提升宁波市的酒店、餐饮、住宿、交通、休闲、娱乐、购物等方面的消费拉动作用。2014 年宁波市主要节庆活动一览表见表 3-16。

表 3-16　2014 年宁波市主要节庆活动一览表

序号	名　　称	举办时间	举办地点
1	2014 宁波九峰山梅花节	3 月	九峰山风景区
2	2014 中国奉化桃花节	3 月	奉化市
3	第七届宁海东山桃花节	3 月	宁海县
4	2014“和谐鄞州”欢乐城乡游	3 ~ 12 月	鄞州区
5	“三月三·踏沙滩”民俗文化活动	4 月	象山县

续表 3-16

序号	名　　称	举办时间	举办地点
6	第十二届中国徐霞客开游节	5月	宁海县
7	2014 中国余姚杨梅节	6月	余姚市
8	2014 宁波购物节	7月	宁波市
9	2014 中国（奉化）水蜜桃旅游文化节	7月	奉化市
10	第十七届中国开渔节	9月	象山县
11	2014 中国（奉化）雪窦山弥勒文化节	9月	奉化市
12	2014 宁波旅游节	9~10月	宁波市
13	第十八届宁波国际服装节	10月	宁波市
14	2014 中国余姚裘皮服装节	10~12月	余姚市
15	第六届中国湖泊休闲节	11月	东钱湖旅游度假区
16	第八届宁波美食节	11月	江东区
17	宁波市第十届外来务工者节	12月	宁波市

资料来源：宁波市政府会展办官方网站。

第五节　宁波市会展服务体系建设

一、宁波市会展公共服务体系建设

宁波市政府高度重视会展公共服务体系建设，把会展公共服务体系建设作为政府支持会展业发展的重要组成部分。重点在项目审批备案、会展服务便利化、安保服务、食品卫生服务、公共安全服务和广告营销服务等方面为会展企业提供便利。

（1）会展项目的审批备案服务。为进一步规范会展项目的管理，为会展企业提供更完善的公共服务。2009 年，市会展办协调市政府公安、消防、工商、税务、卫生、交通、文宣等相关部门，将审批备案业务全部迁移到宁波市政府服务中心，对全部会展审批备案项目实行一站式服务。原来需要 1 个月左右的时间才能完成的审批备案项目，现在限制在 1 周内必须完成。如果企业熟悉会展备案审批的流程，一次性准备好全部材料，最快 2 天就可以完成全部的会展项目审批备案工作。

（2）会展安保服务工作。2010 年，根据市政府常务会议精神，市公安局着手筹备全市会展活动的安保体系建设工作，并将申请与咨询通过公安局的网络进行，大大方便了全市会展企业、会展场馆在安保方面的服务工作。此外，公安局还定期走访会展企业及场馆，进行相关的咨询服务、业务指导和相关配置的检查工作，避免了因安保工作不规范为会展企业带来的影响。

（3）会展服务便利化工作。2010 年，宁波市会展工作领导小组，协调相关部门，制订出台了《宁波市进口贸易便利化试点工作实施方案》。该方案的重点主要放在简化手续和提速增效方面。如宁波海关将对试点企业进境散装货物实行“提前报关、货到验放”、“分批出区（保税区）、集中报关”等新模式，安排“特快窗口”办理报关手续，对海关评级相同的企业进口商品实行优先查验；检验检疫部门将对试点企业进口货物实行“一次申报、一次开箱查验、一次放行”的一站式检验检疫监管模式，保税区进口水果试行属地检验；方案还规定，允许试点企业开展自营进口业务项下异地付汇业务，进一步简化进口付汇单证审核；允许其以所有的监管商品、期货交割仓库中的大宗商品等进行抵押融资，材料合法、齐全的工商部门当场予以办理动产抵押登记。

（4）会展营销与推介。宁波市十分重视会展活动的宣传推介活动。2013 年，市政府相关部门与中央电视台签订合作协议，在相关频道的黄金时间加强对宁波市会展产业、旅游产业以及休闲服务等行业的宣传推介活动。此外，市政府还专门为会展行业提供一定数量的市区网格广告、道旗广告以及高速公路广告。该项工作的审批与管理都交由市政府会展办运作，确保了广告位管理与宁波会展企业、会展项目的品牌与质量挂钩，提高广告位的综合利用效果。相关会展企业可根据会展项目的主办单位对应级别、会展项目规模、会展品牌等方面的综合评价，免费或以成本价格获取一定数量的市区广告位置，以便进一步做好会展项目的宣传推介工作。

二、宁波市会展产业服务体系建设

2003 年 2 月，宁波市成立具有行业自律性质的宁波市会展行业协会。2006 年，为进一步整合全市以及市内外会展相关政府部门、行业协会、企业、科研院所及相关机构的力量，系统推进宁波市会展业发展，将会展行业协会更名为宁波市会展业促进会。将社会组织由行业自律向整合资源系统推进行业发展转变。

（1）会展搭建服务。为确保会展搭建工作的安全与质量，为会展主办单位、参展商及客商提供优质服务，2006 年起，宁波市会展行业协会就着手启动会展搭建服务的相关工作。在系统调研的基础上，市会展业促进会重点开展三项工作。一是规范搭建工作的标准。根据相关城市会展搭建的经验和教训，市会展行业协会与宁波国际会展中心管理有限公司，制订了《宁波市国际会展中心搭建工作细则》，对会展活动举办过程中标准展位、特装展位搭建的标准、流程、安全等方面提出了具体的要求。二是加强对搭建企业的管理。在具体操作过程中，会展业促进会在广泛征求会员企业及行业专家意见的基础上，制订了宁波市会展搭建工作承办企业的资质标准，在注册资金、人员数量、业务案例等方面提出了具体的要求，并初步确定20家实力较强、有丰富会展搭建装修经验的相关服务企业，作为宁波市会展项目搭建的推荐企业，同时对上述企业的人员进行专门的培训，并初步协商相关搭建工作的收费标准，确保会展企业的权益不受损害。三是强化对现场搭建工作的安全管理。在布展与撤展期间，对车辆、材料、施工、环保等方面的工作进行细化管理，确保会展搭建的场馆安全、人员安全和环境安全，为营造一个良好的会展业环境奠定了坚实的基础。

（2）会展旅游服务。在举办会展活动期间，许多游客有参观游览宁波及周边地区旅游景区景点的计划。但由于对宁波市旅游产业不够熟悉，所以，在线路选择、价格洽谈、服务等方面经常出现一些纠纷。为确保外地参展商和客商在宁波期间能够方便地参观游览，宁波市会展办、市旅游局、市会展行业协会、市旅游行业协会联合开展会展旅游服务工作。一是在现场办理相关的业务服务；二是联合宁波市主要景区景点，为会展活动举办期间来宁波的参展商、客商提供大幅度的票价优惠活动；三是在交通、住宿、餐饮、导游服务等方面为参展商、客商提供便利。

（3）现场餐饮服务。为确保会展举办期间的食品安全工作，根据相关部门的要求，宁波市会展办、宁波市卫生局、宁波市会展行业协会、宁波国际会展中心管理有限公司联合开展“舌尖上的安全——会展快餐服务优化”活动。一方面严格控制为会展活动提供快餐服务的企业的资质，确保场馆酒店内的食品安全；另一方面，还进一步强化对会展场馆周边餐饮服务企业的管理，确保食品卫生安全和为参展商、客商提供优质的服务。

三、宁波市会展教育科研服务体系建设

为配合全市会展业快速发展，宁波市政府相关部门及高校积极配合支持宁波市会展业发展，并通过组建科研机构、整合科研力量、设置会展相关专业、开展会展教学科研活动等手段，系统支持宁波市会展业的发展。

宁波市政府高度重视会展科研服务工作，并积极搭建会展科研服务平台，支持高校及科研院所开展会展科研工作。各高校也积极创造条件，努力争取国家、省、市各层面的会展科研平台，使宁波市初步形成较为完善的会展教学科研平台体系，在政府会展业发展决策、企业会展项目创新方面提供相关服务。

（1）宁波市会展经济研究所。宁波市会展经济研究所（英文名称为 Institute of Economy of Convention and Exhibition in Ningbo）是2003年3月经市政府领导批示、市政府办公厅复函批准成立的会展专业研究机构，挂靠在浙江万里学院，接受宁波市政府会展工作办公室的领导和指导。宁波市会展经济研究所以浙江万里学院商学院国家级特色专业建设点会展经济与管理专业教师为主，并整合宁波市政府会展办、宁波市会展企业、宁波市相关高校的会展专家学者等科研资源形成

研究团队，现有核心研究成员 11 人，合作研究人员 20 余人。以会展经济研究所为核心支撑的浙江万里学院会展产业研究方向也是浙江省应用经济学重点学科、浙江省高校港口经济创新团队的核心支撑学科及团队方向。宁波市会展经济研究所成立 10 年来，坚持“依托产业、服务产业、提升产业”的指导思想，紧密结合宁波市会展业发展实际，将会展基础理论研究、会展研究方法体系构建以及会展产业服务融为一体，核心成员主持省部级会展研究课题 4 项，市厅级会展研究课题 11 项，市局级会展研究课题 27 项，企业会展研究课题 30 余项，初步形成城市会展业发展研究、国内外会展产业合作、会展基础理论与方法等三个主要研究方向，在会展产业规划、会展政策法规、会展项目评估等方面具有鲜明的特色。7 项会展研究成果 12 次获得副省级以上领导批示，多项研究成果在宁波市会展业发展实际工作中得到具体应用。

（2）浙江万里学院。浙江万里学院是浙江省教育厅直属的本科院校。2002 年，浙江万里学院在国内率先开设国际会展与服务贸易特色班。2006 年，浙江万里学院正式设立会展经济与管理本科专业。2007 年，浙江万里学院会展经济与管理专业获浙江省重点建设专业立项，2009 年获宁波市服务型教育重点专业，2010 年获教育部国家级特色专业建设点，2012 年获浙江省“十二五”优势专业。这也是国内迄今为止唯一一所获得教育部国家级特色专业建设点的会展经济与管理专业。

（3）浙江城市职业技术学院。浙江城市职业技术学院是宁波市教育局分管的专科类院校。2004 年，宁波城市职业技术学院在旅游学院开设会展策划与管理专业。2006 年，市教育局结合宁波市会展业发展的实际需要，设立宁波市旅游会展人才培养基地，宁波城市职业技术学院作为基地的牵头单位，在学科建设、专业建设和人才培养方面发挥着十分重要的作用。

（4）浙江纺织服装学院。浙江纺织服装学院是浙江省教育厅直属的专科院校。2007 年以来，学校在艺术学院下设展示艺术设计方向。多年来，艺术学院师生积极参与宁波市会展的展位设计与策划工作。

第四章

宁波会展业发展的优劣势分析

资源是会展业发展的重要条件，也是会展业发展水平的重要支撑手段。宁波市是我国计划单列城市，位于我国经济发展水平较高的长三角地区和浙江省，先进的经营理念、传统的商业文化、优良的产业资源和良好的资金储备，为宁波市会展业的发展奠定了坚实的基础。

第一节　宁波市会展业的资源要素分析

资源是会展业发展的重要支撑要素。资源的优劣，既可以影响到会展业能否举办以及项目规模，同时也将直接影响到会展项目的整体效果及可持续发展能力。宁波市会展业资源要素主要有以下基本特征。

一、区位资源

宁波市位于在国际上具有较大影响、在国内处于领先地位的长三角会展城市群。浙江省发达的外向型经济和特色块状经济，为宁波市会展业发展提供了优良的环境基础。

（1）上海市的极化辐射作用。根据中心城市理论，中心城市在发展初期，对周边地区会产生极化作用，吸引周边地区的资源向中心城市集聚。而当中心城市发展到一定程度时，中心城市将对周边地区产生辐射作用。从长三角区域看，上海作为中心城市，无论从集聚还是辐射的角度，有两个城市受到的影响是最明显的，这就是苏州和宁波，而两者接受极化和辐射的方式，则又有着明显的差别。

从极化角度看，上海对苏州的极化主要是劳动力和生活资料的集聚，而对宁波的极化则是资本和技术的集聚。从辐射角度看，上海对苏州的辐射源于上海市发展后期的成本增高，许多外商企业因成本的原因，将企业迁出上海，当时苏州无论是地缘优势还是服务优势，都是最适合上海的外商在苏州建厂。因此，自20世纪90年代以来，苏州工业园区就成为上海外商企业的生产基地。从这个意义上讲，上海对苏州的辐射是城市区域与功能的延展，是工业化后期形成的典型模式；而上海对宁波的辐射，则主要是基于上海市与宁波市深层次的人际关系。鸦片战争后，宁波的发展一直落后于上海，由于甬江的港口无法满足近代轮船的停靠和卸货，遂港口而居的宁波人一批批迁往上海，以至于有研究人员认为现在30%的上海人都是宁波人或有宁波血统。宁波人利用政治的联姻，开始在上海滩立足，创办了上海第一家银行、第一家证券交易所、第一家五金店等等，至少创造了50个以上的第一。他们成功利用老乡蒋介石的政治影响力，成为中国近代最成功的商帮。上海话与宁波话非常接近，或者可以说是源于同一个方言体系。上海很多人祖籍在宁波。因此，改革开放以来，宁波率先出现“星期天工程师”群体，这些人出生在宁波、在上海有一定的影响力，不甘心家乡的落后，因此利用休息时间回到家乡指导生产。这里比较有代表性的就是服装企业培罗成。上海市对宁波市辐射不仅仅局限于生产，在慈溪、余姚，很多企业都有上海企业和技术人员的影子，或是技术入股、或是直接投资等。这也促成宁波市与上海市民间最紧密的文化与经济关系。正是由于这个原因，会展业在发展初期，曾在场馆管理、项目引进等方面得到上海方面的大力支持，后期发展到上海的会展企业到宁波举办会展项目。可以预见，未来一段时期，随着上海国家会展综合体的建设，大型会展项目将导致一批原有的中小项目从上海溢出，这也为宁波及慈溪、余姚等城市承接上海会展项目，做大做强会展实例创造了有利的条件。

（2）港口经济的提升作用。宁波市是国内最大的港口城市，北仑—舟山港是世界上最优质的深水良港。2013 年，全年货物吞吐量完成 4. 96 亿吨，同比增长 9. 5%，继续位居大陆港口第三位、世界港口前四位；集装箱吞吐量完成1677. 4 万标准箱，同比增长 7%，箱量排名保持大陆港口第三位、世界港口前六位。2013 年，宁波港口积极适应航运市场船舶大船化、经营联盟化的发展趋势，加强与航运巨头的战略合作，集聚优质航线航班资源，目前集装箱航线总数达235 条。宁波港加快推进内贸箱运输船队和内贸运输网络建设，增强对内贸箱源的集聚力，全年内贸箱量完成 173. 8 万标准箱，同比增长 10. 1%。宁波港口不断深化品牌建设，加强业务联动，积极拓展矿石、原油、煤炭和液化品等基础货源。宁波港采取灵活的经营策略，深化与钢厂、贸易商合作，全年铁矿石接卸量达 5332 万吨，同比增长 9. 4%。原油运输充分发挥“一条龙”服务品牌优势，增强对超大型油轮的吸引力，全年原油接卸量完成 5386 万吨，同比增长 15%。煤炭运输充分抓住外贸煤炭快速增长的契机，全年接卸量达 6984 万吨，同比增长 14%。液化品运输全年吞吐量完成 857 万吨，同比增长 3. 5%。

（3）块状经济的支撑作用。块状经济是指在一定区域范围内形成的具有明显地方特色、投资主体明确、产品趋同、地域相对集中、专业化生产与分工协作相结合的企业群体，并由其带动当地经济和社会发展的一种区域经济组织形式，因此也可以称为区域特色经济。改革开放以来，宁波经济之所以能保持持续快速增长，成为全国经济发展最具活力的地区之一，很重要的原因是得益于块状经济的发展。

宁波块状经济萌芽于20世纪五六十年代，发展于20世纪80年代，形成规模于20世纪90年代。截至2014年底，全市有块状经济145块，年产值2376亿元，占全市工业总产值60%以上。全市块状经济从业人员40万人，占全市农村劳动力总数的16%。目前，由块状经济提升的发展特色工业园区已经成为宁波市地方产业政策的热点。宁波块状经济单体规模超过100亿元的有6块，分别是鄞县、奉化的服装，鄞县古林的针织坯布及漂染，慈溪浒山的化纤与针织服装，附海小家电，象山爵溪的针纺织品，西周的模具与塑料件；超20亿元的有10多块，超亿元的有90多块。宁波块状经济占浙江省块状经济总数的27.93%。宁波块状经济主要有以下几种类型：

1）特色工业园区型。特色工业园区是以区域特色经济为基础，介于市场与单个企业之间的一种新型组成形式。它具有集聚、提升、带动等三大功能，可以很大程度上弥补区域经济内大企业少的缺陷。宁波的新材料、化工、环保节能等相关产业呈现上述特征。

2）专业市场型。目前，宁波有商品市场658个，总成交额687亿。正是如此众多的市场，才形成了宁波块状经济专业市场型的特征。所谓专业市场，是指块状经济初期阶段，依托专业市场形成不同规模、档次和质量品种的同类产品的集聚。如鄞县轻纺城、慈溪周巷副食品市场、余姚中国塑料城、象山中国水产城等。

3）纵向配套型。纵向配套型是指一个地区的本地企业通过专业化分工协作形式所形成的生产联合体。余姚市陆埠镇孙家村以“前店后厂”的形式，成片聚集水暖器材生产企业，兴办“江南水暖城”；余姚老方桥村依托古雷特公司销售网络，组建了打火机生产联合体，将生产打火机所需的10多道工序分散到农户经营。这种统分结合的形式，使农户成为无形工厂，优化了内部结构，降低了生产成本，提高了劳动效率。

4）合作扩展型。合作扩展型是指乡镇内部没有纵向合作，但乡镇与乡镇之间却形成了上下游产业链条的扩展性合作。这种专业化的分工合作突破了行政区划的限制，形成了更大范围内的块状经济。北仑区贝发、永仑两家龙头企业通过产品协作，带动了全区近百家各种性质的相关企业及区外相关企业的发展，使文具业成为当地的特色产业，并步入中国制笔三强企业之列。

5）专业村型。宁波块状经济还出现“一村一品”专业村发展模式，涌现出了余姚陆埠孙家村、象山爵溪针织品，北仑郭巨灯具等一批专业村。

从宁波市会展业发展与块状经济的关系看，块状经济的特征在会展业中体现非常明显。宁波早期的会展项目都与块状经济有着密切的关系。宁波会展项目与块状经济关系对应表见表4-1。

表4-1　宁波会展项目与块状经济关系对应表

项 目 名 称	块状经济	举办地点	产业集聚地	块状经济类型
宁波文具礼品博览会	文具、礼品	宁海、北仑	宁海县	合作拓展性
宁波模具展	模具、机械	宁波	宁海、余姚	纵向配套型
宁波家电展	家电	慈溪、宁波	慈溪	特色工业园区型
余姚塑博会	塑机、模具	余姚	余姚、江北	专业市场型
宁波铜产业博览会	机械、铜材	余姚	余姚、鄞州	专业市场型
宁波紧固件展	机械、紧固件	宁波	余姚、慈溪	纵向配套型
新材料高峰论坛	新材料	宁波	北仑、鄞州	特色工业园区型
余姚针织品博览会	纺织、针织	余姚、象山	余姚	专业村型

资料来源：宁波市会展经济研究所相关研究资料。

二、产业资源

宁波市是我国计划单列城市，也是我国著名的品牌之乡。宁波是个发达的工业城市，拥有雄厚的产业基础和灵活的制度优势，民营经济活跃、市场化程度高，已形成以临港型工业、传统比较优势产业和高新技术产业为主的特色鲜明的工业经济体系，是华东地区重要的能源、化工、钢铁、机械生产基地，纺织、服装、轻工、汽配、家电、五金、文具等产业发达，电子信息、新材料、生物医药等新兴产业也发展迅速。目前，宁波已经成为长三角南翼的重要制造业中心。

据统计，截至2013年底，宁波共有民营经济市场主体47.2万家，占全市经济实体总数的94.7%；民营企业近12万家，对全市经济增长贡献率超过80%；2013年中国民营企业500强中，宁波占有20余个席位，其中近10家民营企业进入前100强。宁波民营企业家可分为原生型、转制型、空降型及职业型这四种类型。宁波民营企业家中原生型企业家数量最多，这部分人都具有创业经历；转制型企业家具有与银行打交道便利等优势；空降型企业家视野开阔，闯劲足，海归派文化层次高，管理观念兼容中西方模式，具有更大的发展潜力；职业经理人掌握较多的经营管理知识，具有一定的管理企业的经验。经过多年的发展，宁波在以纺织、服装、机械为代表的传统优势工业，以石化、钢铁、电力、造纸等为代表的临港型大工业，以及电子信息机电一体化、生物医药等高新技术产业为主体的工业体系中，拥有一大批优秀的民营企业，先后诞生了140余个行业“单打冠军”，诞生了70余件“中国名牌”、130余件“中国驰名商标”，是中国的“文具之都”、“模具之都”、“塑机之都”、“服装之都”和“家电之都”等。中国制造业冠军联盟负责人罗百辉指出，宁波民营企业家善于乘风借力，把握优惠政策与改革先机。改革开放以来，宁波民营企业家抓住了国家鼓励个体私营经济发展和对外开放的历史机遇，结合宁波本地的港口优势，形成了民营经济发展的先发优势，在市场经济发展进程和对外开放格局中占据了有利地位。

从宁波会展业发展的现状以及与周边城市的特点相比，服务与产业也正是宁波市会展业发展的主要特征。相关城市中，杭州是以举办会展活动，重点强化会议产业，进而打造全球会议目的地城市，带动旅游产业的发展为主要目标。因此，杭州市的会展活动是以规模化、国际化作为主要特征；南京则是将会展业作为提升城市功能、优化城市环境，提高国际竞争力的重要手段，因此南京的会展活动以国际化、层次化为主要特征。同杭州、南京相比，宁波的会展业明显呈现出“依托产业、服务产业、提升产业”的特征，产业主题、国内外参展商、高质量客商则是宁波市会展业发展的工作重心。这也正体现出产业对宁波会展业发展的重要支撑作用。

三、文化资源

宁波是我国七千年河姆渡文化的发源地，有着悠久的文化历史和丰厚的文化积淀。这些文化资源为宁波市会展业的发展奠定了坚实的文化基础。

浙东学术文化：“浙东学术”之所以备受瞩目，在于它出了许多一流的学人。自东汉以来，浙东出了不少全国知名的、走在时代最前沿的一流学人，如王充、吕祖谦、陈亮、叶适、王阳明、朱舜水、黄宗羲、章学诚、章太炎、鲁迅、蔡元培等。正如有的学者所言：“从南宋开始，越在全中国思想、文化、教育领域常常处于领先地位。从理学到心学，到民主启蒙思想，到研究西学，到介绍马克思主义，越都有杰出代表。”特别是它出了全国一流的浙东学派。浙东学派是中国最有名的、地域性的学术流派。30 年代的何炳松（1890～1946）说：“著者的愚见以为在我国学术史上要以浙东学派为最有光彩。”浙东学派，不仅仅是浙东地方的，它也是中国的。浙东学术是中国学术的精华，“要研究中国学术思想史，必须研究浙东学术史”。浙东是一块不起眼的小地方，然而浙东籍学人的学术思想和学术成就却是非常了不起的。浙东学术，不仅是民间的，而且是先进的。明清中国学术史上的几个坐标点，都是浙东学人开创的。国家思想对现状是维护的，民间学术对现状是批判的，浙东学术的特征就在于批判性。浙东学术的魅力就在于它时常处于时代最前沿位置。浙东学术代表了当时人类思维的最高成果，这种成果符合人类历史发展的规律。它虽也有地域性名词，但影响却是全国性的。浙东学术，不仅在国内占显要位置，而且在国外，尤其是在东亚的日本、朝鲜，都有很大的影响。在历史上，中国是东亚大国，而日本、朝鲜则是毗邻的小国，同属汉文化圈，中国是先进国家，而日本、朝鲜则是落后的国家。文化的影响，总是遵循先进影响落后、落后靠拢先进的规律。所以，历史上的中国文化对日本、朝鲜有着巨大影响力。浙东学术对东亚的影响，正是发生在这种背景下的。历史展示出宁波——中国南方青瓷文化中心。越窑是我国青瓷的起源地，越窑青瓷以其众多的品种，间接或直接传播到大江南北，影响着国内众多的窑场。在我国的陶瓷发展史上，越窑青瓷是最具特色、最有影响，存在时间最长的一个瓷种，在世界文明史上留有光辉的一页。

宁波藏书文化：宁波历史上藏书家、藏书楼众多，最著名的是范钦之天一阁。天一阁是国内现存最古老的私人藏书楼，又是世界最古老三大藏书楼之一。目前，已经成为中国古代藏书楼文化研究中心。

东南宗教文化：中国的宗教，主要是佛教与道教，尤以佛教影响最大。宁波佛教历史悠久，早在佛教传入东南地区之时，宁波就成为承受佛光之地。宁波由于地外海隅，故而寺院林立。由于政府干预及自然因素，宁波佛教的发展历程曲折，剩下的寺院数量有限。但即便如此，就现存著名寺院数量来说，仍居江南首位。由于中外贸易港口的特殊位置，基督教也瞄准了宁波，明末以后宁波开始传播基督教。

悠久建筑文化：建筑既是实用物，又是科学艺术。宁波的建筑异常丰富，在各个历史时期都有遗存，大家到此即能感受到灿烂悠久建筑文化的存在。如七千年前的河姆渡人的干栏式建筑，唐代的它山堰。宋代的保国寺建筑艺术，号称无梁殿，正是《营造法式》建筑艺术的实物见证。元朝的永丰库，曾成为2003年全国十大考古新发现之一。明代的天一阁、范宅，是典型的宁波建筑。近代，有秦氏支祠及漂亮的戏台，庆安会馆及戏台。20世纪初，宁波出现中西合璧的建筑，如外滩、虞洽卿故居等。

四、商贸资源

宁波市具有悠久的经贸发展历史，也是国内最具特色的传统经贸城市。宁波长期以来形成了典型的商帮文化。宁波人经商的历史很早，早在明末，在当时的首都北京，宁波商人控制着北京的中药业、成衣业、钱庄业等行业。近代以后，他们又凭沙船业、钱庄业等，跻身于中外贸易。明清时候的十大商帮，发展到20世纪初，有九大商帮淘汰出局，唯独留下了宁波帮，并一直薪火相传，成为浙商的主干力量。“宁波帮”曾是中国近代史上影响力最大的商帮之一，“无宁不成市”的说法充分形容了他们的地位。在中外贸易中，宁波商人较早地接受了西方近代工业文明，从而成为中国第一个近代化商帮，涌现出包玉刚、董浩云、邵逸夫、王宽诚、陈廷骅、厉树雄等名闻中外的巨商。宁波帮所具有的开放心态、合作精神、创新意识、诚信务实等人文精神，支撑着宁波帮一直走在时代的前沿。中国号称有“十大商帮”，宁波帮最晚出现，也最有生命力，影响也最大。宁波不断积淀着中外贸易港口文化。宁波作为中国三大始发港之一，与日本、高丽等国贸易交往比较密切，形成了海上丝路文化。宋代是明州海上丝路的全盛期。明代宁波的双屿港一度成为东亚民间国际贸易中心，有“16世纪之上海”之称。宁波海上丝路文化，包括了商贾、佛教、绘画、雕刻工艺、瓷器、思想学说、茶叶七大方面内容。目前，宁波与泉州、广州合作，申报世界文化遗产。

正是在这种文化的熏陶下，宁波市民拥有先天的商贸才华。同时借助浙江商帮和宁波帮，逐步形成横亘国内外的商帮体系，进而不断推进宁波商贸的不断延伸与拓展。这种悠久的商贸文化，一直影响着宁波城市的特征的形成，也对宁波的产业结构以及会展业的发展带来较大的促进和影响。

第二节　国内副省级会展城市资源要素比较分析

我国会展业的一个重要特征是副省级城市的会展业比较发达，这也和我国会展业起步初期，相关副省级城市高度重视会展业发展有密切的关系。宁波作为国内会展业比较发达的副省级城市，具有典型的城市会展业发展特征。

一、国内副省级城市会展要素比较

副省级城市是中央为进一步扩大改革开放，下放政府行政管理权限而采取的一项改革措施。1994年2月25日，中央机构编制委员会文件（中编1994年1号）经中共中央、中国国务院同意10个省会城市和五个计划单列城市被确定为“副省级城市”。副省级城市与一般城市的区别，主要体现为国民经济与社会发展计划方面，国务院等主管部门将副省级城市视为省一级计划单位，在国民经济和社会发展规划上，副省级市政府已经拥有了省级政府的权限，但行政上副省级市与其他地级市或地级行政区一样纳入各省的管辖之下。

正是由于副省级城市经济发展水平高、具有较强的行政自主权，而且又没有直辖市传统的运作模式制约等优势，副省级城市成为当前国内会展业发展最发达的群体。副省级城市会展业发展呈现出管理体制相对完善、基础设施比较齐全、服务体系竞争力较强、项目结构优化合理等特征。国内副省级城市会展业基本情况见表4-2。

表4-2　国内副省级会展城市基本情况表

城　市	会展场馆	管理体制	会展政策	标志项目	行业服务
深　圳	163000平方米	深圳市会展办（设在经发局服务业处）	2000万元	高洽会	深圳市会议展览业协会

续表 4-2

城　市	会展场馆	管理体制	会展政策	标志项目	行业服务
广　州	757000 平方米	广州市会展业发展领导小组办公室（设在市协作办）		广交会	广州市会展行业协会
厦　门	147600 平方米	厦门市会展协调办、厦门市商务局	1000 万元	98 投洽会	厦门市会展行业协会
宁　波	198900 平方米	宁波市会展办（市政府办公厅下设副局级单位）	2500 万元	中国—中东欧论坛、消博会	宁波市会展业促进会
杭　州	356000 平方米	杭州市会展办（与西博办合署办公）	2500 万元	西湖博览会	杭州市会展行业协会
南　京	294000 平方米	南京市会展办（与贸促会合署办公）		亚洲户外运动用品展	南京市会展行业协会
武　汉	269500 平方米	武汉市会展办（商务局下设副局级单位）	2000 万元	武汉工业机械博览会	武汉市会展行业协会
青　岛	273500 平方米	青岛市会展办（市政府办公厅下设副局级单位）	6000 万元	海洋文化节	青岛会展行业协会
大　连	125700 平方米	大连市会展办（与贸促会合署办公）	1800 万元	服装节	大连市会展行业协会
哈尔滨	130600 平方米	哈尔滨市会展办（与贸促会合署办公）		哈洽会	尚无
长　春	102000 平方米	长春市会展办（与贸促会合署办公）		东北亚博览会	长春市会展业协会
沈　阳	213650 平方米	会展办（沈阳市服务业委员会下设正处级）		沈阳制博会	沈阳展览业协会
西　安	176200 平方米	西安市会展业发展办公室		中国西部装备制造业博览会、欧亚论坛	西安市会展行业协会
成　都	163000 平方米	会展办、贸促会	6500 万元	烟酒糖茶交易会	成都市会展业促进会
济　南	161300 平方米	济南市会展办（商务局下设副局级）		珠宝玉石展、医疗器械展	济南市展览行业协会

从上述的资源比较看，宁波市在全国 15 个副省级城市中，会展场馆总面积排序位居第八位，政策资金扶持力度位居中游，管理体制也不具备竞争优势，标志性项目尚未正式举办，后续效果也无法明确。因此，在全国副省级城市中，宁波并不具备发展会展业的整体优势，所以，结合产业市级发展特色会展产业应该是宁波会展业发展的重点选择。

二、国内副省级城市产业资源竞争力比较分析

产业资源是一个城市经济发展的重要依托，也是承载城市经济总量的直接体现。从国内15个副省级城市的会展项目看，依托区位资源和产业资源举办大型会展项目是城市会展业发展的主要特征。国内副省级会展城市产业资源分布表见表4-3。

表4-3 国内副省级会展城市产业资源分布表

城市	会展场馆	主导产业	主要会展项目
深圳	163000平方米	高新技术产业、物流产业、金融产业、文化创意产业	深圳高洽会、深圳珠宝玉石展
广州	757000平方米	汽车产业、石油化工产业、电子信息产业、房地产产业、钢铁及有色金属产业、机械制造业	广交会
厦门	147600平方米	电子产业、机械产业、化工产业、旅游休闲产业	98投洽会
宁波	198900平方米	纺织服装产业、机械模具产业、家电电子产业、文具礼品产业、海洋相关产业	中国—中东欧论坛、消博会
杭州	356000平方米	文化创意产业、旅游休闲产业、金融服务产业、先进装备制造产业	西湖博览会
南京	294000平方米	电子产业、石化产业、钢铁产业、汽车产业	亚洲户外运动用品展
武汉	269500平方米	钢铁产业、汽车产业、光电产业、石化产业、环保产业	武汉工业机械博览会
青岛	273500平方米	电子信息产业、机械设备制造业、纺织服装产业、海洋渔业、休闲旅游业	海洋文化节
大连	125700平方米	石油化工产业、电子信息产业、机械制造业、海洋渔业、休闲旅游业	服装节
哈尔滨	130600平方米	装备制造业、食品工业、医药工业、石化工业	哈洽会
长春	102000平方米	汽车制造业、农副食品加工业、生物与医药工业、光电子信息工业、建材工业、能源工业、装备制造业	东北亚博览会
沈阳	213650平方米	装备制造业、汽车及零部件、农副产品加工、化工、钢铁及冶金工业	沈阳制博会
西安	176200平方米	高新技术产业、装备制造业、旅游产业、现代服务业、文化产业	中国西部装备制造业博览会、欧亚论坛
成都	163000平方米	电子信息产业、机械制造业、生物制药产业、食品加工产业、冶金建材产业	烟酒糖茶交易会
济南	161300平方米	电子信息产业、交通装备产业、机械装备制造产业、新能源新材料产业、医药及食品产业	济南医疗器械展、济南珠宝首饰展

从国内副省级城市看，会展业普遍受到各城市政府的高度重视。全部副省级会展城市的会展场馆面积都在10万平方米以上，绝大多数副省级城市都拥有国际化的标志性会展项目，从这个意义上讲，会展业已经超出经济的范畴，成为国际和地区政治、文化、对外合作交流的重要组成部分。

第三节 浙江省主要会展城市资源要素分析

会展业作为现代服务业的重要组成部分，其核心功能就是立足产业发展的实际需要，为产业提供必要的服务。因此，城市会展业的发展受到城市的经济发展水平、产业布局与结构特征的综合影响。通过系统分析城市的经济发展水平、财政收入水平、产业结构特征以及空间布局特征等方面的要素，有助于客观、系统、科学规划城市会展业的发展目标，也为优化会展项目结构提供参考借鉴。

一、浙江省各城市主要经济指标情况

浙江省既是我国经济比较发达的区域，也是国内会展业比较发达的省份。在浙江省11个城市中，宁波市的经济发展水平仅次于杭州市，在全省的经济和社会发展中具有十分重要的作用。2012年度浙江省各城市主要经济指标一览表见表4-4。

表4-4 2012年度浙江省各城市主要经济指标一览表

城 市	GDP	财政收入	人均可支配收入	常住人口
杭 州	7803.98	860亿元	35704	880.2
宁 波	6524.7	725.5亿元	38043	763.9
温 州	3650.06	279.09亿元	36812	915.61
台 州	2927.34	220.42亿元	36167	600.5
嘉 兴	2884.94	257.73亿元	24565	454.4
绍 兴	3620.1	239.69亿元	36911	494.3
湖 州	1661.97	138.6亿元	32987	290.5
衢 州	982.75	106.4亿元	28187	212
金 华	2700.12	214.9亿元	33164	539.9
丽 水	885.17	112.6亿元	26309	211.7
舟 山	851.95	85.56亿元	34224	114

表4-4中的数据表明，国内副省级城市的会展产业发展与城市产业资源有着紧密关联。优势产业已经成为会展项目的主要支撑。

二、浙江省主要城市产业资源情况

浙江省是我国经济比较发达的城市，块状经济、民营经济是浙江经济发展的

主要支柱。各地市由于产业发展历史、区位特征等方面的影响，不同城市都有着各自不同的优势特色产业。这些产业经过多年的发展，已经形成较为系统完善的产业链条和国际化服务体系。也对城市会展业的发展起到至关重要的作用。研究将从浙江省 11 个地市级以上城市的区位资源、产业资源、文化资源、设施资源和服务资源入手，系统分析浙江省相关城市会展业的综合竞争实力，以便为城市发展会展业提供参考。浙江省各城市会展业资源情况分析见表 4-5。

表 4-5　浙江省各城市会展业资源情况分析

城市	区位资源	产业资源	设施资源	文化指数排名	品牌资源
杭州	区域中心	文化创意产业、旅游休闲产业、金融服务产业、先进装备制造产业	356085/14	1	品质生活之城
宁波	沿海中心	纺织服装产业、机械模具产业、家电电子产业、文具礼品产业、海洋相关产业	198851/8	6	港城、和谐之城
温州	沿海	电器制造、服装生产、皮革制造、汽摩配件、泵阀制造	71800/5	11	创业之城
绍兴	次中心	纺织印染、装备制造、黄酒、文化旅游	42689/5	7	文化之城
金华	次中心	建材化工、五金机电、汽配、纺织服装、食品生产	237500/10	8	小商品之都
台州	沿海	电力能源、汽摩配件、医药化工、家用电器、塑料模具、服装机械、水泵阀门、工艺美术	47050/3	10	工业名城
嘉兴	区域中心	电子信息、装备制造、新材料新能源、节能环保、生物医药、皮革制品	39100/3	4	休闲文化之城
舟山	群岛新区	船舶制造业、水产品加工、旅游休闲	25000/2	2	海洋群岛
湖州	次中心	非金属矿物制品、电器机械和器材制造业、通用设备制造业、纺织业和化学纤维制造业	25000/1	3	生态休闲之都
丽水	内陆	旅游休闲业、生物制药产业、金属制品生产业	600/1	5	生态休闲之都
衢州	内陆	氟硅新材料产业、特种纸业、绿色食品产业、建材和建筑业	5868/2	9	区域中心城市

上述表格中的区位资源主要是依据城市的空间布局和地理位置来确定的。

产业资源主要依据各城市发布的支柱产业来确定。其中既包括第二产业中的支柱产业概念，也包括第一产业和第三产业中的支柱产业概念。具体以城市政府正式发布的支柱产业作为统计标准。

设施资源主要包括场馆的面积与场馆数量。其中场馆是指在城市行政区域范围内，具有一定的展示空间，并可对外租借租用，能够为场馆以外的企业提供场地服务的专业展览类设施。只具备自用功能，不能对外开放的场馆自身使用的空间不在研究范围之内。具体包括会展中心、美术馆、展览馆、科技馆等符合上述标准的相关场馆。

文化资源是根据浙江省省委宣传部、省统计局等部门发布的“浙江省文化发展指数”，指数共有6大类40个指标。其中，人均地方财政收入、每万人拥有公共文化机构数量等9个指标属于“文化资源支撑力”大类，人均慈善捐款数额、无偿献血率、人口犯罪率等8个指标属于“文化价值引领力”大类，公共文化事业费占地方财政支出比重、每百人拥有公共图书馆藏书量等8个指标属于“公共文化服务力”大类，文化产业增加值占GDP比重、人均娱乐文化支出占消费支出比例等8个指标属于“文化产业竞争力”大类，研发经费占GDP比重、每百万人拥有文化品牌数量等7个指标属于“区域文化创新力”大类。此外，2项公众满意度指标则单列为“公众评价”大类。

品牌资源。品牌资源主要来自于相关城市的城市宣传用语，并结合城市层级、综合竞争力、文化竞争力等综合因素进行分析确定。

第五章

会展理论与方法在宁波经济社会发展中的应用

第一节　城市会展业发展可行性与定位分析

会展产业研究方法主要是指具体针对会展业发展意义及会展项目运作而采取的具体分析方法。这种方法产生于会展业发展的实际需要，虽然也可以被其他产业应用，但主要是针对会展业发展的实际需要而提炼的，具有典型的排他性和不可替代性。常见的方法主要包括：

一、可行性分析方法

城市会展业发展可行性分析主要根据会展业的主要影响因素，通过量表的方法，分析城市会展业基础条件对会展产业发展的最大影响。

评分表格。城市会展业发展可行性分析量表见表5-1。

表5-1　城市会展业发展可行性分析量表

一级指标	二级指标	数　值	权　重	基准得分
场馆设施	规模面积	一般指最大的场馆的面积	0.12	20×0.12=2.4
	设施质量		0.02	3×0.02=0.06
	软服务质量		0.02	0.02×6=0.12
会展业政策	产业政策	12	0.06	0.06×12=0.72
	财政政策	5	0.03	0.03×5=0.15
	产业规划	3	0.01	0.01×3=0.03
	人才政策	3	0.01	0.01×3=0.03
城市功能	4、5星级酒店		0.04	0.04×31.5=1.26
	民航线路		0.03	0.03×3=0.09
	民航国际线路		0.03	0.03×2=0.06
	火车客运线路		0.04	0.04×3=0.12
	长途客运		0.02	0.02×3=0.06

续表 5-1

一级指标	二级指标	数　值	权　重	基准得分
城市功能	海上客运		0.01	0.01×1=0.01
	出租车		0.03	0.03×5=0.15
	公交车		0.02	0.02×3=0.06
经济水平	经济总量 GDP	7100 亿元	0.03	0.03×7=0.21
	财政收入	725	0.03	0.03×10=0.3
	产业基础	10	0.04	0.04×10=0.4
消费水平	人口数量	912	0.04	0.04×9=0.36
	人均可支配收入	3.4 万元	0.03	0.03×7=0.21
主办机构	会展主营企业	主 15+服务 26	0.02	0.02×15+26×0.5×0.02=0.56
	相关行业协会	27	0.02	0.02×3=0.06
管理资源	城市级别		0.05	0.05×7=0.35
公共服务	一条龙审批服务	2	0.03	0.03×2=0.06
	会展保税区		0.03	0.03×2=0.06
	公共服务质量	6	0.02	0.02×6=0.12
人力资源	科研水平		0.03	0.03×4=0.12
	教育水平		0.02	0.02×7=0.14
	人才数量		0.03	0.03×3=0.09
社会环境	社会治安		0.03	0.03×4=0.12
	文明程度		0.01	0.01×3=0.03
	国际化水平	9	0.02	0.02×9=0.18
区位优势	经济区域	3	0.02	0.02×3=0.06
	经济腹地	1	0.01	0.01×1=0.01
总分值				8.50

二、评分标准

（1）场馆规模评分标准。5000 标准展位以上 20 分，3000 标准展位以上 15 分，2000 标准展位 12 分，1000 标准展位 8 分，600 以上展位 5 分，无展馆 0 分。

（2）场馆设施质量评分标准。有停车场加 1 分，有电梯加 1 分，可以上网加 1 分，有馆内商场加 1 分。

（3）软服务质量评分。能提供保安服务加 2 分，能提供物流服务加 1 分，能提供搭建服务加 1 分，能提供商务服务加 1 分，能提供餐饮服务加 1 分。

（4）会展产业政策评分。将会展业列为战略性产业加6分，将会展业列为支柱产业加5分，将会展业列为重要产业加4分，有发展会展业的要求或思考加2分。

（5）会展财政政策。财政政策力度大，年补贴在5000万元以上加20分，3000万元以上加15分，年补贴在2000万元以上加12分，年补贴在1000万元以上加10分，年补贴在500万元以上加6分，有补贴加3分。

（6）会展产业规划。有较系统全面的产业发展规划，加3分；有会展业规划，较系统，但力度不大加2分；仅有一般的产业规划加1分。

（7）人才政策评分标准。将会展业列为紧缺人才，给予较大经费支持加3分，列为紧缺人才，支持力度一般加2分，一般资助加1分。

（8）五星级酒店每个加1分，四星级酒店每个加0.5分。

（9）民航线路。有较大机场，民航线路较多，国内主要城市每天有航班加3分；区域中心城市每天有航班，一般城市每周2、3班，加2分；民航线路较少，国内中心城市每周3、4班加1分。

（10）民航国际线路。有国际民航，与主要国家有航线，班次较多加3分；与主要国家有航线，班次不多，加2分；只有少量地区或国家有航线，加1分。

（11）火车客运线路。与国内主要城市都有铁路客运线路，加3分，有出省的客运列车，但数量不多，加2分；没有出省客车或非常少，加1分。

（12）长途客运。与省内及周边地区主要城市都有长途线路，最主要城市间班次间隔在20分钟以内加3分；主要城市间班车间隔在40分钟以内加2分，在2小时以内加1分。

（13）海上客运。有较大规模的客运加2分；客运规模一般加1分。

（14）出租车。出租车10000辆以上，加6分；在7000辆以上加5分；在5000辆以上加4分；在3000辆以上加3分；在1000辆以上加2分；在500辆以上加1分。

（15）公交车。到场馆周围公交车线路非常多，可覆盖整个城市主要线路，收车时间较晚加3分；线路较多，但间隔长、收车时间早，加2分；线路少收车时间早，加1分。

（16）城市经济总量。GDP在10000亿元以上10分，每降1000亿元减1分。

（17）财政收入。总收入在1000亿元以上15分，每降50亿元减1分。

（18）产业基础。很好为10分；较好为8分；一般为6分；不好为4分。

（19）人口数量。每100万加1分。

（20）人均可支配收入。从5000元起为1分，每增加5000元增1分。

（21）会展主营企业及服务企业。每个主营企业为1分，专业服务企业每个0.5分。

（22）参与会展活动的行业协会数量。30 个以上 4 分；20 个以上 3 分；10 个以上 2 分；10 个以下 1 分。

（23）城市级别。首都及国际大都市 10 分；直辖市 9 分；副省级省会城市 8 分；计划单列市 8 分；地级省会城市 7 分；较大的市 6 分；一般地级市 5 分；全国百强县 4 分。

（24）审批服务。一条龙审批服务 2 分，有较完善的审批服务 1 分。

（25）会展保税区。场馆有会展保税区加 2 分。

（26）公共服务质量。政府重视并提供良好免费服务 6 分；服务质量好但收费 4 分；服务质量一般 2 分；服务质量差 0 分。

（27）科研水平。科研工作成效大，主持国家级或省重大课题 5 分；主持省级课题 4 分；主持市级课题 3 分；主持企业横向课题 2 分；主持一般校级等课题 1 分。

（28）教育水平。有会展本科专业，成为国家级特色专业 7 分，省级重点专业 5 分；有会展本科专业，市级以上重点专业 4 分；有会展本科专业或专科专业省级以上重点 3 分；会展专科专业市级重点 2 分；会展专科专业 1 分。

（29）人才数量。专业人才数量众多，完全可以满足会展业发展需要 4 分；基本能够满足会展业发展需要 3 分；有专业人员，不能满足会展业发展需要 2 分；专业人员非常少 1 分。

（30）社会治安。犯罪率很低，社会治安环境很好 4 分；社会治安环境良好 3 分；社会治安环境一般 2 分；社会治安环境较差 1 分，社会治安环境非常差 0 分。

（31）文明程度。城市居民文明程度高，省级以上文明城市，加 3 分；城市文明程度较好，有相关称号 2 分；城市文明程度非常一般 1 分。

（32）国际化水平。外国人较多，有外国驻华机构，加 10 分；外国人较多，加 9 分；外国人不少，但主要是特定国家的居民，加 7 分；有少量外国人加 5 分。

（33）经济区域。发达地区 3 分；东部地区 2 分；中部地区 1 分。

（34）经济腹地。经济幅度广阔加 2 分，经济腹地一般加 1 分。

三、具体要求

（1）具体指标说明。测算者在明确自己的分组后，要首先弄清楚各指标的含义，并通过网上搜索等方式，确定各城市的主要项目指标，列成表格，然后再对应后面的标准，进行计算，将产业数据转化为可计算的数据。

1）决定城市是否能够发展会展产业取决于两个条件：一是政府对会展产业发展的定位；二是会展基础设施的基本条件。

2）决定城市能够举办展览项目的必要条件是场馆面积。

3）决定城市能否举办会议项目的必要条件是酒店的档次与数量。

4）决定城市能否举办节庆项目的条件包括文化资源、产业资源、产品资源等。

5）决定城市举办何种类型的会展项目取决于产业的整体水平。

（2）对具体的城市会展产业发展条件进行分析。根据各组选择城市对相关数据的计算，可以得出城市能否发展会展产业、如何定位；重点发展何种类型的会展项目；如何设计会展项目的规模、展位面积和展品范围。

一般说来，基准数为支柱产业，为最高值的0.8，可以大力发展会展产业；数值在0.9以上，可以高度重视会展产业发展，将会展业列为战略性产业；数值在0.7以上，可以重点发展会展产业，并将会展业列为重要产业；数值在0.6以上，可以发展会展产业，但只能把会展业列为一般产业。数值低于0.6，不适合发展会展产业。按照常规城市进行测算，整体最高值约为10。因此，得分在9以上可视为发展会展业的条件非常优越，可将会展业列为战略性产业并以建设国际会展之都作为工作目标；得分在8以上可以视为发展会展业的条件很优越，可以将会展业列为支柱产业，将建设区域性会展之都和国内会展名城作为工作目标；得分为6.8以上，可视为具有良好的会展业发展条件，可以将会展业列为重要产业，将建设区域性会展城市作为工作目标；得分在5以上，可视为具备发展会展业的条件，可以发展会展业，但只能作为一般产业；得分在5以下，可视为不具备发展会展业的条件，原则上不应该发展会展业。

（3）其他说明。城市会展产业发展可行性分析是衡量一个城市发展会展业基本条件的客观标准，基本适合所有的城市会展业发展。但特殊情况也是可以存在的。

1）产业发展水平特别高，在一定程度上可以弥补城市基础设施存在的问题。如义乌市就是一个特例。但我们也可以分析得出，尽管义乌小商品展发展迅速，但展会单一，成为具有典型代表性会展城市的可行性不大。

2）城市具备会展产业发展的条件，但政府不重视会展业发展，仍然很难使会展业发展具有较光明的前景。

3）评价指标体系的完善是一个动态的发展过程，因此，评价指标具有动态稳定性。因此，也可以根据相关的研究对会展城市可行性分析的相关指标和权重等数据进行进一步完善。

四、测算结果与分析

通过用上述方法进行测算分析，可以得出宁波城市会展业发展可行性分析的最终分值为8.5分。该分值说明，宁波市具备发展会展业的优势，在发展会展业的过程中，能够在展览、会议、节庆等多个方面均衡发展。可以将会展业列为区域性国际会展之都，将会展业列为支柱产业等。

但是，宁波市毕竟是二线会展城市。相关数据也表明，宁波市尚无法将会展业的地位提升到城市发展的重要位置。因此，在城市定位上，宁波市发展会展业应定位在区域性国际会展之都，国内重要会展城市；在产业定位上，应定位为支柱产业或重要产业；在项目定位上，应重点发展与地方经济相符合的专业类项目，而不具备发展以城市影响力为核心支撑的国际化、平台类、综合性会展项目。

第二节　会展项目创意方法

会展项目创意方法其中包括会展项目非命题策划方法及会展项目命题策划方法。非命题策划是在没有确定办展主题的情况下，测算办展的产业类型；命题策划是在确定办展主题的情况下，对主办单位、举办时间、展位价格等要素进行测算。

一、会展项目创意方法概述

会展项目创意方法是根据环境与资源的相关数据，通过矩阵计算和模糊评价等手段，最终预测会展项目的最佳展品选题范围的一种方法。

（1）会展主题范围的遴选。根据国际、国家、省份、城市等范围内阶段性工作重点，来确定选题的重要性，并通过赋分的方式，将抽象的概念具体量化，形成可计算的相关数值，为下一步计算工作奠定基础。国内外形势对会展选题的影响测算表见表5-2。

表5-2　国内外形势对会展选题的影响测算表

主　题	国　际	国　家	城　市	总　分　值
海　洋	6	8	10	24
信　息	6	8	10	24
生　态	6	6	8	20
休　闲	4	4	8	16

（2）会展主题范围与城市优势产业的矩阵组合。在初步明确主题重要性的基础上，将主题与城市优势产业进行矩阵组合，通过矩阵运算方法，得出组合运算后的主题与产业结合构成的会展项目主题的综合评分数据。作为整合后拟举办会展项目的组合数据，为下一步与资源进行组合计算奠定基础。主题策划定量测算表见表5-3。

表 5-3　主题策划定量测算表

主　题	机械 12	食品 6	服务 8	材料 10
海洋 24	海洋机械 288	海洋食品 144	海洋服务 192	海洋材料 240
信息 24	信息设备 288	信息食品 144	信息服务 192	信息材料 240
生态 20	环保机械 240	生态食品 120	生态服务 160	环保材料 200
休闲 16	休闲设备 192	休闲食品 96	休闲服务 128	休闲材料 160

（3）将组合项目与城市资源进行矩阵组合。将第二次计算的结果排序，如果得出的结果过多，可以优先选择分值较高、排序靠前的主题参与下一步运算。由于组合的特殊性，可能会形成部分“伪”主题项目，即该主题项目不符合社会实际和产业项目，这种情况下可以将这个组合结果剔除掉。在确定选择和合理项目组合后，再与城市的服务资源优势进行矩阵组合，通过矩阵运算得出相关的结果。环境、产业和服务三维组合结果一览表见表 5-4。

表 5-4　环境、产业和服务三维组合结果一览表

项目与服务	海洋机械 288	信息设备 288	海洋材料 240	信息材料 240	环保机械 240	环保材料 200	海洋服务 192	信息服务 192
管　理	8	7	8	7	5	5	8	7
产　业	8	5	9	5	6	4	7	7
文　化	4	3	5	3	3	3	8	7
市　场	10	7	9	8	9	6	8	7
服　务	8	6	7	5	6	7	8	9
区　位	10	5	9	8	6	6	9	8
权　重	48	33	47	36	33	31	48	45
总　分	13824	9504	11280	8640	7920	6200	9216	8640
排　序	1	3	2	5	6	7	4	5

通过上述组合计算结果就可以根据分值大小的数据进行排序。排序在前的项目就是最佳的选择，按照排序还可以依次得出组合主题的重要性。通过这种方法，就可以解决如何计算组合项目的重要性问题，优选出最佳的办展主题。

从本研究的计算结果看，最适合举办会展项目的主题依次为海洋机械、海洋材料、信息设备、海洋服务、信息材料和信息服务（两者并列）、环保机械、环保材料。当然，这种算法也主要是针对上述几个主题来进行计算，在具体的项目策划中，可以将主题的选项设成更多，但由于涉及的项目主体就比较多，因此在计算过程中，可能会遇到计算过程比较麻烦的问题。但从另外一个角度看，较复杂的计算，结果的准确度会更高。

二、会展项目非命题策划方法

会展项目非命题策划方法是根据某个城市会展项目的产业条件、服务条件等，对最佳的会展主题进行分析的方法。该方法与会展项目创意方法是会展项目策划的重要衔接部分。

（1）影响会展项目非命题策划的因素。鉴于会展项目非命题策划主要是针对多个会展项目进行比较分析，最终得出哪个产业最有限举办会展项目的结论，因此，重点考虑城市的基础设施、产业资源和管理、服务环境等方面的指标。

1）城市的场馆基础设施因素。场馆基础设施因素包括场馆的规模、酒店接待能力、城市交通基础设施水平、城市的公共服务水平、城市会展政策水平等。

2）产业资源因素。包括产业的规模，主要包括产业的 GDP 总量以及产业链环节的 GDP 总量和产业的首位度。产业首位度是指城市的某个产业在整个产业（我们通常采用国内数据）的比重和排序。经济腹地，经济腹地是一个与经济中心或中心城市相对应的概念。其内涵是经济中心的吸收和辐射能力能够达到并能促进其经济发展的地域范围。企业总量，指在城市及周边地区可实现辐射的范围内，与所指产业有密切管理的企业的数量和规模。

3）管理资源因素。政府的扶持政策取向。一般来讲，中央政府在一个区域的某种产业只支持一个城市优先发展。城市的地位与影响。相对于周边地区而言，城市的地位直接与影响力挂钩，影像管理资源的分布。居住等追求趋向。市民会根据自己的职业、收入及偏好，选择居住城市并形成流动。

4）服务资源因素。政府公共服务资源。不同城市的会展公共服务资源有较大的差异。政策资源。不同城市对不同产业的定位差异也影响到会展项目的选择。会展产业服务资源的影响。尤其是国际化、专业化的会展项目对举办地所在城市的产业服务资源具有较高的要求。

（2）计算方法。主要是通过明确计算指标、明确指标权重，通过加权求和方法，来确定不同类型的会展产业举办会展项目的优先度。

1）计算指标。主要包括产业的首位度、产业的规模、产业的类型、管理资源、政策资源、经济腹地、历史积淀、市民偏好、区位资源、文化资源、其他因素等。

2）权重确定。主要根据上述指标的重要程度来确定权重。对于消费类会展项目和专业类会展项目、综合类会展项目将区别计算。

3）具体计算步骤。具体测算出首位度、产业总量、产业类型、管理资源、文化资源、政策资源、区域资源和经济腹地。根据不同的指标和权重，进行加权计算，得分最高者为最优选项目，其他依次类推。

（3）具体范例。以宁波相关产业为例，进行计算，最终测算出相关数据和结果，得出宁波市举办会展项目的排序。

1）具体项目的指标测算。根据产业在国内的排序计算首位度，其他项目分别测算出在国际、国家、区域和城市层面的优先性质。相关产业各类指标分解对照表见表 5-5。

表 5-5　相关产业各类指标分解对照表

产业名称	首位度	总量	产业类型	管理资源	政策资源	区位资源	文化资源	经济腹地
服装	8.2	103 亿	综合	国家级	优先	区域优	国家	省级
文具	11.9	76 亿	专业	国家级	优先	国际优	国家	区域
家电	3.7	82 亿	专业	区域级	优先	浙江优	省级	市级
机械	3.9	85 亿	专业	城市级	重点	宁波优	市级	市级

2）相关分值计算。根据项目的重要性，采取德尔菲法，邀请专家对各指标的重要性进行赋分，得出具体的权重分值。首位度：0.25，总量：0.15，产业类型：0.10，管理资源：0.10，文化资源：0.05，政策资源：0.20，区域资源：0.10，经济腹地：0.05。在此基础上，分别进行无量纲化处理。首位度：百分比；总量：除以 10；管理资源：8、6、2；政策资源 8、4；文化资源 8、6、2；区域资源 10、6、2；经济腹地 4、6、2 等进行赋值和无量纲化处理。相关产业无量纲化处理结果对照表见表 5-6。

表 5-6　相关产业无量纲化处理结果对照表

产业名称	首位度 25%	总量 15%	产业类型 10%	管理资源 10%	政策资源 20%	区位 10%	文化资源 5%	经济腹地 5%
服装	8.2	10.3	5	8	6	8	8	6
文具	11.9	7.6	5	8	6	10	8	8
家电	3.7	8.2	5	6	6	7	5	4
机械	3.9	8.5	5	4	5	6	3	4

3）根据权重及无量纲化的结果进行数值计算。经过上述计算，并进行加和计算，得出以下计算结果：

服装类 7.2608；文具类 7.5819；家电类 5.37375；机械类 5.97。

鉴于上述计算，宁波市在发展专业类会展项目中，应首选文具产业，然后是服装、机械、家电产业类项目。

三、会展项目命题策划方法

会展项目命题策划方法是对已经确定举办主题的会展项目，对项目的基本要素进行分析。这些要素主要包括主办单位、举办时间和展位价格等。其中以计算会展项目举办单位的赋值还原法最具代表性。

（1）赋值还原法及应用。用赋值还原法来计算会展项目的主办单位，是通过给不同的主办单位以不同的分值，然后通过计算得出结果，再还原为主办单位的一种方法。具体如下：会展主办单位赋值表见表5-7。

表5-7 会展主办单位赋值表

级 别	分 值	级 别	分 值
国际级（国展局、联合国）	10	省协会级	5
国家级	9	市局级	4
行业主管级、区域级	8	市协会级	3
行业协会级、省级	7	企业级	2
省局级、市级	6	个人级	1

在完成赋值工作后，根据以往成功展会的相关数据，计算拟举办展会的主办单位相关数值。主办单位分项数值计算表见表5-8。

表5-8 主办单位分项数值计算表

名 称	城 市	主 办	级别权	距离权	产业权	主办单位赋值
浙江文具博览会	杭州	浙江省政府	6	5	7	5
沈阳文具博览会	沈阳	沈阳市政府	6	2	6	2
西部文具博览会	成都	国家商务部	6	2	6	9
慈溪文具博览会	慈溪	慈溪市政府	2	5	2	1
重庆文具博览会	重庆	国家教育部	9	2	6	8
江苏文具展	无锡	江苏贸易厅	4	4	5	4
内蒙古文具展	赤峰	内蒙古商务厅	3	2	4	4
长沙文博会	长沙	湖南文具协会	5	3	7	3
唐山文具展	唐山	唐山贸易局	3	2	4	1
中国—东盟文博会	昆明	东南亚联盟	5	2	3	10

通过赋值还原法，并对现有数值进行加权平均，最终确定宁波举办文具展的主办单位数值为7.67，四舍五入为8。用赋值还原法，最终可以确定主办单位为行政主管级或区域级。应该选择国家相关部委或长三角协调会作为主办单位。

（2）会展举办时间的选择。主要采用绘制会展项目时空图的方法，将某个区域（省份、城市）的会展项目按照举办的月份进行分解，形成时空图。根据时空图中会展项目的时间分布情况，配合气候、产业特征等因素，对在一个城市或省份举办会展活动的最佳时间进行分析的一种方法。会展场馆项目安排时空关系数据表见表5-9。

表 5-9 会展场馆项目安排时空关系数据表

月份	1月	2月	3月	4月	5月	6月	7月	8月	9月	10月	11月	12月
浙江	0	1	1	2	2	0	0	0	2	3	1	1
江苏	1	0	0	3	1	1	0	0	1	3	2	0
福建	1	1	1	0	3	1	0	0	2	3	0	1
广东	2	1	0	1	0	0	0	0	2	3	1	2
江西	0	1	2	3	1	0	0	0	1	3	0	1
安徽	0	0	1	4	2	1	0	0	1	2	0	1
上海	1	1	2	3	3	1	0	0	2	2	1	0
小计	5	5	7	16	11	4	0	0	11	19	5	6

根据上述数据，可得出相关省份不同月份举办会展项目的曲线图，曲线图可直观反映出各省份在不同时期的项目数量特征（如图 5-1 所示）。

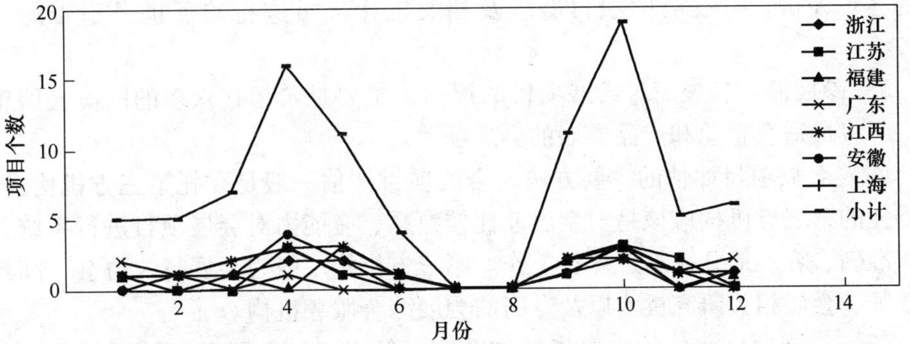

图 5-1 区域会展产业时空图

从图中可以直观地看出，4 月份和 10 月份举办的会展项目数量最多，而 7 月份和 8 月份举办的会展项目数量最少。但受到气候条件的影响，往往南方地区 7 月份和 8 月份天气炎热，不适合举办会展项目。因此，应重点考虑气候适合，但举办项目数量较少的月份，如 11 月份。当然，从不同的地区和城市的角度考虑，不同的省份也可能会有不同的选择。

第三节 会展项目评估

会展项目的质量如何，需要通过专业化的评估办法来进行评价。国内很多专家学者都十分关注会展项目评估的研究，并在会展业发展的事件中逐步探索应用途径。会展项目评估主要是对一个会展项目的综合质量进行客观评价。根据会展项目的需求特征，一般重点考虑规模、参展商结构、客商结构、特装展位面积等主要指标，以及客商满意度、参展商满意度、参展企业质量、展品类型等重要因素。

一、评估的主要目的与任务

（1）评估的主要目的。不同评估任务来自不同的评估主体，也有不同的评价要求。一般说来，需要对展会进行评估的主体主要有三个：

1）政府会展业主管部门。政府会展业主管部门对会展项目的评估主要目的在于考察会展项目的整体质量以及对城市的直接作用，或者是根据政府扶持经费发放的需要，对会展项目的运作情况进行评估。

2）办展主体。办展主体对会展项目评估的目的主要是希望通过第三方专业机构，对展会的举办情况进行客观评价，以便发现存在的问题，找出问题产生的原因，并希望能够为下一步举办会展项目提供必要的参考建议。此外，依据第三方的客观评价，对展会的项目经理及相关工作人员进行奖惩也是附带的一项任务。

3）参展商。参展商对会展项目的评估，主要是希望在众多的同类会展项目中，寻找最适合企业和产品参展的会展项目。

（2）会展项目评估的主要方法。会展项目评估一般是委托第三方机构进行。被委托的第三方机构应该是对会展业比较熟悉、有能力对会展项目进行系统、科学、准确、客观地开展综合评价工作。第三方机构一般为会展行业协会、高校会展教师、会展相关研究机构以及专门的会展综合服务机构。

（3）会展项目评估的主要指标体系。一般说来，会展项目的评估受到不同委托者需求的影响，在具体的指标设计方面会有一定的差异。但会展毕竟是一个客观事物，因此，在具体的评估指标方面，尽管权重可能有所差异，但主要的指标一般差异并不大。会展评价的指标主要包括会展项目的规模、参展商结构、客商结构、展品质量、展台布设、宣传情况、现场管理质量、安保及保洁服务质量等。

（4）具体的评估程序及评估方式。本研究以浙江省科技厅委托、浙江省会展行业协会承担并具体由宁波市会展经济研究所负责评估的 2013 浙江技术成果展评估工作为具体实例，系统介绍会展项目评估的基本程序、指标体系和评价结果。

评估任务要求：本次评估采用复合评估方式。一方面对展会的整体质量进行评估，同时也对 23 个展区的参展质量进行评估并排序。

1）展会综合评估。本次展会的综合评估主要采用展会规模、展位搭建、展品质量、展台布设、解说交流、竞争能力、现场管理、危机管理、签约数额、展会服务、调查问卷和专家评估等12个指标，并设置6项加减分项，综合评估结果评分为89分，结论优秀（见表5-10）。

2）展区综合评估。本次展区评估主要采用展区面积、展位搭建、展品质量、展台布设、解说交流、现场演示、特色营销、签约数额、成果特色、调查问卷和专家评分等指标，并设置7项加减分项。23个展区评估结果优秀10个，占比43.5%；良好8个，占比34.8%；合格5个，占比21.7%（见表5-11）。

3）相关的对策建议。评估结果表明，本次成果展示活动主体清晰，活动工作方案较周密，措施有力，规模接近中等展会规模水平。各展区布局基本合理，展位搭建各有特色，展示活动丰富，取得了明显成效，展会举办是成功的，积累了举办技术创新成果展会的经验，并产生了积极的影响。但由于展会自身的特点以及宣传推介等方面的因素，本次展会在参观人数、现场签约、展会服务等方面还存在一定的问题。评估工作组对问题进行了详尽的分析，并对协议执行情况及展会举办工作提出了相关的对策建议。

二、评估指标体系设计

根据本次评估任务的要求，宁波市会展经济研究所设计出两套评价指标体系，以满足展会评估和展区评价两项任务要求。

（1）展会整体质量评估。展会的整体质量评估重点考察展会的规模、展位搭建质量、展品质量、展台布设、解说交流、展会竞争能力、现场管理与服务质量、展会危机管理的质量与效果、展会现场签约数额、通过参展商进行的满意度调查以及评估专家对展会的整体评价。根据各指标的重要程度，赋予不同的分值。此外，还考虑到展会受到上级有关部门关注和参展单位重视程度，专门设立了加分项目。从分数可以看出，展会整体评估更加重视展品的质量、展位搭建和展会规模等绝对指标（见表5-10）。

表5-10 2013年浙江省技术成果拍卖交易暨网上技术市场活动周“成果展示活动”整体评估指标体系

评估指标	满分	评估标准
展会规模	15	根据专业展的基本标准，0.5万平方米为基础面积，1万为基本面积，2万为规模面积，3万为中型展会，5万为大型展会。分别赋分为7分、9分、11分、13分、15分
展位搭建	15	全部为特装展位为12～15分，特装展位达到70%以上为9～12分，特装展位达到50%以上为7～9分，特装展位达到30%以上为5～6分，有特装展位为1～4分

续表 5-10

评估指标	满分	评 估 标 准
展品质量	20	展品符合展会主题，数量较多，特色鲜明，展品质量高、展示方式多样，有较强的针对性和先进性 17～20 分；展品符合展会主题，数量较多，特色较鲜明，展品质量较高、展示方式符合展会主题，有较好针对性和先进性 13～16 分；展品符合展会主题，数量一般，展品质量一般、展示方式较单一，有一定的针对性和先进性 9～12 分；展品基本符合展会主题，数量一般，展品质量一般、展示方式较单一，针对性和先进性不强 5～8 分
展台布设	10	90% 以上参展单位宣传资料齐备，彩色打印，装帧精美但不奢华，有高质量宣传片播放 10 分；80% 以上 9 分；70% 以上 8 分；60% 以上 7 分；50% 以上 6 分；40% 以上 5 分；30% 以上 4 分；20% 以上 3 分；10% 以上 2 分
解说交流	5	会展场馆 80% 以上展位有专业解说人员及解说设备（彩电、定位解说仪、其他解说设备），解说精彩，有较好的互动交流 5 分；60% 以上的展位符合上述标准 4 分；50% 以上的展位符合上述标准 3 分；30% 以上展位符合上述标准 3 分；10% 以上展位符合上述标准 1 分
竞争能力	5	与国内同类展会项目相比，有明显的竞争优势 5 分，竞争优势较大 4 分，竞争优势一般 3 分，没有竞争优势 2 分
现场管理	5	布展服务规范周到，安保保洁工作到位，场馆环境整洁、秩序很好 5 分；布展服务比较规范周到，场馆环境整洁、秩序较好 4 分；布展服务比较周到，安保保洁工作基本到位 3 分；其他可酌情 1～2 分
危机管理	5	有较完善的危机应急预案，没有发生任何公共危机事件 5 分；有较好的危机应急预案，没有发生公共危机现象 4 分；有危机预案，但配套措施不完善 3 分；没有危机预案 2 分；发生公共危机 0 分
签约数额	5	展会总体签约额度非常高，一般应在 5000 万元以上 5 分；签约额较高，一般应在 2000 万元以上 4 分；签约额较好，一般应在 1000 万元以上 3 分；签约额一般在 500 万元以上 2 分；签约额较少，一般在 500 万元以下 1 分；没有签约额 0 分
展会服务	5	交通、餐饮、搭建、商务服务非常便捷 5 分；比较便捷 4 分；便捷程度一般 3 分；便捷程度较差 2 分；便捷程度较差 1 分
调查问卷	5	通过问卷调查，客商及观众满意度 90% 以上 5 分；满意度 80% 以上 4 分，满意度 70% 以上 3 分，满意度 60 分以上 2 分；满意度 50% 以上 1 分；满意度低于 50% 则为 0 分
专家评估	5	现场评估专家可根据整体印象给 1～5 分的主观分
加减分项		加减分项 1：有国家级领导到场参观 3 分，有省部级领导到场参观 2 分，有副省部级领导到场参观 1 分；加减分项 2：展会 70% 以上展位使用标准化环保特装展位加 3 分，40% 以上加 2 分，20% 以上加 1 分；加减分项 3：展会出现重大危机事项且处理不得当减 5 分，出现一般危机事件减 3 分，出现轻微问题减 1 分；加减分项 4：展馆卫生条件差减 1～2 分；加减分项 5：展馆安保服务很差，有贵重物品丢失减 3 分，展馆安保服务感官较差减 1～2 分；加减分项 6：有损害知识产权保护法的扣减 3～5 分
总 分	100	优秀（S≥85）、良好（85 > S≥70）、合格（70 > S≥60）、不合格（S < 60）

（2）展区质量评估。根据主办单位对展会组织者的奖惩要求，宁波市会展经济研究所专门设计了展区评价指标体系。其中包括展区面积、展位搭建、展品质量、展台布设、解说交流、现场演示、特色营销、签约数额、成果特色、参展商客商问卷调查获取的满意度以及评估专家从专业角度对各个展会的评价等指标。同样，也设立了加分项目。从分数上可以看出，展区的评估更加重视展位搭建、展品质量、展台布设、现场演示和成果特色等相对比较的指标（见表5-11）。

表5-11　2013年浙江省技术成果拍卖交易暨网上技术市场活动周“成果展示活动”展区评估指标体系

评估指标	满分	评估标准
展区面积	5	参展单位展区面积在所有参评展位中排名前5名的为5分，排名5～10名的为4分，以后按顺序每排后5名则减少1分，面积相同的可并列
展位搭建	15	展区内全为特装展位，展位设计精彩13～15分；全为特装展位，展位设计较好10～13分；全为特装展位，展位设计一般8～12分；特标展位混杂分数在5～10分；全为标准展位分数在2～7分
展品质量	20	展品符合展会主题，数量较多，特色鲜明，展品质量高、展示方式多样，有较强的针对性和先进性17～20分；展品符合展会主题，数量较多，特色较鲜明，展品质量较高、展示方式符合展会主题，有较好针对性和先进性13～16分；展品符合展会主题，数量一般，展品质量一般、展示方式较单一，有一定的针对性和先进性9～12分；展品基本符合展会主题，数量一般，展品质量一般、展示方式较单一，针对性和先进性不强5～8分
展台布设	10	参展单位宣传资料齐备，彩色打印，装帧精美但不奢华，有高质量宣传片播放9～10分；宣传资料齐备、彩色打印，没有宣传片播放或宣传片质量较差7～8分；宣传材料较多但质量一般5～6分，没有宣传材料0分
解说交流	5	有专业的解说人员及解说设备（彩电、定位解说仪、其他解说设备），解说精彩5分；设备较少但解说精彩4分；有设备但解说一般或有较好的交流3分；没有解说设备且解说一般或有较一般的交流2分；现场有交流1分；现场没有交流0分
现场演示（指常规展示）	10	有精彩现场演示，吸引观众较多，交流热烈9～10分；现场演示较有吸引力，观众比较多，有较好互动交流7～8分；现场演示一般，能吸引一部分观众5～6分；现场演示较差观众较少3～4分；有现场演示但没有观众1～2分；没有现场演示0分
特色营销（指非常规展示）	5	有精彩的特色展示宣传活动，收到较好的经济社会效果5分；特色展示有较新颖的创意和一定的效果4分；特色展示场面比较好或创意较新颖3分；有特色展示但效果一般2分；有特色展示但效果较差1分；没有特色营销活动0分
签约数额	5	签约额度非常高，一般应在千万元以上5分；签约额较高，一般应在500万元以上4分；签约额较好，一般应在300万元以上3分；签约额一般，100万元以上2分；签约额较少，一般在100万元以下1分；没有签约额0分

续表 5-11

评估指标	满分	评 估 标 准
成果特色	10	科技成果具有较强的服务经济特色，与浙江省经济发展吻合度高 9 ~ 10 分，与浙江经济发展吻合度较高 7 ~ 8 分，与浙江省经济发展吻合度一般 5 ~ 6 分
调查问卷	5	通过问卷调查，客商及观众满意度在 90% 以上 5 分；满意度在 80% 以上 4 分；满意度在 70% 以上 3 分；满意度在 60% 以上 2 分；满意度在 50% 以上 1 分；满意度低于 50% 则为 0 分
专家评估	10	现场评估专家可根据整体印象给 1 ~ 10 分的主观分
加减分项		加减分项 1：主要领导及重要嘉宾到展位参观，有较高评价加 3 分；主要领导及重要嘉宾到展位参观，与参展单位有互动交流，没有明确评价加 2 分；主要领导及重要嘉宾到展位参观没有交流和评价加 1 分；领导没到展会参观不加分；领导及重要嘉宾到展位参观有批评意见，减 1 ~ 2 分。加减分项 2：参展单位有市领导带队到场加 3 分，有局（处）级领导带队到场加 2 分；科（处）长在现场指挥加 1 分；现场工作人员稀少减 1 ~ 2 分。加减分项 3：使用标准化环保特装展位加 3 分，使用非标准化环保材料加 2 分，特装展区使用环保展位加 1 分。加减分项 4：展区出现重大危机事项且处理不得当减 5 分，出现一般危机事件减 3 分，出现轻微问题减 1 分。加减分项 5：展位卫生条件差减 1 ~ 2 分。加减分项 6：参展服务人员服务态度差、着装邋遢随意减 1 ~ 2 分。加减分项 7：有损害知识产权保护法的扣减 3 ~ 5 分
总　分	100	优秀（S≥85）、良好（85 > S≥70）、合格（70 > S≥60）、不合格（S < 60）

（3）评估操作过程。为确保评估工作客观、系统、科学、准确。在展会举办前 3 个月接到任务后，浙江省会展行业协会与宁波市会展经济研究所就评估工作组成人员进行仔细遴选，同时根据要求对评估工作的过程等进行了系统的设计。最终确定由 5 名行业内会展专家、12 名高校会展专业学生组成的项目评估小组。在展会举办之前，就对展会的情况进行先期介入，在展会期间全面入住现场开展工作，在展会结束后认真撰写评估报告，并重点就展会存在的问题进行客观分析，并提出相关的对策建议。

三、评价结果与建议

（1）评价结果。经过一个月的精心准备、五天的现场调研考察工作和一周时间的分析评价，最终得出浙江省技术成果展的相关评价结果。

1）展会综合评估结果。浙江省技术成果展展会综合评估表见表 5-12。从表 5-12 可以看出，本次展会展会规模扣减 3 分，表明展会的整体规模较小；展品质量扣减 2 分，说明展品的质量还存在一定的问题；展会服务总分值有 5 分，但却被扣减 3 分，综合反映出本次展会的服务质量存在较大的问题。但展会的展位搭建获得满分，其他项目基本为 1 分的扣分，也从整体上说明展会的相关指标是比较好的。最终本次展会获得了良好的整体评价。

表 5-12　浙江省技术成果展展会综合评估表

评估指标	满分	评 估 标 准	得分
展会规模	15	从国内现有以省内科技成果为主的同类展会的情况看，处于中等以上水平	12
展位搭建	15	展位搭建质量较好。全部采用环保材料，特装展区比重超过90%，特装展位比重达到5%以上	15
展品质量	20	展品数量多达1200余项，其中国家级专利成果超过1000项。同时也存在展品质量参差不齐现象	18
展台布设	10	90%以上参展单位宣传资料齐备，彩色打印，装帧精美但不奢华，绝大多数展区有高质量宣传片播放	9
解说交流	5	每个展区均有专业人员解说，大多数展区互动效果较好。但展会后期参展商、客商数量有较大减少	4
竞争能力	5	与国内同类展会项目相比，参展成果数量较多，成交额居中，有较大的竞争优势	4
现场管理	5	布展服务规范周到，安保保洁工作到位，场馆环境整洁、秩序很好，但交通保障一般	4
危机管理	5	有较好的危机应急预案，没有发生公共危机现象	4
签约数额	5	展会总体签约额度较高，个别展区未提供签约数额，不完全统计意向签约额在5亿元以上	4
展会服务	5	交通、餐饮、搭建、商务服务不够便捷	2
调查问卷	5	通过问卷调查，展区满意度达到90%以上，客商及观众满意度在80%以上	4
专家评估	5	现场评估专家对展会组织、搭建、展示、交流等非常满意。同时也提出宣传、服务等方面存在问题	4
加减分项	5	主要省部级领导到场参观，展会全部展位使用标准化环保特装展位	5
总　分	100	优秀（S≥85）、良好（85＞S≥70）、合格（70＞S≥60）、不合格（S＜60）	89

2）展区综合评估结果。与展会整体评价主要依据绝对指标额度不同，展区的评价更重视相对指标的额度。浙江省技术成果展展区综合评估排序见表5-13。从表5-13上看，排在最前面的杭州市高新区的分值与排在最后面的绍兴市的分值相差25分。从具体的评估意见上看，排在前面的展区不仅领导重视、展品质量好、展会互动效果好、特色鲜明，而且前来参观洽谈的人数也较多；而后面的展区则在多个方面体现出重视程度不够、准备不充分，效果较差。

表 5-13　浙江省技术成果展展区综合评估排序

展区名称	评估意见	综合评分	排名
杭州高新区	展位布设鲜明、参展展品吸引力较强、展区管理到位、展区管理人员与参展商始终坚守岗位、参展商与客商互动热烈，调查问卷也得到客商的较高赞誉	95	1
863 计划	展位布设特色鲜明、参展展品质量较好，现场互动效果最佳、吸引大量的客商参观，问卷评价较好	93	2
宁波高新区	展位布设特色鲜明、参展展品质量较好，现场演示效果较好，参展商客商互动效果好、吸引大量的客商参观，问卷评价较好	92	3
中科院	展位布设特色鲜明、参展展品质量较好，现场互动效果最佳、吸引大量的客商参观，问卷评价较好	91	4
杭州市	参展展品质量较好，现场互动效果较好、吸引不少的客商参观，但展位布设较简单，其中多以标准展位为主	88	5
科研院所	展区布设效果较好，现场实物展示较多，现场互动较好，但展区展品质量一般	88	5
温州市	展区布设主要以标准展位为主，有较明显的参展商客商互动，但展品的可洽谈性较低	87	7
军工科技	展区布设也比较合理，参展展品数量多，但展品多为已转化产品，参展人员少，与客商互动交流不够	87	7
高等院校	展区布设比较合理，尤其是部分展位特色比较鲜明，但展品多为已转化产品，可洽谈性较低	86	9
温州高新区	展区布设比较合理，尤其是部分展位特色比较鲜明，但展品多为已转化产品，可洽谈性较低	85	10
宁波市	集中展示了海洋科技与成果，展区布设较好，展区工作人员比较热情，部分展品制作精美，但展品科技含量不高，可洽谈性低，现场比较冷清	85	10
金华市	展区展品较丰富，现场工作人员较多，对客商接待热情，展品有一定的吸引力，现场洽谈气氛比较热烈	84	12
舟山市	展区有特色展示项目，展区管理人员工作认真，但现场参展商数量较多，现场互动较好，但展品可转化程度不高	83	13
专利技术	展区布展有一定特色，展品数量较多，展品质量较好，参展商始终坚持岗位，与客商的互动一般	81	14
台州市	展位布设不够合理，标装展位较多，特色展示不够明显，后期参展商离场较多，现场氛围比较冷清	81	14
绍兴高新区	展区布展有一定特色，展品数量较多，参展商始终坚持岗位，与客商的互动较好，但展品质量一般	81	14

续表 5-13

展区名称	评估意见	综合评分	排名
湖州市	展区展品数量较多，参展商品科技含量较高，但现场参展商数量较少，参展商与客商互动交流一般	78	17
丽水市	展区布设较好，有较吸引人的现场演示活动，但其他的展品整体吸引力不高，现场互动交流一般	77	18
衢州市	现场展示的主要以已投入生产的产品为主，展品的特色不够鲜明，现场交易前活动	75	19
义乌市	展区布设一般，展品比较单调，现场人员较少，动态展示不够精彩，参展商与客商互动不够	75	19
金融科技	展区布设较空旷，展品数量较少，现场互动不够好，参展人员主要在推销保险业务，部分展示内容与科技成果无关	73	21
嘉兴市	展位布设一般，展品质量不高，现场参展人员较少，与客商互动不明显	71	22
绍兴市	展位布设也不尽合理，标装展位为主，展品数量较少，科技含量不高，与客商互动不够，展区后期比较冷清	70	23

（2）展会存在的问题分析。通过评估可以看出，尽管本次展会得到了省级有关部门、各市科技部门及高新园区、企业的重视，但由于首次举办，经验不足，还存在着一些组织与服务方面的问题。具体体现在以下方面：

1）发动力度不够。本次展会的主要宣传渠道是相关部门的通知，以及各级政府科技部门的宣传推介，并没有大规模开展媒体宣传。因此，在宣传推介效果方面还存在一定的不足之处。加之本次展会的参展成果主要以技术为主，终端产品少，因此，客商数量偏少。本次展会门禁显示，进入场馆的客商及观众为15000 余人次。其中首日进馆为 6590 余人次、次日进馆 5280 余人次、第三日进馆 3130 余人次。平均到展位约合每 1000 平方米 536 人，折合到每个标准展位人数约为 11 人，远低于政府主导型展会每标准展位 60 人的最低标准。

此外，客商结构也不够合理。通过对客商调查问卷以及现场访谈了解到，本次参加展会的客商主要是政府部门和企业的人员，高校科研院所相对较少，普通观众的数量更少，无法有效扩大展会的社会效益。

2）成果技术含量参差不齐。展会既有科技含量高的无人机、机器人等项目，也包含食品、花木等科技含量较低的产品，属搭车展品，在一定程度上影响了展会的整体质量。在参展成果遴选上尚有提升空间。

此外，本次展会参展的成果虽涉及面广，但很大比例为已经投入生产的技术，成果的概念性、前瞻性不强，没有相对比较集中的产业科技技术及产品系列，科技成果的系统性及产业集聚度不高，对洽谈效果带来一定影响。

3）展馆组织服务方面还存在差距。本次展会在场馆组织服务方面也反映出一定问题，其中既包括场地自身的先天不足，也有组织工作不到位的问题。主要表现在交通、餐饮服务等方面。本次展会展馆距离市中心较远，交通不够便捷，展会未安排足够的交通服务设施，因此不利于客商及普通观众到场参观。展会的快餐供应价格较贵、质量一般、预订不够方便，就餐地点位于展馆的地下室，环境较差。调查问卷中部分客商及观众对此也有明确的意见和建议。

（3）对下一届工作的建议。在系统分析评估的基础上，展会评估工作小组还对下一届展会的举办工作提出对策建议，从而完成一个系统的展会评估工作。

实体展有着网络展无法替代的特征，是提升科技活动周质量的重要抓手，也是政府科技主管部门服务经济社会的重要公共平台。进一步提升科技展的办展质量，不仅能够促成线上线下有机结合，系统推进科技成果转化，同时也有助于进一步强化企业及市民的科技创新意识。

近年来国内多个省份、城市举办省级层面的科技成果展，但面积都比较小。如2012年6月中国哈尔滨国际科技成果展交会2万平方米；2011年1月中国（长沙）科技成果转化交易会0.8万平方米；2011年6月举办的江苏省企业创新成果展1.6万平方米；2003年5月举办的云南省重大科技成果展1.1万平方米。2013年成果展首次举办就达到2.8万平方米，既说明组织工作到位，也说明我省需求潜力较大。因此，经过几年的培育，浙江省技术创新成果展完全可以成为国内有较大影响的品牌展会。为此，对科技展的举办工作，提出如下对策建议：

1）优化提升展会的档次。进一步丰富展会的内涵，拓展展会外延，将展会定位为科技成果展示与科技资金投入检验相结合、科技成果现场演示与洽谈交易相结合、科技成果展示与科技成果产品展示相结合、科技普及与创新理念培育相结合的多功能综合性会展项目，提升展会的整体效果。

一是成果演示与洽谈交易相结合。配合网上技术市场，重点组织关注度较高的成果进行现场演示，提高成果的互动交流及直观效果，解决网上交易无法直接面对面交流和成果体验不到位等方面的问题，避免成果交易的盲目性，防止出现成果交易后无法实施操作的“烂尾”现象。

二是科技成果展示与科技成果衍生产品展示相结合。通过分区或明确标示等手段，将科技成果洽谈交易与科技成果衍生产品的洽谈交易有机结合。根据客商需求层次的差异性，最大限度促进科技成果实现转化，延长科研成果的产业链，提升科研成果的附加值。同时也有利于扩大科技成果展的观展群体，进一步提高展会的人气。

三是科技普及与创新意识培育相结合。立足“科技强省”战略和“人才强省”战略，将科技成果展作为现代科学技术知识普及、科技新人培育、科技创新理念教育等内容的有机结合。组织科研人员、企业管理人员、大中专院校学生和普通市民积极参与展会活动，发挥科技资金投入和科研成果转化的溢出效应，营造全省浓厚的科技创新氛围。

2）科学选择有竞争力的展品。立足服务浙江经济社会发展大目标，既要突出浙江省内科技成果的展示，也要重视国家有关科研院所相关科技成果的展示，同时也要吸纳部分有利于服务浙江经济转型升级、促进浙江制造向浙江创造提升的外省市科技成果的展示，系统搭建展示、交易、合作相结合的开放、共赢平台。要围绕中心工作以及经济和社会发展的实际需要，提炼创新主题。

一是突出与浙江省战略性产业的紧密度。要结合浙江省科技发展纲要要求，针对浙江省战略性新兴产业布局，重点围绕新材料、新能源、海洋经济、特色农业等产业，深度发掘与新设备、新技术、新产品相关的概念性、前瞻性科技成果，提高科技成果在浙江经济转型升级中的战略作用。

二是提升科技成果展示的集聚度。产业链条紧密度是集聚行业展客商、提高洽谈交易质量的重要因素。要立足科技成果与产业链的有机融合，围绕特色产业产业链条，系统形成上游、中游、下游的相关需求，集成原材料、技术、设备、产品、服务等层面的科技成果展示，以便于行业集中组织展客商前来参展观展。

三是提高科技成果可转化性。科技成果转化是衡量科技成果展办展效果的重要指标之一。在展会设计和组织工作过程中，要重点发掘前瞻性强、创新度高，尚未进行转化的科技产品，或结合创新理念为企业与企业、企业与科研院所间提供具有创新特征的研发交易平台，促使新技术、新成果转化为企业自主知识产品。

四是重视参展成果的社会需求。近年来，国内外办展思路逐步由以参展商展品为主向客商需求为主转变。为提高科研成果与社会需求的有机融合，在招展前夕，应组织相关人员，借助政府、行业协会平台，或通过座谈会、走访企业等手段，吸纳专业团队参与，有针对性开展科技服务需求调研，努力争取那些社会需求旺、产品可洽谈性高的科技成果参展，实现科技成果展参展成果与客商需求有机融合。

3）进一步创新展会布局。要由单一的综合性科技成果展，逐步发展形成“1 + N”展会模式，形成由一个综合性展会和多个专业性展会相结合的运作模式，拓展展会的功能，优化运作效果。

一是做强一个综合性的科技成果展。要继续做好集中展示交易活动，整体展示浙江省科技成果。科技成果展既可以长期稳定选择一个城市举办，也可以在两个或两个以上城市轮流举办，强化展会的综合性特征，在稳定专业客商的同时，也有利于进一步扩大展会普通观众的数量。

二是做特多个专业性科研展示活动。要结合浙江块状经济特点，在产业比较发达的城市，举办专业类会展项目，促进科技成果展示和交易的集中度。近期可以考虑在杭州举办信息科技成果展，在宁波举办新材料成果展和海洋科技成果展，在义乌举办工业创新成果展，在温州举办轻工产品科技成果展，在金华举办农业科技成果展等。

三是做实网络展与实体展结合模式。配合网上交易市场，逐步形成线上线下结合、日常展示与集中展示相结合、项目展示与现场演示相结合、技术成果交易与技术产品交易相结合的多功能服务体系。网上交易市场重点为企业提供服务信息，成果展则通过演示、交流、体验等方式促成企业最终达成交易。

四是做新参展成果评比等品牌提升手段。要通过专家评价、观众投票、展会评比等方式，评选出最受客商欢迎的参展成果、最佳展区、最佳展位等项目，通过科技成果展平台，一方面激励、引导相关院所和企业的科研创新意识，一方面进一步提升参展成果的品牌竞争力。

4）加大展会宣传力度。进一步拓展媒体宣传、网络宣传、活动宣传相结合等多种途径，并通过科技成果展前期宣传进高校、进企业、进协会、进社区等手段，加大对社会的宣传力度，让更多的人了解科技成果展，争取更多的客商及观众前来参加展会。

一是要加强推介工作组织力度。要在进一步通过科技系统做好招展引展的同时，充分发挥行业协会等作用，加强对企业的招展招商力度。也可以抽调人员或专业机构工作人员，将教师科研、专业实践教学、学生研究性学习与需求调研、展会推介有机结合，及早介入，系统准备，提高展会的组织工作效果。

二是要加大媒体的宣传力度。要通过流媒体、平面媒体和网络媒体等多重手段，进一步加大对科技成果展的宣传力度。条件成熟时，建议设立专门的浙江省科技成果展网站，网站可链接在网上科技交易网下面，一方面加强展前宣传推介，同时也通过提供展位搭建、展馆服务等信息，为参展商提供便捷服务。

三是要拓展客商的招引领域。要加大科技成果展在普及科技知识、宣传创新理念、营造创新氛围方面的战略作用。展会应采取专业客商及普通客商相结合的招商方式，尤其是要加大对在校研究生、本科生以及普通市民的组织力度，以提升科技展成果的宣传效果。

5）不断创新展会的运作手段。要结合国家、省政府有关政府向社会力量购买服务等文件精神，重视向政府主导不包办、市场化运作方向转变，使政府主管部门从琐碎的项目组织服务中抽身出来，集中做好科技成果展的指导、协调和保障工作。

一是重视培育优质办展主体。要逐步培育稳定、高质量的办展主体，加强与专业性办展机构合作，集聚专业化会展运营人才，形成由政府主办、相关事业单位支持、专业会展机构承办或执行承办、相关服务机构及行业协会等协办的稳定、高效办展主体。

二是发挥协会参办展会作用。重视行业协会在科技成果转化、参展商及客商组织方面的作用，积极引导行业协会参加科技成果展的举办活动。发挥行业协会在产业需求、产业发展、产业服务等方面的信息优势、资源优势和协调优势，提高科技成果展招展引展的质量。

三是借助省内相关城市会展政策资源。浙江省的宁波、杭州、绍兴等城市都十分重视承接上级部门的政府主导型会展项目，同时也设立相关的会展产业扶持经费支持市场化运作的会展项目。要逐步将政府科技展的财政投入与相关城市的政府主导型展会财政投入以及会展产业扶持资金有机融合，降低科技展的省级财政投入，提高科技成果展利用地方政府和相关企业资源优化组合的最佳效益。

6）进一步提升展馆展会的服务水平。要通过科学规划展会服务功能、合理选择场馆，构建较为完善的产业会展服务体系，探索以兼职人员为主体的高层次研究策划服务体系，全面提升展会的服务质量，提高展会的综合竞争力。

一是科学设计展会的时空程序。展会具有较强的注意力经济效应，展会的特色与差异是展会成功举办的重要支撑。因此，可以考虑综合性成果展定期轮流举办、专业性成果展不定期巡回举办等运营思路。综合性科技成果展可以根据场馆的实际情况，在杭州、宁波等副省级城市轮流举办；衍生的专业性科技成果展可以根据全省块状经济的布局，在相关产业比较发达以及相关成果需求度较高的城市巡回举办。既可以增加展会的新颖度，也有助于更系统地服务于浙江省特色经济的发展。

二是完善展会服务体系。通过制订准入标准、科学遴选企业等手段，强化对科技成果展会展项目的组织管理。要通过制订准入标准，科学遴选有实力、有经验的展位搭建、展会物流、商务服务企业，作为参展机构的选择目标；要通过制订环保标准、服务质量标准，强化对会展项目和参展单位的评估，做到有规可依、有章可循，提升展会的科学化、规范化程度。

三是探索展会兼职服务体系。要结合科技成果展的定位及项目需求，发挥省内高校、行业协会和相关机构的作用，逐步建成一个由调研团队、策划团队、营销团队、志愿者服务团队组成的展会兼职服务系统。要通过前瞻性研究、前置性操作，强化对展会整体架构和操作细节的思考与创新，科学提升科技成果展的办展质量，努力将浙江省科技成果展打造成为国内具有较大影响的高端品牌会展项目。

第四节　政府主导型会展项目综合评价

一、政府主导型展览项目现状

政府主导型会展项目是宁波市会展业快速发展的重要支撑手段。从 1997 年举办首届国际服装节，到1999年承办浙江投资贸易洽谈会，在会展业发展的初期，宁波市政府主导型会展项目在宁波市会展业的发展过程中始终发挥着重要的支撑作用，这也是宁波市会展业发展的特色所在。宁波市政府主导型会展项目见表5-14。

表5-14　宁波市政府主导型会展项目一览表

名　　称	牵头单位	已办届数	周　期
中东欧国家特色产品展	市外经贸局	/	/
中国国际日用消费品博览会	市外经贸局	12	1年/届
中国海洋经济投资洽谈会	市发改委	2	1年/届
浙江投资贸易洽谈会	市外经贸局	15	1年/届
中国浙江宁波人才科技周（含百校千企）	市委人才办	8	1年/届
宁波高层次人才引进洽谈会	市人社局	15	1年/届
中国宁波高新技术成果交易洽谈会	市科技局	8	1年/届
中国宁波智慧城市应用技术博览会	市经信委	3	1年/届
甬港经济合作论坛	市侨办	12	1年/届
中国宁波新材料与产业化国际论坛	市科技局	10	1年/届
宁波大中专毕业生洽谈会	市人社局	24	1年/届
宁波国际茶文化节（明州仙茗系列活动）	市林业局	6	2年/届
第六届中国国际声乐节（声乐比赛）	市文广新闻出版局	5	3年/届
宁波国际服装节（宁波国际服装服饰博览会）	市经信委	17	1年/届
浙江进口商品展览会	市贸促会	1	1年/届
中国食品博览会	市贸易局	9	1年/届
宁波旅游节	市旅游局	5	1年/届
宁波购物节	市贸易局	1	1年/届
中国宁波节能环保技术与产品博览会	市经信委	5	1、2年/届
民营企业对话世界500强	市外经贸局	3	1年/届
香港美食博览会	市农业局	2	1年/届
中国越剧节	市文广新闻出版局	1	1年/届
中国（宁波）农民电影节		5	1年/届

资料来源：宁波市政府会展办提供。

但是，随着会展业的发展，政府主导型会展项目面临着巨大的发展瓶颈，成为制约宁波市会展业发展的负面因素。主要体现在以下几个方面：

（1）政府主导型会展项目对市场化项目带来一定的影响。会展业具有资源不可复制等特点，对一个城市而言，每年举办的专业类会展项目一般只有一个，消费类会展项目也最多不应超过两个。政府主导型会展项目，绝大多数都是以宁波市特色产业为主题，挤占了市场化运作展会的主题空间，提高了对境外展客商的接待规格，也对市场化运作展会选择场馆空间形成一定的制约，对市场化运作的会展项目带来一定的不利影响。

（2）政府主导型会展项目牵涉较多的人力财力。据财政局提供的数据，2012年全市政府主导型会展项目累计支出财政经费16680万元，远超过当年市场化运作项目的政府扶持性资金。政府主导型会展活动也牵涉了相关主承办部门的大量精力，尤其是展会举办前夕和正式举办期间，主要承办部门几乎投入全部力量参与组织、协调和接待工作，对政府相关部门的日常工作也带来一定的影响，个别部门在办展过程中也存在接待费用过高、相关活动投入过大等现象。

（3）政府主导型会展项目缺乏内生性发展动力。由于政府主导型会展项目的自身特点，相关承办机构将项目的公共服务、安全保障、环境氛围等作为展会的主要内容。因此，在缺乏市场竞争机制的背景下，政府主导型会展项目拓展领域、创新思路的动力不强，也导致很多展会经过多年的培育，在规模上没有太多的拓展，在主题上也反复“炒冷饭”，成为“长不大的孩子”，在一定程度上也影响了展客商优胜劣汰。此外，有些展会还出现摊派、忽视市场规律等现象，给相关企业带来一定的压力和负担。

（4）政府主导型会展项目过多不符合“十八大”精神。党的十八届三中全会召开后，中央明确提出进一步加强廉政建设，减少不必要的政府干预，放开市场准入，发挥资源在市场中的绝对作用的思路。因此，大量的资金投入到政府主导型会展项目中，行政资源过多介入产业发展，不仅干预了市场运作型会展项目的健康发展，也对党风廉政建设带来一定的不利因素。市委已将清理整顿政府主导型会展项目作为学习、贯彻落实十八届三中全会精神、改进工作作风的重要切入点。

综上所述，尽管政府主导型会展项目对宁波市会展业的发展做出了较大的贡献，但也带来一定的负面影响，存在着发展中的实际问题。因此，对政府主要性会展项目进行核查规范，不仅是党风廉政建设的重要内容，也是促进宁波市会展业可持续发展的重要举措，具有重要意义。

二、政府会展项目核查评估体系

基于上述背景，2013年9月，市政府下发了《市本级政府主导型会展项目和经费使用管理办法》，并责成市政府会展办牵头，对现有的会展项目进行评估、核查、清理，以促进我市政府主导型会展项目的健康发展。

（1）评估工作的思路。根据市领导的指示精神及文件要求，按照增质量、严标准、重实效的要求，对传统的政府主导型项目进行逐一系统评估和筛选，保留一批效果好、前景佳的重点性会展项目，整合一批交叉性、重复性的一般性会展项目，调整一批发展慢、周期短的会展项目，转型一批作用小、效益低的会展项目，停办一批投入大、绩效差的会展项目。同时从严控制新办的政府主导型会展项目，确保全市政府主导型会展项目科学、可持续发展。

（2）基本原则。本次评估工作结合全市政府主导型会展项目发展实际，重点突出以下原则。

1）坚持以展为主原则。重点对展览项目开展评估工作，突出展览项目在宁波市会展业发展中的特色及重要地位。在此基础上，做好相关会议论坛和节庆活动项目的核查评估工作。

2）重点考虑公益性项目。主要包括市委市政府相关会议确定，以及市委市政府主要领导重点明确的会展项目。以及需要政府协调和市场化运作程度低，无法通过市场化运作的项目。

3）重点考虑对经济社会的拉动作用。政府财经经费支持会展项目，重点在于通过培育项目带动经济和社会发展。因此，对经济和社会带动作用将是会展项目核查评估工作的重要考核指标。

4）重视展会项目规模档次。重点支持项目主办单位级别较高、项目规模较大，具有较强品牌效应，境内外客商结构优化的大型综合性会展项目。

5）重视展会的发展潜力。对那些已经支持多年，但发展潜力不大的项目，逐步转化为市场化运作的项目。对于符合宁波市战略性新兴产业发展提升的会展项目给予大力扶持。

6）鼓励创新举办模式的运作手段。对那些可以隔年举办、不定期举办的会展项目给予必要的重视与支持。鼓励与境外国家和地区联合举办国际化会展项目。

（3）核查范围。本次核查工作主要依据 2012 年财政提出的政府主导型会展项目经费使用一览表中列出的会展项目，共计 40 个（其中包含不定期举办、隔年举办以及部分一次性举办但可能继续申请申办的会展项目），并通过初步清理，最终集中对 19 个规模较大的项目进行重点评估。范围包括展览、会议论坛、节庆活动和相关大型活动。

（4）工作目标。根据市政府常务会议的指示精神，结合分管副市长的建议思路，本次会展项目评估工作将重点集中在以下四个方面：

1）精简政府主导型会展项目的数量。在数量方面，本着整体减少与实际需求相结合，减少不合理项目与增加必要项目相结合的原则，确保项目总量减少 1/3 以上。

2）减少政府主导型会展项目的支出。本着厉行节约的原则，在确保政府主导型会展项目在招商引展、展馆布设、展品遴选、公共服务等必要工作的基础上，重点压缩接待费用，以及举办大中型文艺性、娱乐性活动过程中支出的费用，发挥财政资金的实际效用。

3）优化政府主导型会展项目的运作。对主题相同或相近的会展项目进行科学整合，减少资源浪费和资金投入浪费，明确专门机构、专项资金和专门人才来举办政府主导型会展项目，以确保政府主导型会展项目的科学性、规范性。

4）强化政府主导型会展项目的创新。鼓励支持举办与宁波市经济和社会发展战略相结合、与战略性新兴产业相吻合，有利于现代化国际港口城市建设的专业类、综合类会展项目。支持境外参展商、客商比重较大的经贸类会展项目。

三、评估工作的主要工作内容及指标体系

2013年9月4日，市政府第32次常务会议审议了《关于进一步推进区域性国际会展之都建设的若干意见》和《市本级政府主导型会展项目和经费使用管理办法》（以下简称《若干意见》和《管理办法》）。会议强调，要着力推进调结构、促转型、抓实效，着力压减市本级政府主导型会展项目和经费，着力推动会展业从政府主导向政府引导、市场支撑转型。政府主导型展览项目评估指标体系见表5-15。

表5-15　政府主导型展览项目评估指标体系

序号	指标	权重	评分标准
1	公共需求	0.10	领导决策：市委市政府办公会议明确指示7分，市委市政府主要领导明确指示5分，其他市级领导明确指示3分，人大代表政协委员建议2分。项目公益性：配合宁波市重大发展战略项目9~10分，符合宁波市区域发展重点项目7~8分，符合宁波市文化产业及和谐社会建设5~6分。主办单位：国家商务部主办3分，国家其他部位及省政府主办2分，省政府部委办局主办1分（上述三项得分可叠加）。市委市政府领导有明确转型意见减3分，有明确市场化意见减5分
2	项目主题	0.10	符合宁波战略性新兴产业（工业倍增计划“4+4+4”，海洋、信息化等战略性新兴产业，进出口贸易）90分，符合重点及支柱产业80分，符合民生重点需求（食品、家装、汽车等）产业70分，其他60分
3	项目规模	0.10	展位面积40000平方米以上90~100分，30000平方米85分，20000平方米75分，10000平方米70分，5000平方米60分，5000平方米以下50分，其他面积不计分
4	拉动作用	0.05	对宁波经济有较大拉动作用（展品所在产业成交额在2亿元以上，旅游餐饮住宿、交通、购物有较明显拉动效应）为90分，拉动作用较好（展品所在产业成交额在5000元以上，旅游餐饮住宿、交通、购物有拉动效应）为80分，拉动作用一般（展品所在产业成交额在5000元以上）为70分，没有拉动作用为60分

续表 5-15

序号	指标	权重	评分标准
5	投入产出	0.10	投入产出比（展会面积万平方米与展会投入资金百万之比）大于0.1为90分，投入产出比（展会面积万平方米与展会投入资金百万之比）大于0.05为80分，投入产出比（展会面积万平方米与展会投入资金百万之比）大于0.01为70分，投入产出比（展会面积万平方米与展会投入资金百万之比）小于0.01为60分
6	服务管理	0.20	资金使用：结构非常合理（用于招商引展、对外宣传、展会运作经费80%以上）55分，结构比较合理（用于招商引展、对外宣传、展会运作经费70%以上）50分，结构基本合理（用于招商引展、对外宣传、展会运作经费60%以上）45分，结构不合理（用于招商引展、对外宣传、展会运作经费达不到50%）40分，有资金违规使用现象30分。市内会展专家（主要是会展中心及会展协会）评价：很好35～40分，较好30分，一般25分，不好20分。以上两项得分叠加为总分。展客商问卷调查满意度在90%以上加4分，在80%以上加3分，在70%以上加2分，在60%以上加1分（以评估报告问卷调查数据为参考）
7	发展潜力	0.05	展会规模连续三年增长（年增长规模不低于5%）为90分，连续两年增长（年增长规模不低于5%）为80分，没有增长为70分，比上一年下滑（下滑幅度高于5%）为60分，连续两年以上下滑为50分
8	国际程度	0.05	境外（国外及港澳台）展客商平均比重大于10%为90分，境外（国外及港澳台）展客商平均比重大于5%为80分，境外（国外及港澳台）展客商比重大于1%为70分，没有境外（国外及港澳台）展客商为60分
9	社会认可	0.05	社会认可度（专业类展会80%业内企业认可，综合类展会70%市民认可）非常高为90分，社会认可度（专业类展会60%业内企业认可，综合类展会50%市民认可）较高为80分，社会认可度（专业类展会30%业内企业认可，综合类展会40%市民认可）一般为65分，社会认可度（专业类展会低于20%业内企业认可，综合类展会低于30%市民认可）较低为50分
10	专家评审	0.20	专家根据陈述以及相关资料评审综合评价打分，主要包括展会的策划与管理水平、展会与同类项目相比国内外影响力、展会的资金使用与投入产出效果、展会的服务水平与综合效果等
11	总分合计	1	

政府主导型会议论坛核查评估指标体系见表5-16。

表 5-16　政府主导型会议论坛核查评估指标体系

序号	指标	权重	评分标准
1	公共需求	0.15	领导决策：市委市政府办公会议明确指示7分，市委市政府主要领导明确指示5分，其他市级领导明确指示3分，人大代表政协委员建议2分。项目公益性：配合宁波市重大发展战略项目9~10分，符合宁波市区域发展重点项目7~8分，符合宁波市文化产业及和谐社会建设5~6分。主办单位：国家其他部位及省政府主办3分，省政府部委办局和市政府主办2分，市政府相关部门主办1分（上述三项得分可叠加）。市委市政府领导有明确转型意见减3分，有明确市场化意见减5分
2	项目主题	0.10	符合宁波现代化国际港口城市建设重大主题（海洋、信息化、航口、物流、金融、贸易）90分，战略性新兴产业（工业倍增计划“4+4+4”，海洋、信息化等战略性新兴产业）85分，符合重点及支柱产业75分，符合民生重点需求（食品、家装、汽车等）产业70分，其他60分
3	规模效益	0.20	参会人员500人（以住宿床位计算）以上90~100分，400~500人85分，300~400人75分，200~300人70分，100~200人60分，60~100人50分，50人以下不计分。五星级酒店系数为1，四星级酒店系数0.9，三星级酒店系数0.8，二星级以下酒店系数0.7。境外（国外及港澳台）展客商平均比重大于10%为90分，境外展客商平均比重大于5%为80分，境外展客商比重大于1%为70分，没有境外展客商为60分
4	投入产出	0.15	投入产出比（会议论坛人数与论坛投入资金百万之比）大于5为90分，投入产出比（会议论坛人数与论坛投入资金百万之比）大于3为80分，投入产出比（会议论坛人数与论坛投入资金百万之比）大于1为70分，投入产出比（会议论坛人数与论坛投入资金百万之比）小于1为60分
5	服务管理	0.15	资金使用：结构非常合理（用于专家讲座、对外宣传、会议论坛业务运作经费80%以上）55分，结构比较合理（用于专家讲座、对外宣传、会议论坛业务运作经费70%以上）50分，结构基本合理（用于专家讲座、对外宣传、会议论坛业务运作经费60%以上）45分，结构不合理（用于专家讲座、对外宣传、会议论坛业务运作经费达不到50%）40分，有资金违规使用现象30分。市内会展专家（主要是接待酒店及对应协会）评价：很好35~40分，较好30分，一般25分，不好20分。以上两项得分叠加为总分。参会人员问卷调查满意度在90%以上加4分，在80%以上加3分，在70%以上加2分，在60%以上加1分
6	发展潜力	0.05	会议论坛规模连续三年增长（年增长规模不低于5%）为90分，连续两年增长（年增长规模不低于5%）为80分，没有增长为70分，比上一年下滑（下滑幅度高于5%）为60分，连续两年以上下滑为50分
7	专家评审	0.20	专家根据陈述以及相关资料评审综合评价打分，主要包括会议论坛的策划与管理水平、会议论坛与同类项目相比国内外影响力、会议论坛的资金使用与投入产出效果、会议论坛的服务水平与综合效果等
8	总分合计	1	

政府主导型节庆活动核查评估指标体系见表5-17。

表5-17 政府主导型节庆活动核查评估指标体系

序号	指标	权重	评分标准
1	公共需求	0.15	领导决策：市委市政府办公会议明确指示5分，市委市政府主要领导明确指示4分，其他市级领导明确指示3分，人大代表政协委员建议2分。项目公益性：配合宁波市重大发展战略项目7~8分，符合宁波市区域发展重点项目5~6分，符合宁波市文化产业及和谐社会建设3~4分。主办单位：国家其他部位及省政府主办7分，省政府部委办局和市政府主办5分，市政府相关部门主办3分，县区局主办2分，协会举办1分（上述三项得分可叠加）。市委市政府领导有明确转型意见减3分，有明确市场化意见减5分
2	项目主题	0.10	符合宁波现代化国际港口城市建设重大主题（海洋、信息化、航口、物流、金融、贸易）90分，战略性新兴产业（工业倍增计划“4+4+4”等）和文化旅游产业等85分，符合重点及支柱产业75分，符合民生重点需求（餐饮、休闲、娱乐、购物等）产业70分，其他60分
3	规模效益	0.20	参加节庆活动人员1000人（以住宿床位或门禁统计计算）以上90~100分，700~1000人85分，500~700人75分，300~500人70分，100~300人60分，60~100人50分，50人以下不计分。主活动会场为五星级酒店系数为1.1，四星级酒店系数1.0，三星级酒店系数0.9，二星级以下酒店系数0.8。境外（国外及港澳台）参与节庆活动人数平均比重大于10%为90分，境外（国外及港澳台）参加人数平均比重大于5%为80分，境外（国外及港澳台）参加节庆活动人员比重大于1%为70分，没有境外（国外及港澳台）人员参与为60分
4	投入产出	0.15	投入产出比（节庆活动人数与经费投入资金百万之比）大于1000为90分，投入产出比（节庆活动人数与经费投入资金百万之比）大于600为80分，投入产出比（节庆活动人数与经费投入资金百万之比）大于300为70分，投入产出比（节庆活动人数与经费投入资金百万之比）大于100为60分，小于100为50分。活动数量多可酌情加1~3分
5	服务管理	0.15	资金使用：结构非常合理（用于文化活动、对外宣传、展览会议论坛业务运作经费80%以上）55分，结构比较合理（用于文化活动、对外宣传、展览会议论坛业务运作经费70%以上）50分，结构基本合理（用于文化活动、对外宣传、展览会议论坛业务运作经费60%以上）45分，结构不合理（用于文化活动、对外宣传、展览会议论坛业务运作经费达不到50%）40分，有资金违规使用现象30分。市内会展专家（主要是节庆活动所在地政府、接待酒店及对应协会）评价：很好35~40分，较好30分，一般25分，不好20分。以上两项得分叠加为总分。参会人员问卷调查满意度在90%以上加4分，在80%以上加3分，在70%以上加2分，在60%以上加1分（需要有相关的资料支撑）
6	发展潜力	0.05	节庆活动规模连续三年增长（年增长规模不低于5%）为90分，连续两年增长（年增长规模不低于5%）为80分，没有增长为70分，比上一年下滑（下滑幅度高于5%）为60分，连续两年以上下滑为50分

续表 5-17

序号	指标	权重	评 分 标 准
7	专家评审	0.20	专家根据陈述以及相关资料评审综合评价打分，主要包括节庆活动的策划与管理水平、节庆活动与同类项目相比国内外影响力、节庆活动的资金使用与投入产出效果、节庆活动的服务水平与综合效果等
11	总分合计	1	

四、专家评分

依据上述指标体系，市会展办组织省内外会展专家对宁波市政府主导型会展项目进行综合评分，最终采取加权平均方法，得出宁波市政府主导型会展项目的综合评分，作为政府主导型会展项目核查评估工作的主要依据。2014 年市本级政府主导型会展项目分类情况专家打分表见表 5-18。

表 5-18　2014 年市本级政府主导型会展项目分类情况专家打分表

<table>
<tr><th colspan="2">名　称</th><th>专家1</th><th>专家2</th><th>专家3</th><th>专家4</th><th>专家5</th><th>综评</th></tr>
<tr><td colspan="2">中国海洋经济投资洽谈会</td><td rowspan="2">93</td><td rowspan="2">87</td><td rowspan="2">93</td><td rowspan="2">90</td><td rowspan="2">89</td><td rowspan="2">90.4</td></tr>
<tr><td colspan="2">浙江投资贸易洽谈会</td></tr>
<tr><td colspan="2">中国浙江宁波人才科技周(含百校千企)</td><td rowspan="3">88</td><td rowspan="3">88</td><td rowspan="3">92</td><td rowspan="3">90</td><td rowspan="3">92</td><td rowspan="3">90</td></tr>
<tr><td colspan="2">宁波高层次人才引进洽谈会</td></tr>
<tr><td colspan="2">中国宁波高新技术成果交易洽谈会</td></tr>
<tr><td colspan="2">中国宁波智慧城市应用技术博览会</td><td>89</td><td>79</td><td>91</td><td>88</td><td>88</td><td>87</td></tr>
<tr><td rowspan="4">境内外“宁波周”活动</td><td>国外重点城市“宁波周”</td><td>89</td><td>80</td><td>88</td><td>87</td><td>81</td><td>85</td></tr>
<tr><td>国内城市 “宁波周”</td><td>85</td><td>80</td><td>82</td><td>87</td><td>82</td><td>83.2</td></tr>
<tr><td>甬港经济合作论坛</td><td>88</td><td>80</td><td>85</td><td>88</td><td>83</td><td>84.8</td></tr>
<tr><td>甬台经贸活动</td><td>90</td><td>80</td><td>85</td><td>88</td><td>83</td><td>85.2</td></tr>
<tr><td colspan="2">中国宁波新材料与产业化国际论坛</td><td>90</td><td>86</td><td>86</td><td>88</td><td>85</td><td>87</td></tr>
<tr><td colspan="2">宁波大中专毕业生洽谈会</td><td>91</td><td>85</td><td>80</td><td>90</td><td>83</td><td>85.8</td></tr>
<tr><td colspan="2">宁波国际茶文化节（明州仙茗系列活动）</td><td>78</td><td>72</td><td>78</td><td>80</td><td>79</td><td>77.4</td></tr>
<tr><td colspan="2">第六届中国国际声乐节（声乐比赛）</td><td>81</td><td>74</td><td>80</td><td>80</td><td>80</td><td>79</td></tr>
<tr><td colspan="2">宁波国际服装节（宁波国际服装服饰博览会）</td><td>85</td><td>78</td><td>88</td><td>88</td><td>72</td><td>82.2</td></tr>
<tr><td colspan="2">中国国际日用消费品博览会</td><td>87</td><td>78</td><td>86</td><td>85</td><td>70</td><td>81.2</td></tr>
<tr><td colspan="2">浙江进口商品展览会</td><td>81</td><td>76</td><td>80</td><td>80</td><td>69</td><td>77.2</td></tr>
<tr><td colspan="2">中国食品博览会</td><td>89</td><td>77</td><td>78</td><td>78</td><td>74</td><td>79.2</td></tr>
<tr><td colspan="2">宁波旅游节</td><td>86</td><td>74</td><td>76</td><td>90</td><td>71</td><td>79.4</td></tr>
<tr><td colspan="2">宁波购物节</td><td>71</td><td>74</td><td>75</td><td>80</td><td>70</td><td>74</td></tr>
</table>

续表 5-18

名　称	专家 1	专家 2	专家 3	专家 4	专家 5	综评
中国宁波节能环保技术与产品博览会	70	75	72	75	68	72
民营企业对话世界 500 强	60	70	60	65	50	61
香港美食博览会	40	59	40	60	40	47.8
中国越剧节	55	58	40	58	40	50.2
中国（宁波）农民电影节	50	58	30	55	45	47.6

五、分类方案

根据上述专家评分结果，并采取额度限制、分值层次约束、整体平衡的方法，最终提出“重点项目、公益项目、转型项目、整合项目、停办项目”的分类清理规范方案（包括项目经费建议安排）。

（1）重点项目（3 个）。重点项目是指符合我市重大发展战略，具有很强的公共性、需求性或政务性，确需政府搭建平台、重点安排资金保障的项目。包括拟整合为一的中国海洋经济投资洽谈会、浙江投资贸易洽谈会，内容已整合和拟推进经费整合的中国浙江宁波人才科技周、宁波高层次人才引进洽谈会、中国宁波高新技术成果交易洽谈会，中国宁波智慧城市应用技术博览会。

（2）公益项目（5 个）。公益项目是指具有相应的公益性、公共性或需求性，不宜完全通过市场运作，还需政府挂名、部门协调或适当资金支持的项目。包括中国宁波新材料与产业化国际论坛，宁波大中专毕业生洽谈会，宁波国际茶文化节（整合明州仙茗系列活动并隔年举办一届），第六届中国国际声乐节（三年一届），境内外“宁波周”｛包括国外重点城市“宁波周”（整合包含东北亚“宁波周”），国内城市“宁波周”，甬港经济合作论坛，甬台经贸活动，每年各举办一届｝。其中，“茶文化节”期间举办的“中绿杯”评比活动，市政府与相应国家级行业协会有约定永久落户宁波；同时，按照支持“三农”的相关政策，对所有市内茶产品参展的企业实行免费。为此，该活动具有相应的公益性。

（3）转型项目（7 个）。转型项目是指在开拓产品市场、促进内外消费等方面具有一定的作用，或政府已支持举办多届，具备市场化运作基础和前景。这类项目再通过 3 ~ 5 年政府挂名、适当资助后转向市场或直接推向市场。包括宁波国际服装节（宁波国际服装服饰博览会），中国国际日用消费品博览会，浙江进口商品展览会，中国食品博览会，宁波旅游节，宁波购物节，中国宁波节能环保技术与产品博览会等。

（4）整合项目（4 个）。整合项目是指对确有保留需要，但主题和内涵相似或相近，通过项目整合、经费整合，实现资源共享、作用互补、成效叠加的会展项目。这些项目整合已体现在上述三类之中。

（5）停办项目（4个）。停办项目是指对宁波经济社会发展影响面窄，或作用不明显、需求性不强的项目。包括民营企业对话世界500强，香港美食博览会，中国越剧节，中国（宁波）农民电影节等4个。

根据市财政局对2011年经费统计，该年支出为1.79亿元左右，扣除2500万元市会展业发展专项资金和1000万元文明城市创建工作经费，实际用于政府主导型会展项目支出为1.44亿元左右。分类清理规范后，2014年需初步安排8330万元，压缩了6070万元，压缩率为42.2%。如果考虑预留部分机动经费用于新项目，建议从2014年起每年预算安排1亿元，三年内不变，以后再考虑调剂或压缩。

第五节　会展项目拉动作用测算方法

会展项目对经济具有拉动作用，已经是一个不争的事实。但如何测算会展业的拉动作用，则是一个非常关键的问题。一般测算会展业拉动作用有三种主要的算法。

一、影响展会拉动作用的主要因素

会展项目的拉动作用包括直接因素和间接因素两个方面。直接因素主要包括消费拉动等，间接因素主要包括成交以及后期的投资、贸易、市场开拓等。其中展会规模与参展商结构是主要影响因素。

（1）展会规模。一般说来，展会的规模的大小，不仅直接影响展会的收益，也直接影响展会的品牌，进而带来附加值更高的展会收益。研究表明，会展项目的效益与规模之间的关系呈现出二维关系，曲线形状呈抛物线形状。会展项目效益与规模对照见表5-19。

表5-19　会展项目效益与规模对照表　（规模：万平方米，效益：万元）

名称	项目1	项目2	项目3	项目4	项目5	项目6	项目7	项目8	项目9	项目10
规模	0.5	0.8	1	1.2	1.5	1.8	2.1	2.6	3	3.4
产值	125	240	350	480	640	900	1560	1870	2240	2870
利润	12	25	75	90	156	195	210	280	320	375

资料来源：浙江省会展行业协会。

从表5-19所提供的会展项目调研数据来看，会展项目的效益与规模之间呈现出阶梯式增大的关系。经过已有的数据描述列表，整个曲线呈现出抛物线特征。这说明，会展项目的效益与规模并不是呈现直线关系，而是呈现规律性较强的曲线关系。这也说明会展项目的效益随着会展项目的增加呈级数增长特征。

（2）参展商结构。参展商的结构直接影响参展商的消费方式，也直接影响到对当地经济的拉动作用。此外，外地参展商对拓展产品的市场也具有十分重要的意义。因此，参展商的结构对展会的综合质量有较大的影响。

（3）展会的类型。不同类型的展会不仅对展区的展位结构有影响，而且对展位的布设要求也有较大的影响。一般说来，综合类会展项目特装展位较多，消费类展会的特装展位次之，专业类展会的特装展位相对较少；现场消费较多的展会特装展位的投入较大，现场成交较少的展会特装展位的投入较小。

二、直接拉动作用

直接拉动作用主要是指展会举办期间，由于会展场馆的场地出租、展会的展位销售、门票销售、展位搭建、场地服务、广告宣传等带来的直接拉动作用。具体测算方法主要是根据展位的面积进行测算：

（1）场馆的租金。按照宁波市国际会展中心的场地价格，在正常的展会举办期间（不包括寒暑两季因气候造成的场馆租金明显折扣），每平方米的场地租金为 9 元。则展会形成的场地租金应为：场地租金 =9 元 × 展会净面积。

（2）展位销售价格。一般展会分为标准展位销售价格和光地销售价格。表 5-20 是宁波市几个主要展会的标准展位和光地的销售价格。

表 5-20　宁波市主要展会的标准展位与光地销售价格表

展会名称	标准展位价格	光地价格	展会性质
宁波食品博览会	7500 元/个	700 元/平方米	消费类
中国家居博览会	6000 元/个	650 元/平方米	消费类
宁波国际汽车展	4000 元/个	450 元/平方米	消费类
宁波国际机械博览会	8000 元/个	550 元/平方米	专业类
宁波日用消费品博览会	5500 元/个	600 元/平方米	综合类
宁波紧固件展	5000 元/个	450 元/平方米	专业类
宁波文具博览会	4500 元/个	500 元/平方米	综合类
宁波住宅产业博览会	6000 元/个	650 元/平方米	消费类
宁波智慧城市博览会	7000 元/个	550 元/平方米	综合类

资料来源：相关会展项目主办单位提供。

（3）展位搭建服务。无论是标准展位还是特装展位，都需要进行搭建服务。一般说来，标准展位的搭建和特装展位的搭建都应该是由具有一定资质的搭建企业来完成。对宁波市 2013 年度举办的相关展会的调查表明，一般标准展位的搭建在 350 元/个，特装展位则根据参展商的实力以及参展目的不同，有较大的区别。服装展、房地产展、投资贸易洽谈会等特装展位的搭建投入较高，而机械展、食品展、汽车展的搭建投入较低。表 5-21 是宁波市会展经济研究所研究人员对 2013 年宁波市主要会展项目中不同参展商特装展位搭建的投入情况进行调查得出的相关数据：

表 5-21　宁波市相关展会特装展位搭建投入情况表

展会名称	参展企业	参展面积/平方米	搭建费用/万元	平均费用/万元·米$^{-1}$	展会类别
宁波服装服饰博览会	雅戈尔	160	80	0.5	综合类
宁波服装服饰博览会	博洋家纺	120	40	0.33	综合类
宁波服装服饰博览会	罗蒙	100	40	0.4	综合类
宁波服装服饰博览会	培罗成	150	75	0.5	综合类
中国家居产业博览会	雅戈尔	200	120	0.6	消费类
中国家居产业博览会	欧琳	120	60	0.5	消费类
中国家居产业博览会	南鸿装饰	60	12	0.2	消费类
中国家居产业博览会	方太集团	60	12	0.5	消费类
中国家居产业博览会	大自然地板	150	75	0.5	消费类
中国家居产业博览会	东阳红木家私	60	12	0.2	消费类
中国家居产业博览会	尚高卫浴	60	18	0.3	消费类
中国国际食品博览会	中粮集团	300	90	0.3	消费类
中国国际食品博览会	旺旺集团	120	30	0.25	消费类
中国国际食品博览会	蒙牛集团	100	30	0.3	消费类
中国国际食品博览会	宁夏红集团	100	40	0.4	消费类
中国国际食品博览会	卡夫食品	80	40	0.5	消费类
中国国际食品博览会	光明集团	80	40	0.5	消费类
宁波文具礼品博览会	广博集团	200	80	0.4	综合类
宁波文具礼品博览会	得力集团	150	50	0.3	综合类
宁波文具礼品博览会	贝发文具	150	50	0.3	综合类
宁波文具礼品博览会	彬彬文具	80	40	0.5	综合类
宁波文具礼品博览会	韵升企业	80	40	0.5	综合类
宁波文具礼品博览会	顺其自然	60	12	0.5	综合类
宁波国际机械展览会	沈阳机床	200	10	0.05	专业类
宁波国际机械展览会	龙翔精机	150	5	0.03	专业类
宁波国际机械展览会	艾格玛	120	3	0.025	专业类
宁波国际机械展览会	台湾程泰	150	5	0.03	专业类
宁波国际机械展览会	云南机床	120	3	0.025	专业类

资料来源：相关会展项目主办单位提供。

从表中的数据可以看出，专业类会展项目的装修费用要低于综合类会展项目和消费类会展项目；机械类、电子类会展项目的搭建费用要远低于食品、服装、房地产等项目的搭建费用。这主要是因为展会的类型、展品的类型以及参加会展项目的客商群体不同而形成的差异。专业类会展项目的客商主要是考虑技术、价格等因素，不太在乎展位的搭建等因素；而消费类会展项目和综合类会展项目则由于要考虑非专业观众的整体感受，因此在场地和展位的搭建方面投入较大。

（4）安保与保洁服务。安保与保洁服务是会展活动中不可缺少的服务种类。宁波国际会展中心的安保服务主要由宁波一家安保公司负责，保洁服务则由宁波国际会展中心下属的保洁公司来完成。常规讲，展会的规模越大，单位面积配设的安保及保洁人员的数量就较少，对于相同面积的展会而言，专业类展会由于观众数量较少，因此对安保保洁人员的数量要求较少，而综合类、消费类展会优于普通观众较多，有时还会在现场发生一些实地消费，因此，需要的安保及保洁人员相对较多。另外，展会的主办单位级别越高，参加展会的高层次领导越多，安保的要求越高，因此，对于安保保洁人员的数量也要增配或高配。不同规模展会配设安保保洁人员的数量及费用见表5-22。

表5-22　不同规模展会配设安保保洁人员的数量及费用

展会名称	面积/平方米	安保数/个	费用/元	保洁数/个	费用/元
宁波国际服装服饰博览会	55000	37	37000	12	12300
宁波食品博览会	65000	38	42000	13	17000
宁波智慧城市博览会	25000	24	23000	6	4500
宁波文具礼品博览会	40000	29	42000	8	8200
宁波机械工业展览会	23000	20	20000	6	6000
外贸工厂展览会	21000	20	25000	9	9000
宁波年货展	50000	38	47000	16	16500
宁波家居博览会	60000	40	42000	12	14200
宁波茶博会	18000	23	25000	10	7500
宁波国际住宅产业博览会	58000	38	40000	12	12000

资料来源：相关会展项目主办单位提供。

从上述的表格提供的数据看，中国食品博览会、中国国际服装服饰博览会、中国家居博览会等会展项目不仅面积大，而且属消费类会展项目或消费类为主的综合性会展项目，因此，需要的安保人员和保洁人员的数量较多。智慧城市博览会、文具礼品博览会虽然也属综合类会展项目，但是是以贸易类为主的综合性会展项目，因此，需要的安保及保洁人员相对数量较少。而机械展、外贸工厂展属专业类会展项目，因此，需要的安保人员与保洁人员的数量就相对较少。

三、直接拉动作用测算

直接拉动作用测算主要包括在展会举办期间由于参展商及客商的集聚所形成的交通、餐饮、住宿、展位销售、广告收入、门票收入、商务收入、旅游收入等。

（1）参展商直接拉动。为进一步科学测算展会举办期间由参展商带来的直接拉动作用，宁波市会展经济研究所的研究人员于 2010～2013 年针对浙江省相关会展项目，对来自境内外不同地区参展商的消费情况进行调查（调研对象指参展商采购一个标准展位，派出 2 名参展商参展）。不同来源的参展商消费情况分类计算见表 5-23。

表 5-23　不同来源的参展商消费情况分类计算表

项　目	市内	省内	区内	国内	境外	国外	备　注
展位	6000	6000	6000	6000	6000	6000	
广告	150	600	1000	1500	2000	2000	含礼品等
住宿	0	1800	3200	3500	4000	5000	
餐饮	90	2400	2800	3000	3500	5000	
交通	120	1200	2400	3800	6500	12000	
旅游	0	0	1000	2000	3000	3000	
购物	0	0	1600	2000	2500	4000	
商务	70	1000	1000	2000	3000	3000	
其他	30	500	1000	1000	2000	2000	休闲娱乐
累计	6460	13500	20000	24800	32500	42000	

（2）客商的直接拉动作用。尽管客商没有参展商带来的直接拉动作用大，但同样也能够带来一定的消费拉动。不同来源的客商消费情况分类计算见表 5-24。

表 5-24　不同来源的客商消费情况分类计算表

项　目	市内	省内	区内	国内	境外	国外	备　注
采购	2000	2000	3000	3000	5000	5000	
广告	150	600	1000	1500	2000	2000	含礼品等
住宿	0	1800	3200	3500	4000	5000	
餐饮	90	2400	2800	3000	3500	5000	
交通	120	1200	2400	3800	6500	12000	
旅游	0	0	1000	2000	3000	3000	

续表 5-24

项　目	市内	省内	区内	国内	境外	国外	备　注
购物	0	0	1600	2000	2500	4000	
商务	70	1000	1000	2000	3000	3000	
其他	30	500	1000	1000	2000	2000	休闲娱乐
累计	2460	9500	17000	21800	31500	41000	

鉴于上述分析，在宁波市的具体评估实践中，我们对参展商结构对城市消费直接拉动作用的计算方法为一个国外参展商 =6 个市内参展商；一个境外参展商 =5个市内参展商；一个省外参展商 =3 个市内参展商；一个市外参展商 =2 个市内参展商。

上述的测算也表明，来自不同地区的参展商，自身的消费对展会举办地的直接拉动作用也不尽相同。一般说来，来自境外的展客商到宁波参展，对旅游、购物、商务洽谈的兴趣较浓厚，而国内省外城市的展客商也有较大的兴趣，但购物旅游的花费则较境外展客商有明显的降低。省内展客商则对旅游、购物的兴趣较低。

四、间接拉动作用测算

间接拉动作用除包括直接拉动作用外，还包括为直接拉动作用提供支撑的场馆建设、会展服务等方面的收入与投资，会展项目带来的销售额的提升以及境内外投资等方面形成的 GDP 收益。

指标体系中各个指标的重要性一般是不同的，其权重的确定有很多方法，如统计调查法、德尔菲法、AHP 法等。根据区域会展业发展对经济拉动作用评估的特点，采用德尔菲法确定各指标的权重。

选择20 位会展业领域的专家，每一个专家提供一份各一级指标的 F_i 值，其中 F_i 的值是1、2、3、4 中间的某个数，即 $F_i \in \{1、2、3、4\}$。其中，最重要的指标，其 F_i 的值为1；最次要的指标，其 F_i 的值为4。将第 k 位专家就指标 i 所给定的指标重要性记为 $F_{ik}(i = 1,\cdots,4;\ k = 1,\cdots,20)$，见表 5-25。

表 5-25　第 k 位专家的 F_i 值评定表

指标序号	1	2	3	4
重要性序列值	F_{1k}	F_{2k}	F_{3k}	F_{4k}

按专家提供的指标重要性序列值 F_i 进行统计，当 $F_{ik}/F_{jk} \geqslant 1$ 时，记 $S_{ijk} = 1$；$F_{ik}/F_{jk} < 1$ 时，记 $S_{ijk} = 0$。将20 位专家的 S_{ijk} 值累加，即：

$$S_{ij} = \sum_{k=1}^{20} S_{ijk} \qquad (i,\ j = 1,\cdots,4)$$

组成优先得分统计表，见表5-26。

表5-26 优先得分统计表

指 标	1	2	3	4
1	S_{11}	S_{12}	S_{13}	S_{14}
2	S_{21}	S_{22}	S_{23}	S_{24}
3	S_{31}	S_{32}	S_{33}	S_{34}
4	S_{41}	S_{42}	S_{43}	S_{44}

记 $S_i = \sum_{j=1}^{4} S_{ij}$，令 $S_{\max} = \{S_1,\cdots,S_4\}$，$S_{\min} = \{S_1,\cdots,S_4\}$。显然，与 $S_{\max}$ 相对应的指标重要性程度最高，指标重要性程度为 $\alpha_{\max}$；与 $S_{\min}$ 相对应的指标重要性同其他指标相比是最低的，相应的指标重要程度为 $\alpha_{\min}$。设 $\alpha_{\max} = 1$，$\alpha_{\min} = 0$。计算级差 $d = \dfrac{S_{\max} - S_{\min}}{\alpha_{\max} - \alpha_{\min}}$，则各指标重要程度 α_i 的计算公式为：

$$\alpha_i = \frac{S_i - S_{\min}}{d} \qquad (i = 1,\cdots,4)$$

于是，得到一级指标的权重 $A = (\alpha_1,\cdots,\alpha_4)$，当 $\sum_{i=1}^{4} \alpha_i \neq 1$ 时，进行规一化处理。

用此方法可同样确定二级指标的权重。

会展业发展对经济拉动作用的评估体系是由不同统计指标构成的综合评估指标体系。因此，在计算综合评估指数的过程中，数据必须进行无量纲化处理，即通过对各指标数据进行标准化处理，以消除量纲，将其转化为无量纲、无数量级差别的可以进行比较和运算的标准分值。无量纲化有多种方法，考虑到直观性、简单性和可行性等因素，我们采取标准化方法消除数据量纲的影响。标准化公式为：

$$y_{ij} = 60 + \frac{x_{ij} - \bar{x}_j}{s} \times 10$$

式中，x_{ij} 表示第 i 地区的第 j 项统计指标统计值；$\bar{x}_j = \frac{1}{11}\sum_{i=1}^{11} x_{ij}$，表示第 j 项统计指标的平均值；$s = \sqrt{\frac{1}{10}\sum_{i=1}^{11}(x_{ij} - \bar{x}_j)^2}$，表示标准差；$y_{ij}$ 表示无量纲化后第 i 地区的第 j 项统计指标值。

采用线性加权法对评估目标进行综合评估。反映第 i 地区总评估目标的评估公式为：

$$U_i = \sum_{j=1}^{35} y_{ij} \times W_j$$

式中，W_j 表示第 j 项统计指标的权重，W_j 满足 $\sum_{j=1}^{35} W_j = 1$，$0 < W_j < 1$；U_i 表示第 i 地区的综合评估指数。

本研究以中国宁波国际住宅产业博览会作为研究对象，经过分项计算，最终得出相关的拉动作用数据（见表 5-27）。

表 5-27　中国国际住宅产业博览会拉动作用测算表

序　号	项　目	拉动作用数据	计算方法
1	场馆租金	243.6 万元	58000 × 7 × 6
2	标准展位销售	600 万元	1000 × 6000
3	特装展位销售	2080 万元	650 × 32000
4	门票销售	75.2 万元	10 × 75200
5	展位搭建	35 万元	350 × 1000
6	赞　助	120 万元	统计获得
7	参展商交通	312 万元	52000/20 × 1200
8	参展商住宿	390 万元	52000/20 × 1500
9	参展商餐饮	260 万元	52000/20 × 1000
10	参展商购物	240 万元	调研估算
11	参展商旅游	320 万元	调研统计
12	客商交通	1520 万元	160 × 95000
13	客商住宿	950 万元	1000 × 95000 × 10%
14	客商餐饮	1520 万元	160 × 95000
15	客商旅游	950 万元	1000 × 95000 × 10%
16	客商购物	570 万元	600 × 95000 × 10%
17	会展场馆水电	17 万元	调研数据
18	安保费用	4 万元	调研数据
19	保洁费用	1.2 万元	调研数据
20	广告收入	260 万元	调研数据
21	广告支出	180 万元	调研数据
22	印刷费用	1360 万元	抽样统计预测
23	企业装修	1.6 亿元	32000 × 0.5
24	现场饮料收入	12.5 万元	调研数据
25	展位设计费用	1600 万元	抽样统计预测

续表 5-27

序号	项目	拉动作用数据	计算方法
26	物流运输费用	312 万元	抽样统计预测
27	接待费用	120 万元	企业提供
28	礼品赠品费用	20 万元	企业提供
29	现场文艺活动等	20 万元	企业提供
30	商务活动	600 万元	抽样统计预测
31	其他配套活动	1000 万元	抽样统计预测
32	不可预测费用	1000 万元	估算
	总　计	32609. 52 万元	

从上述的相关数据计算可以得出，中国宁波国际住宅产业博览会对经济的直接拉动为 32692. 5 万元。上述数据应属保守数据，如果展会的参展商结构和客商结构等能够得到进一步优化，那么拉动作用的效果将更为明显。

第六节　参展商满意度调查分析

参展商是会展项目的主要构成要素。参展商对展会的品牌、主题、展位布设、展品遴选、宣传推介、现场管理以及服务体系等方面是否满意，直接影响到参展商的参展决策。因此，参展商的满意度既是展会办展质量的直接反应，也影响着下一届会展项目的举办工作。因此，系统科学了解参展商的满意度对科学举办会展项目具有重要意义。参展商满意度调查是了解参展商对展会态度的最直接手段。

一、调研背景及意义

本研究主要基于高速发展的会展业以及会展业对经济带动效应的背景，通过研究第十七届宁波国际服装服饰博览会（以下简称服博会）的参展商满意度，旨在对宁波地区的服装经济、文化等方面能够产生较大的推动作用。

（1）调研背景。会展业虽然是一个新兴的产业，但是带给整个城市的经济效益是非常显著的。因此，很多国家和地区积极发展城市的会展产业。会展业的发展也成为发展该城市经济的主要战略之一。同时，会展促进了通信、旅游、广告、酒店、餐饮、房地产和城市建设等一系列产业的发展，孕育和发展了新的产业门类。

近几年，在中国举办的会展数量较快增加，并且已经初步形成了以北京、上海、广州等为中心的五大会展产业带；而参展商作为会展经济效益实现的关键主体，其对会展的满意与否将直接影响到其是否连续参展以及展会对于专业观众的吸引力，而参展商的连续参展与专业观众的数量和质量是展会品牌价值实现的根本保障。因此，参展商的满意度无论是对于展会的组织者还是参与其中的相关主体都有着十分重要的研究意义。随着我国展览业的竞争加剧，展会的分类将更细致，展会主办方将更加注重展会的质量，这也使得维护和提高客户的满意度及忠诚度成为了展会研究的新焦点。

宁波服博会是服装节的重中之重，是服装节扶持产业的核心平台，在区域社会经济的发展中发挥着十分重要的作用。虽然宁波的服博会逐渐发展壮大，并形成一定的影响力，但是问题已日益凸显。服博会应该思考如何能在众多会展中脱颖而出，形成自己的特色，并持续发展下去。这就要求我们更加注重展会举办的每一个细节。这其中，参展商和观众对展览服务的满意度直接影响着展会的成功举办，同时参展商在服博会的价值营销链中处于核心的位置，所以基于参展商视角的满意度调查研究对宁波服博会的持续发展有着重要意义。

（2）调研意义。展览会成功的实质就是吸引参展商和专业观众参展，因而展览会获得成功的重要保障就是得到参展商和专业观众的支持。其次，参展商和专业观众是展览业发展的核心问题。而参展商的数量和质量决定着展览会的影响力和展会组织者的收益，同时它也是决定展览会成功与否的关键，如果展会让前来的参展商感到满意，在一定程度上能扩大展会的影响力。所以研究参展商满意度，可以给展览会主办方和举办地，根据参展商对展会现场服务感知的差异做出判断，提供针对性的服务，不断努力满足参展商对展会的现场服务需求，科学地改进办展环境，持续不断的提高展会质量，吸引更多的潜在参展商前来参展，丰富展会参展商的类型，从而壮大展会的规模，形成展会发展周期性的良性循环。为主办方在激烈的展会竞争中获得更多的经济效益和社会效益。

另外，学术界从不同专业、不同层次对展览业展开了相当多的研究，但以定性描述居多，实证研究较少，尤其是针对服博会的参展商的实证研究还相当少。本文的结论希望可以为宁波服博会的健康发展提供可行的理论及实证依据。

（3）调研目的及方法。

1）调研目的。本文在梳理国内外展会现场服务和参展商满意度文献的基础上，设计问卷，选取了宁波服博会的参展商进行问卷的发放，主要以参展商为目标展开实证研究。本研究包括以下几个目的：

① 分析服博会的发展现状、特点、作用及满意度对服博会的作用。

② 梳理参展商满意度测评的方法，构建宁波服博会参展商满意度指数模型及其相应的测评指标体系。

③ 对参加2013年第十七届宁波国际服装服饰博览会的参展商的参展目的、展会各项指标的满意度，及二者与重复参展的关系进行分析。同时对参展商的满意度和重要度进行对比分析，找到宁波服博会的优势及劣势所在。

④ 从主办方视角，提出一些可行性的提高参展商满意度的策略，提高参展商的参展效益，同时也为主办方的招展工作提供参考。

2）调研方法。本文以国内外相关研究成果与实践为基础，通过对文献系统性的比较与动态分析，运用定性分析、理论与实践相结合的调查研究的方法。

① 问卷调查法。问卷调查法指采用自填式问卷的方法，是研究中用来收集资料的主要手段，它可使研究者得到巨大的量化资料，该种方法不涉及研究伦理的问题。本研究问卷，从参展商满意度六个维度对参展商的参展意愿、参展动机、行为特征进行了调查。

② 访谈法。访谈法是研究者通过口头谈话的方式从被研究者那里收集第一手资料的一种研究方法。本研究的访谈对象主要有参展商、专业观众及展览公司员工等。对参展商和专业观众的访谈主要为半结构型和一次性访谈，以收集事实性信息为主。

③ 观察法。观察法是指带着明确目的，用自己的感官和辅助工具去直接地、有针对性了解正在发生、发展和变化着的现象。按照观察中研究者所处的位置或者所采取的角色可以区分为参与型观察与非参与型观察；根据观察者与观察对象的接触方式来分，可以分为直接型观察和间接型观察。本研究以非参与型的直接观察为主，直接观察主要在服博会的现场对举办的整个过程进行观察，包括参展商、专业观众的行为、主办方服务及其处理紧急事故的过程进行观察。

④ 定量分析方法。本文在实地调查以及文献分析的基础上，采取理论分析和实证分析相结合、定性分析和定量分析相结合的方法。本研究的数据分析采用SPSS19.0，对采集到的样本进行分析。

二、参展商满意度的概念综述

本文的研究问题是参展商满意度，并且从第十七届宁波国际服装服饰博览会的视角展开数据理论分析，本文将围绕参展商和满意度这部分进行文献综述，通过在中国知网、万方数据、维普期刊、Google scholar、Springer 外文期刊等重要学术期刊及报纸数据库中进行多角度的搜索，以及浏览大量的网页、网络 BBS、微博和直接参与第十七届宁波国际服装服饰博览会等多种途径，对搜集到的有关于参展商满意度方面的相关资料进行总结，以期从中找出对本研究问题有价值的理论依据。

目前，国外对参展商的研究相对比较关注，但查阅相关文献其中专门针对参展商满意度、展会评价或参展商需求方面的研究却相当有限。因而可以考虑从围绕已有的满意度定义着手，开展对参展商满意度研究的相关综述。Westbrook（1978）认为满意是顾客对从购买商品所获得的绩效与之前期望的一种比较，若实际绩效超过或等于之前的期望，顾客会产生满意。Tse（1988）认为消费者对于某件事情会有一个事先期望与感知效果，消费者会对两者之间差距做出的评价反应就是顾客满意度。Kotle（1996）认为顾客满意度是消费者对产品质量的感知与其之前的期望相互之间的比较，是知觉与期望两者之间的一种差异化函数。

因此，本研究结合满意度的相关概念，从参展商的角度综合现有的相关研究，将国外涉及与参展商满意度相关的内容研究归纳为参展商满意度研究、参展商参展目的的研究、展览会的绩效评估。参展商参展目的的实现，有利于参展商对所参加的展览会的满意度的提高。

通过对国内外参展商满意度相关研究的综述可知，国外关于参展商的研究起步早于国内，虽然专门针对参展商满意度的文献并不是很丰富，但是与满意度有关的参展商的参展目的、参展效益测评的研究比较充分，对进一步全面深入地研究参展商满意度做了较充实的基础研究。国内虽然对参展商满意度的研究起步较晚，但是通过对国外参展商满意度相关研究的借鉴，已对参展商满意度进行了一些科学定量的研究。因而使本论文既可以借鉴国外较为丰富的理论基础，又可以弥补国内的参展商满意度，特别是针对宁波服博会参展商满意度研究的不足。

本文在实证研究阶段，以第十七届宁波国际服装服饰博览会为研究对象，以参展商为调查样本，通过问卷调查收集数据，并运用 SPSS19.0 软件对数据统计分析，得出会展服务质量的相关提升建议。总体而言，本文的调查研究，有助于主办方明确参展商的需求和服务质量改进的具体方向，提高核心竞争力。

三、第十七届宁波国际服装服饰博览会的实证研究

（1）宁波国际服装服饰博览会的概况。宁波国际服装服饰博览会简称“服博会”，是 UFI 国际认证品牌、中国国家商务部 A 级展会、中国最具影响力品牌展会、宁波国际服装节的重要经贸活动。服博会以“创意宁波、霓裳东方”为主题，以“打造中国服装名城”为宗旨，以国际化、品牌化、专业化、市场化为方向，通过举办产品展示与交易、产业合作与交流、趋势发布与论坛等活动，使宁波成为纺织服装生产的基地、交流的中心、发布的窗口，不断提高宁波服装产业国际国内影响力。

宁波是“红帮裁缝”之乡，中国近代服装业的发祥地，中国的第一套西服、第一件中山装、第一家西服店、第一部西装裁剪书都出自宁波。如今，宁波已成为中国最大的服装生产基地、中国服装品牌基地和出口服装品牌基地。宁波拥有各类服装生产企业 3000 余家，年产服装近 15 亿套，占全国服装总产量的 13% 以上。涌现了雅戈尔、杉杉、罗蒙、唐狮、洛兹、太平鸟、培罗成 26 个中国驰名商标和 20 个中国名牌。第十七届宁波国际服装节以“创意宁波、霓裳东方”为

主题，秉承“依托产业、服务产业、提升产业”的宗旨，通过举办服装展览交易、时尚发布、趋势展示、对接洽谈等专业经贸活动，引领产业时尚，促进产业转型，积极打造纺织服装产业发展和创新驱动服务平台，不断提升宁波服装和城市品牌。

（2）调研设计过程。

1）研究对象与研究范围的确定。本研究的研究对象选定为参加服博会的参展商，主要涉及参加第十七届宁波国际服装服饰博览会的参展单位。考虑到每一个参展单位既包括高层、中层及基层管理者，同时也包括一般的员工，作为本研究的填写问卷的对象，他们会因为在公司担任的职务、工作职能的不同而对服博会的满意度有所不同，所以本研究的调查对象不仅仅局限地把一个参展商单位作为一个样本，而是尽可能在一个参展单位选取多个层次不同的对象作为研究样本，以此来确保对整个服博会满意度的测评更加全面。

2）问卷设计。问卷设计中量表的设置主要是在参考了国内外的专家学者在该领域的相关研究文献，结合了服博会的实际情况与本文研究目的，同时也与业内的专家学者展开了积极探讨，在听取多方意见的情况下设计了本问卷。设计主要流程为：国内外相关文献阅读—理论分析 + 专家咨询—确定关键变量—初步拟定问卷—问卷前测（小规模）—修改定稿形成最终问卷，通过这个过程使调查问卷在符合研究目的同时还保证问卷的科学有效性。

首先，本研究在阅读大量相关国内外文献的基础上，找出了关键变量行业环境、参展商满意度、参展忠诚、品牌形象、参展预期、感知质量、感知价值，并借鉴前人成熟的量表，结合本研究的目的，初步形成了调查问卷，在征询了相关专家意见后对问卷进行了一定的调整和优化。随后，本研究在正式进行问卷调查前，通过对以往部分参加过服博会的参展商进行了问卷前测，删除了部分询问项，并根据反馈意见进一步完善问卷某些问项的语句、语意、表达方式等，尽量消除歧义，最后形成最终调查问卷。

最终问卷主题内容主要涉及有形性、可靠性、反应性、保证性、移情性、补救性六个变量，并对相关问项测量采用了李克特（Likert）五点评分表对满意度研究涉及因子进行量化。

（3）问卷实施及收集。本研究涉及的研究对象是第十七届宁波国际服装服饰博览会的参展商，因而本人以参加本届展会的参展商为主要研究对象，主要通过问卷的发放与收集和访谈的形式收集数据，在 2013 年 10 月 26 日至 2013 年 10 月 27 日（展会最后两天）服博会期间进行现场发放，在参展商填写过程中，尽量保证被访者在不受干扰的条件下进行，调查人员在调查过程中对相关问题做必要的解释。

本次调查共计发放问卷100份，收回92份，有效问卷90份，回收率92%，有效率97.83%，完成的总体情况良好（由于本次发放问卷数量有限，所以在发放问卷时，有针对性的随机选择参展商进行调查）。

（4）样本基本特征。在进行实证分析之前，本人对回收的90份有效问卷进行描述性分析和说明，以考察服博会参展商样本的基本情况，具体统计情况如以下图表所示：

1）性别。本次调查抽样中，男女性别比例相对均衡，其中男性略多，有56人，占到62%，女性略少，有34人，占38%（如图5-2所示）。

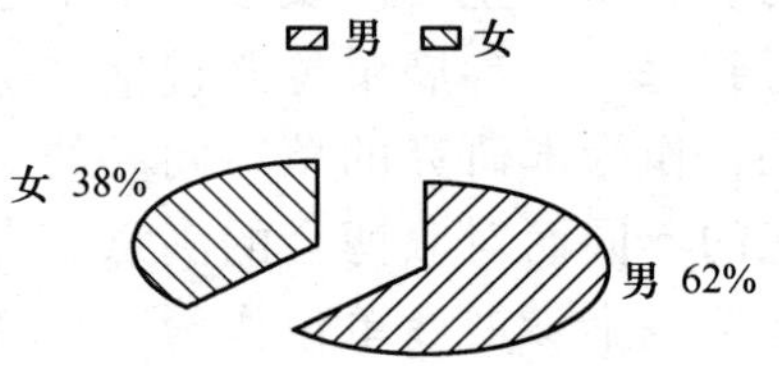

图5-2　性别比例图

2）年龄。在所抽查的参展商样本中，主要以中青年为主，其中年龄分布在21～40岁之间的人群最多，占到总人数的五成，比例达到57.78%，其次是年龄在41～60岁之间的人群，所占比例为35.56%，年龄在20岁以下的人群占2.22%，61岁以上人群占4.44%（如图5-3所示）。

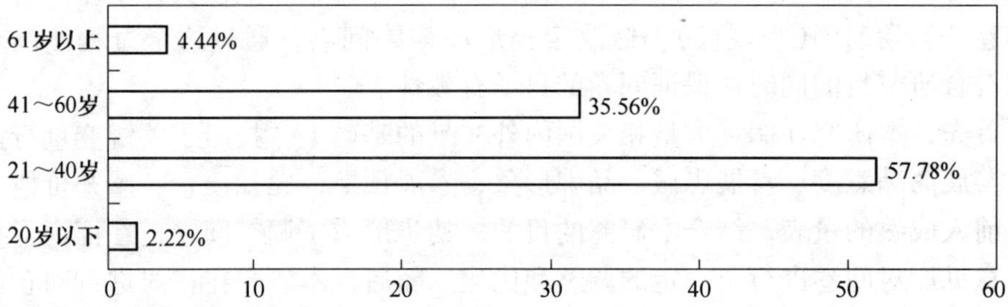

图5-3　年龄比例图

3）来自地区。此次抽取的服博会参展商的样本中，主要以宁波本土企业为主，占到57%，其次是中国大陆（非宁波）占到22%，值得一提的是，来自港、澳、台的地区占到18%，还有来自国外的参展商占到3%。

4）担任职务。填写该问卷的人员在单位所担任职位中高层管理者占14%，中层管理者占36%，基层管理者占20%，一般员工占30%（如图5-4所示）。

5）参展次数。关于参展次数，1次的占17.78%，2次的占25.56%，3～5次的占40%，6～10次的占11.11%，10次以上的占5.55%（如图5-5所示）。

6）获取信息的渠道。调查结果显示，22%的参展商是经其他参展商邀请获知本次参展信息的，7%是从展览会的宣传广告获悉的，39%是受主办方邀请而来的，另外32%的参展商则是通过其他的信息渠道。

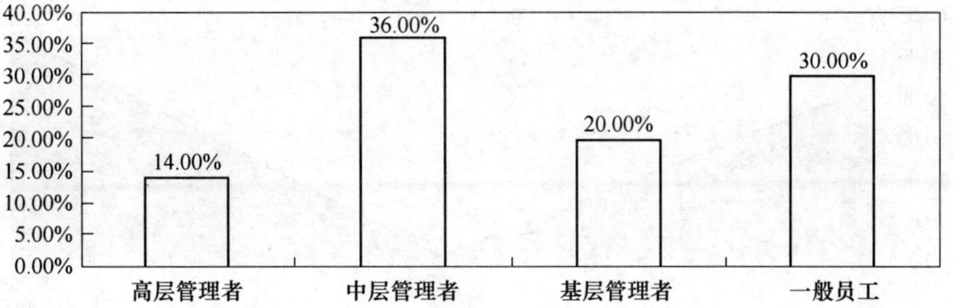

图 5-4 担任职务比例图

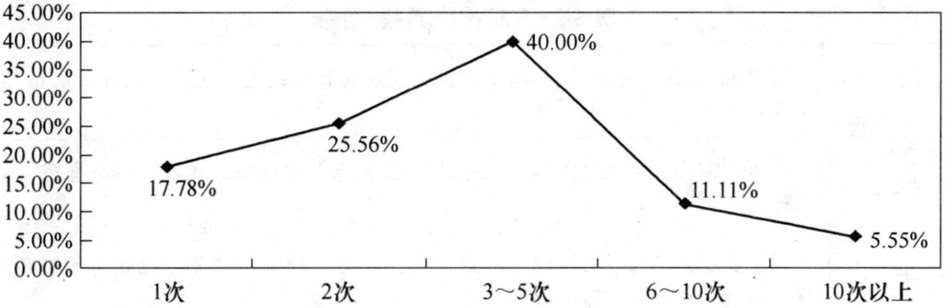

图 5-5 参展次数分布图

7）满意度。调查发现，对于本届服博会，不满意的参展商占 56%，26% 的参展商觉得一般，9% 和 7% 的参展商觉得满意和非常满意，另外有 2% 的参展商感到非常不满意（如图 5-6 所示）。

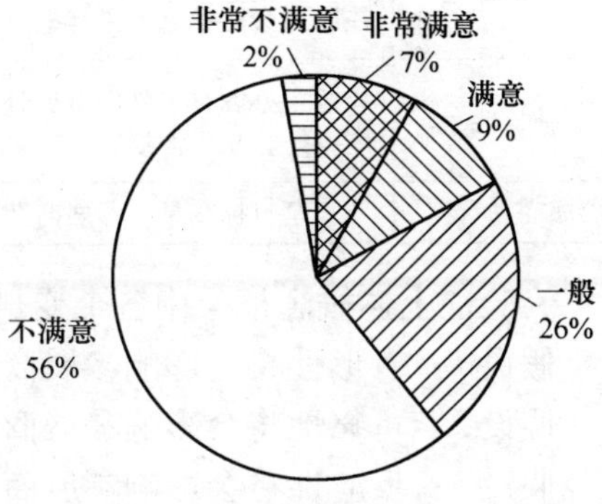

图 5-6 满意度情况分布图

8）是否愿意继续参展。最终调查显示，42.22% 的参展商愿意继续参加下一届服博会，而 55.56% 的参展商不确定是否下一届会再来，只有 2.22% 的参展商明确表示不会参加下一届服博会（如图 5-7 所示）。

本次调查样本涉及不同类型、来自不同区域、不同规模、不同参展次数的参展商。因此，本次样本调查具有一定代表性。

（5）服博会参展商满意度调研概念框架设计。本研究中，结合国内外会展的研究成果，以调研数据为支撑，构建宁波服博会参展商满意度调研概念框架，见表 5-28。

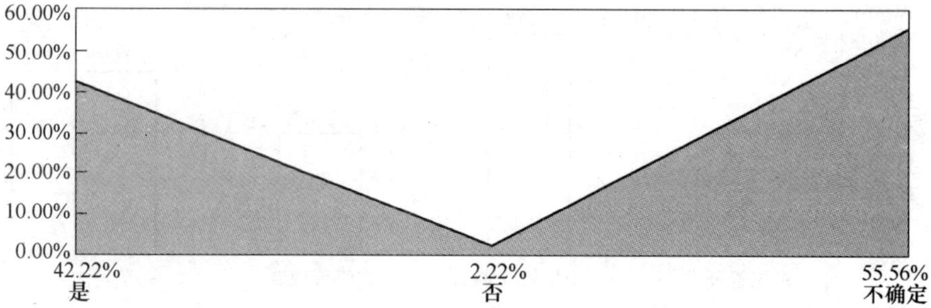

图 5-7　是否愿意继续参展

表 5-28　结构变量描述图

有形性	参展商对实际感知的实体物质，以及服务的有形设施的感知，比如对展馆的设施，工作人员着装与仪态的感知
可靠性	参展商对服博会主办方执行所承诺的服务能力的感知，比如对商务服务、服务热线畅通情况等服务的感知
反应性	对主办方愿意帮助参展商并能迅速提供服务的能力的感知，比如对参展商投诉处理、提供服务的及时性的感知
保证性	对工作人员的服务态度及其素质的感知，并且其工作能力能够增加参展商的信赖，比如对突发事件的处理能力
移情性	参展商对于主办方所提供个性化服务并且能够满足顾客的需求的感知，比如提供往届展会的信息、邀请拥有先进技术的企业参展
补救性	对主办方在事件发生后补救能力的感知，比如是否采用合理的方式进行补救，态度良好，积极沟通
参展商满意度	这是目标变量，参展商期望与参展后实际感知相比较后的满意

为验证上述概念框架中各个变量之间的因果关系，我们设立了如下假设：

假设 1：有形性将会影响参展商满意度。

假设 2：可靠性将会影响参展商满意度。

假设 3：反应性将会影响参展商满意度。

假设 4：保证性将会影响参展商满意度。

假设 5：移情性将会影响参展商满意度。

假设 6：补救性将会影响参展商满意度。

为验证上述的调研假设，我们首先对调研概念框架中的 6 个理论变量，即展会的有形性、可靠性、反应性、保证性、移情性、补救性、参展商满意度等概念进行了自定义。也就是说对这 6 个变量设置了测量变量，而这些测量变量都是通过文献考察结果中得到的量表尺度进行探索性因子分析和确认性因子分析之后，加以调整而获得的。

四、实证分析过程

在实际调查中，我们通常希望通过尽可能多的测试变量获取比较全面的信息，这样就会导致测试变量过多，给我们实际分析带来困难。因此，我们在对数据进行其他分析之前先进行因子分析，使用主成分进行公因子的提取。

（1）问卷整体信度分析结果。信度分析法是用来综合评价使用量表是否具备良好的稳定性和可靠性的分析方法，通过对所得数据进行分析可以得出量表的Cronbach系数，该系数值的大小反映了量表的信度的高低。使用SPSS19.0对本研究所得的数据进行分析得到本研究调查所用的感知特征量表5-29的Cronbach系数为0.912，满足Cronbach系数大于0.6的标准，充分说明本研究的量表有较高的可靠性和稳定性。

表5-29 感知特征量表

Cronbach's Alpha	项 数
0.912	27

（2）各变量信度分析结果。根据表5-30中问卷各个变量信度分析结果可知，所有变量的Cronbach's Alpha值均大于0.7，根据Nunally（1978）的理论，克朗巴哈a值高于0.8即表明测量的一致性程度较高，量表具有较高的信度。故本研究编制的量表具有较高的信度，各个变量的可信度都达到了可接受的水平。

表5-30 各结构变量的信度分析表

结构变量	Cronbach's Alpha	结构变量	Cronbach's Alpha
有形性	0.723	保证性	0.705
可靠性	0.861	移情性	0.835
反应性	0.802	补救性	0.892

（3）量表的效度分析。数据能否进行因子分析是有一定前提条件的，因此在进行因子分析之前要对量表进行分析判断，一般通过两个检验结果来判断是否适宜进行因子分析，分别是KMO检验（Kaiser-Meyer-Olkin）和巴特利特（Bartlett）球形检验，KMO值一般分布在0~1之间，其值越大越适宜进行因子分析，一般要大于0.6，巴特利特球形检验结果要求在0.05水平下显著。对27条参展商感知测试语句分析的结果显示（见表5-31），KMO值为0.923，大于0.6，且巴特利球形检验的显著性P值小于0.05，即数据相关矩阵不是单位矩阵，适宜性分析的结果充分说明了数据适宜进行因子分析。

表 5-31　KMO 和 Bartlett 的检验

取样足够度的 Kaiser-Meyer-Olkin 度量		0.923
Bartlett 的球形度检验	近似卡方	783.802
	df	456
	Sig.	0.000

我们通过问卷调查收集到 90 份反馈的有效资料，根据这些资料采用了 SPSS19.0 统计软件对所设计的理论变量的信度和效度进行了统计分析，其中，对变量的信度和效度分析结果见表 5-32。

表 5-32　变量的信度及效度分析结果

理论变量	测量变量序号	因子 1	因子 2	因子 3	因子 4	KMO 值	Bartlett 检验
有形性	5	0.655	0.255	0.129	0.138		
	6	0.882	0.165	0.318	0.029		
	7	0.727	0.397	-0.105	-0.161		
	9	0.723	0.206	0.229	0.194		
可靠性	10	0.121	0.710	0.097	-0.043		
	11	0.288	0.808	0.157	0.077		
	12	0.356	0.721	0.301	0.144		
	13	-0.276	0.628	0.243	0.004	0.726	($2^2=783.802$, $P=0.000$)
	14	0.170	0.685	0.345	0.041		
反应性	15	0.384	0.178	0.821	0.141		
	16	0.237	0.291	0.685	0.177		
	18	0.480	0.299	0.550	0.114		
补救性	28	0.606	0.110	0.276	0.526		
	29	0.210	-0.045	0.102	0.875		
Cronbach's		0.826	0.817	0.725	0.727		

从表 5-32 变量的信度及效度分析结果中，我们发现原来从文献考察所得到的理论变量中，服博会的保证性和移情性不满足要求，所以剔除掉。这样我们就由原来服博会的 6 个理论变量调整为现在的 4 个理论变量。这些变量之间的相关分析结果见表 5-33。

表 5-33　变量之间的相关分析结果

变　量	可靠性	满意度	便利性	响应性
有形性	1.000	0.437**	0.497**	0.506**
可靠性	0.437**	1.000	0.651**	0.231

续表 5-33

变 量	可靠性	满意度	便利性	响应性
反应性	0.497**	0.651**	1.000	0.428**
补救性	0.506**	0.231	0.428**	1.000

注：**为 $\alpha<0.01$ 时有意义。

通过对表 5-33 的变量之间的相关分析，我们得出 4 个理论变量之间的相关系数中，服博会反应性与可靠性的相关关系，其相关度较高。有形性与补救性的相关关系，可靠性与反应性的相关关系，反应性与有形性的相关关系，补救性与反应性的相关关系等，都在显著水平 $\alpha<0.01$ 时有效。

五、实证研究结果

为了假设检验我们以参展商满意度为因变量，以服博会的有形性、可靠性、反应性、补救性为自变量，分别进行了回归分析，其结果见表 5-34。

表 5-34 变量之间因果关系假设检验结果

因变量	自变量	Beta 值	t 值	t 值显著性水平	R^2 值	F 值	F 值显著性水平
满意度	有形性	0.484	3.006	0.004	0.234	12.687	0.000
	反应性	0.651	3.137	0.003	0.213	14.235	0.000
	补救性	0.231	4.653	0.000	0.053	2.254	0.127

由表 5-34 可知，假设服博会有形性与参展商满意度的相关成立，假设服博会的反应性与参展商满意度的相关成立，而假设服博会的补救性与参展商满意度的相关性不成立。

结合以上数据分析，我们可知对于此次第十七届宁波国际服装服饰博览会的参展商而言，总体效果是非常满意的，特别是他们对于服博会的品牌形象以及行业环境有较高的评价，但是对感知价值的满意度相对而言不是很高，可能参展商们认为展会缺乏创新性，展位费较高等因素造成的。

另外经过对参展商行为特征的定量分析，本文总结了参展商的行为特征对主办方的启示，具体见表 5-35，还有几点需要进一步强调：

（1）服装企业参展的主要目的是建立新的商业联系，以及宣传新产品。因而，参展商的价值需要通过组织适量的专业观众才能实现。虽然参展商是主办方的利润来源，但是有效的组织专业观众是展览会成功及良性循环至关重要的因素。“参展商导向”的组织理念是一种急功近利的模式，这种模式必然导致展览会的失利。

（2）塑造良好的参展环境是主办方的有力手段，当企业在信息不对称的情况下，良好的参展环境成为企业参展筛选的重要参照指标。然而，参展环境的塑造离不开其他品牌产品的支撑，所以培养品牌展会是展览会主办单位的经营战略。

（3）合理组织不同的参展商，他们为服博会提供了不同的机遇。展览项目的关键之处在于提升满意度高的参展商的效益，使他们具有再次参展意愿，并进行正面口碑宣传，从而吸引那些尝试型的参展商，进而提升展览会的规模和创新性。

（4）展览会举办地的选择非常重要，目标市场、交通便利、区域安全等方面会影响企业参展决策。

表 5-35　参展商的行为特征对主办方的启示

参展商的行为特征	对主办方的启示
参展商参展需求较大	这是组织参展商的重要基础
参展商把主办单位的参展环境作为参展决策的最重要权重	主办方要树立良好的市场形象和参展环境，提高专业化服务
参展商的参展目的表现出高度一致性，其重要目的为建立新的联系、宣传产品	提供对称信息，引导参展商设定以专业观众为导向的目标
有 42.22% 参展商愿意参加下次展会	做好展后的统计工作，提高满意度和忠诚度
参展商评判展览会好坏的第一要素是参展环境	表明参展商非常重视展会的环境，要提高展馆内各项服务水平
参展商评判展览会好坏的第二要素是展会规模	反映了参展商对服博会的规模关注，要加强宣传力度，吸引更多的参展商和专业观众
参展商评判展览会好坏的第三要素是国内外专业观众	表明参展商对国内外的专业观众的质量和数量都非常重视

六、研究启示与改进建议

本研究主要围绕第十七届宁波国际服装服饰博览会中参展商的满意度展开，从展会整体评价、目的达成情况，及二者与重复参展的关系三方面进行实证研究。针对宁波港口贸易主导型城市以及针对专业服博会前提下，本文初步得出以下的一般性的结论：

参展商具有较大参展需求。参加宁波服博会的专业客户的参展行为具有群体特征，不同地区、年龄、收入、学历的参展商在参展数量和参展频率上都不同。其中，宁波服博会参展商以宁波本土企业居多，达到 57%。此外，还有来自港、澳、台以及国外的参展商，分别达到 18% 和 3%。参加服博会的中层管理者和高层管理者也比较多，虽然对于此处服博会不满意的参展商占到 56%，但是仍有 42.22% 参展商明确表示会继续参加下一届服博会。他们一方面期待着展会有更多的创新之处，另一方面也期待着继续参加服博会。

参展商的不满意之处。参展商在决定参加展会时，首先重视的是参展环境、国内外参展商（专业观众）、展会规模和整体质量，其次是服务水平、住宿交通、展会宣传、馆内布局等指标。在满意度方面，参展商尤其对服务水平、宣传力度及货运代理最不满意，专业观众对主办方的服务水平、展馆清洁及展馆区位最不满意。所以展会主办方在策略上应该首先考虑从参展环境、国内外参展商（专业观众）、展会规模、整体质量和服务水平等方面着手提高参展商的满意度，才能有效地提高知名度，增强展会的竞争力。

提高展商满意度是促进其重复参展与开拓潜在参展者的关键。参展商在选择服博会时表现出对展会环境、展会规模和整体质量等因素的高度重视，并且他们很多通过媒体与他人宣传的渠道来收集展会信息，更直接的是通过参观指南中的展位布局图来了解此次展会中的各方面信息。此外，参展商通常都是行内的专业人士，职位较高，而且很多会重复参展，他们在参展过程中对展会的每一个细节都特别关心以及展会后对所参加的服博会及展会城市所做出的各种评价尤为重要，参展后表现出的明显的口碑宣传意愿也恰恰证明了他们的重要推介作用。针对此次访谈中遇到的问题结合问卷中参展商提出的一些问题跟建议，吸烟区与开水区域标示不清的问题，本人根据此次第十七届宁波国际服装服饰博览会参展商对的展位布局图的情况反应，做了相应的标示，也表明此次部分参展商对展会细节的关心。

提高参展商满意度的建议。针对宁波服博会参展商不满意的原因，本文提出如下建议：

展会质量方面。展会的质量体现在多个方面，等级的划分主要是以专业展览会的主要构成要素为指标，包括展览面积、连续性、满意度、专业观众比例和相关活动等。另外，服博会的参展商或专业观众对展会的评价不仅是看展会的各方面条件是否有助于达成参展目的，如果参展的个人在展会中遇到商务服务、安全、交通、餐饮等问题，也会降低满意度。要提高宁波服博会参展商和专业观众的满意度，主要还是从各个方面提高展会本身质量。

展会服务方面。被调查的参展商对展会的服务水平大多都不满意，展会主办方应该进行必要的规划、管理就显得非常重要，这要求主办方应该重视展览会的服务水平，配备专人或专门部门进行操作管理，制定明确的客户服务措施，以及进行展前、展中、展后相应的展馆清洁、展台布置、展品选择、展示方式、人员配备等工作，在展会的创新上下功夫。

展会绩效方面。相同投入下，参展商获得的实际绩效应该更高。在与规模、成本相当的其他服博会竞争时，主办方应该尽量提高展会的标准和水平，使参展商在相同投入下产生更高的回报；或提高运营效率，降低成本，使参展商或专业观众在获得相同绩效时投入更少。

建立参展商与专业观众数据库。数据库对主办方是至关重要的。每个展览公司或场馆都要建立参展商与专业观众数据库，充分收集和了解他们的背景资料，用数据对二者的质量进行科学的分析。通过问卷调查、网上注册或参展注册等方式了解他们的职务、个性特点、年龄以及购买影响力等情况，并利用现有信息通过拨打电话等方式来核实。

展会宣传方面。展览会有别于传统的人员销售和促销，对其功能认识得越透彻、参展商对彼此了解越深，那么准备得越充足，参展效益就更加凸显，也更倾向于综合评估展会的效果。主办方作为展会信息的拥有者和组织者，应该在信息管理、参展引导、需求调节等方面协助参展商彼此了解对方需求，增加对展会的理解，进而提升参展效益。

展会特色方面。备选服博会较多，参展商或专业观众越加挑剔，主办方应该防止重复办展，努力建设特色、创新服博会，使其具有不可替代性和不可同比性，持续发展下去。

研究局限及展望。本研究按照规范化实证研究的要求，围绕服博会参展商满意度的影响因素展开系列的研究和探讨，结论具有一定的指导意义。但是，由于研究资源和研究条件以及个人的知识面有限，还存在一些不足之处，具体体现在以下几个方面：

（1）研究内容中影响因素的限制性。影响满意度的因素有很多，由于时间和精力的限制，本研究只提取了其中六个比较重要的有过研究记录的因素来做探讨，未涉及更多的因素进行探讨，因而使结论可能不够全面。

（2）样本数量的局限性。本研究在所调查的100份问卷中，由于样本容量有限，所得的结果可能具有一定的偏差，因而还需在未来的研究中进一步检验。

（3）问卷量表设计的科学性。考虑到问卷发放的可行性，作者在参考成熟量表的基础上，结合服博会自身的特点，以及前测检验的结果，对量表指标中不符合条件的题项进行了适当精简。个别变量可能由于指标设置较少，会导致变量考察不全，无法精确反映变量的整体情况，因而可能会给研究结果带来一定的偏差。

正是基于以上研究不足，结合已有文献及研究现状，提出以下研究展望，以求为进一步研究提供可寻求的方向：

（1）增加更多的影响因素变量。影响顾客满意度的变量有很多，本研究涉及的几个变量中，是有一定的研究基础的比较主流的变量，是否还存在其他的外生变量，并且关于参展商满意之后的展后行为，是否应该添加展后抱怨这个变量，都有待进一步研究。

（2）在本研究中，针对不同类型的参展商的差异性分析中，仅仅只考虑了对总体满意度的单因素方差检验，对于其他影响参展商满意度的变量，不同的参展商是否存在显著差异，还有深入分析的意义。

第七节　上海世博会对宁波经济拉动作用

上海世博会的主体工作已经圆满结束。在接轨上海世博会的 4 年多时间里，宁波市政府及相关部门，前瞻性思维、前置性操作，接轨上海世博会工作取得了喜人的成绩。为进一步明晰上海世博会对宁波经济带来的作用，根据市政府会展办领导的指示精神，本研究将系统开展上海世博会对宁波经济拉动作用测评工作。

测评工作将紧密结合宁波市政府、企业及社会各界在接轨上海世博会的前期开展的筹备工作，在世博会举办期间开展的相关展示与服务工作，并就世博会结束后可能对宁波市经济和社会发展带来的影响进行延伸分析，旨在从更长远的角度、更宽阔的事业、更具前瞻性的方法，来全面、科学地分析上海世博会对宁波经济和社会发展带来的作用。

一、测评的基本原理

测评工作主要参照国内外关于服务业及会展产业对经济拉动作用影响的基本原理和基本观点。主要包括德国著名大型活动专家豪格奥运经济学的原理，以及国内外会展专家学者关于会展项目对经济拉动作用的基本观点，具体包括以下方面：

（一）国外关于会展项目拉动作用的研究综述

根据研究目标和要求，本研究将运用波特的国家竞争优势理论和产业积聚理论来分析世博会对宁波经济发展的影响，同时把新经济区位理论应用于产业链的分析和研究。

（1）波特的竞争战略和国家竞争优势理论。在《竞争战略》中，波特提出了企业获取竞争优势即竞争力的三种战略：成本领先战略、差别化战略和目标集聚战略。

根据波特的观点，一个国家的竞争优势来源于四个基本因素和两个辅助因素。四个基本因素是生产要素、国内需求、相关和支撑产业以及企业的战略结构与竞争，这四个基本要素的相互作用（波特菱形）构成了竞争优势。一般而言，当只有两个基本因素有利时，通常就不能保持竞争优势。另外，资源的可利用性并不总是一个必要条件。对上海和长江三角洲而言，生产要素、国内需求、相关和支撑产业以及企业的战略结构与竞争这四个基本因素均处于有利地位，当面临世博会这个发展“机遇”时，如果能使辅助要素“政府”对产业发展大力支持并加以引导，促进区域联动，长江三角洲的社会经济必然会得到全面和整体发展，从而提高整体竞争力（或竞争优势）。

（2）“新经济”区位论。“新经济”是指以信息与网络技术、生物工程、新能源和新材料技术等为基本内容的新兴产业的崛起并逐步成为社会经济支柱产业的新经济形态。世博会是综合性的国际展示活动，往往通过展示功能，宣传推广当今世界最先进的科学、技术和服务，在系统提升人类认识能力的同时，也推进新技术转化为生产力的活动，进而带动城市群及周边区域产业的提升。

（3）产业链理论。在当今世界经济活动中，具有国际竞争力的产业大多倾向于某一特定产业链的形成。在全球经济格局中引人关注的、具有活力的地区恰恰也是产业链紧密区域。上海成功申办 2010 年世博会给上海及长江三角洲产业链的拓展和延伸带来了巨大契机，今后若干年内，上海将成为全球范围内跨国公司集聚最多的一个城市，以资金和技术密集型为主要特色的跨国公司，借助于世博产业链的拓展和延伸，无疑将给上海乃至整个长江三角洲经济区带来一个产业结构全面升级换代的绝佳机遇。

（4）神经经济学和产业集聚理论。主要源于经济学奖得主 Vernon Smith“经济学中的建构主义和生态理性”报告，“新的大脑影像技术激发神经经济学研究去探索大脑的内在秩序及其与人类决策（包括固定赌博的选择，也包括由市场和其他制度规则所中介的选择）之间的关系”。神经经济学理论表现在会展业发展的影响方面，主要是会展活动的注意力经济效应。人们对大型活动的高度关注，可以带来相关产业的集聚发展，这是世界博览会的重要作用之一。

（二）国内对会展产业拉动作用的研究综述

尽管国内会展业起步较晚，但借助上海世博会举办的大环境，国内专家学者对上海世博会拉动作用的相关理论开展了较为系统的研究工作，并提出了许多研究观点。

（1）会展产业对城市经济发展具有拉动作用。作为新兴产业，会展产业由于产业链长，可借助现有产业资源，极大发挥政府公共服务的作用，以及能够优化产业结构、促成衍生产业发展、扩大内需等特征，对经济发展具有十分重要的意义。主要体现在以下方面：

1）会展产业对经济的拉动作用。会展业在服务业产业链中位置靠前，受其他产业影响小，是服务业的重要先导产业，它可以对相关产业产生重要的拉动作用，并通过构建较系统完善的产业链，与上下游产业之间形成密切的联系，对上下游产业的发展产生较大的作用，并不断衍生出相关的产业。

2）政府的会展产业政策具有信号放大作用。政府对会展产业的政策扶持具有十分重要的意义，尤其是在产业发展的初期。这种促进作用就好比一个三极管。政府的政策扶持就如在三极管的基极上施加一个信号，将社会相关的资源通过集电极进行集聚，最终通过产业的形式在发射极发射出去。这种政策的效应在产业发展的过程中具有重要意义，体现了政府政策对产业发展的促进作用。

3）发展会展产业具有拉动内需的作用。会展业与人民文化生活息息相关，随着生活水平的提升，参与类项目成为娱乐的重要选择。会展产业不仅可以通过展览活动为市民提供参观和参与的机会，还可以通过举办会议和节庆等项目丰富群众文化生活，是文化产业发展从政府主导型向市场运作型转化的重要途径。

（2）会展业对优化产业结构具有引导作用。会展产业拉动作用不仅仅在于自身的规模，更重要的是对相关产业资源的提升与转换作用。

1）会展活动具有转换器的作用，它可以通过举办相关的活动，将第一产业、第二产业转换为第三产业，还可以将第三产业从一种存在形式转换为另一种形式，这种形式可以延长产业链、提升产业及产品的附加值。通过发展会展业，可以增加服务业的总量、提升服务业的发展水平，促进了现代服务业的发展。

2）会展产业具有生态可持续发展的作用。会展产业具有产业风险低、占用不可再生资源少、能耗低、排放量少等特点，在国际金融危机形势严峻、能源紧缺的大背景下，发展会展产业具有可持续发展意义，对城市和经济的生态化发展具有十分重要的促进作用。

3）会展业具有产业集聚作用。根据神经经济学原理，会展产业能够形成注意力经济效应。在经济全球化时代，促成人流、物流、信息流和资金流的有序流动，最终形成产业集聚。这是在区域经济发展过程中，在不过多投入资金的情况下，构建产业集聚区的有效手段之一。

4）会展业能够促进区域产业结构的优化升级。顶级的会展项目和大型的国际会议项目，对产业升级的作用更大。1970 年的大阪世博会，为日本促成了六大城市圈之一的关西经济带，使原有的以重工业为主体的产业区域转变为高科技产业、信息产业、物流产业、商贸产业、会展产业、金融服务产业、环保产业和中介产业为中心的产业区域，加快了现代服务业的国际化步伐。

（3）会展业对社会发展具有促进作用。会展产业处在经济方面的直接影响外，还可以通过对环境的优化、服务体系的健全等方面提升对区域经济的作用。

1）会展业能够加快推进城市功能的完善。会展业对城市的功能具有较高的要求，也客观上促成了城市功能的加快提升。2000 年德国汉诺威世博会带动了城市和区域的基础设施建设，特别是轨道交通设施和高速公路，为该区域的未来发展打下了良好基础。同时，汉诺威市还进行了 ISDN 网络建设，也为城市进一步发展创造了条件。世博会的“世界项目”使汉诺威和下萨克森州的许多旅游及其他设施获得改造和更新，成为地区发展的积极因素。

2）会展业可提升城市的品牌及品质。通过举办大行会展活动，可以使城市在各项硬件建设中强化国际意识、环境意识、生态意识，营造独特文化氛围，使各种系统更加规范化与现代化，从而与国际化发展接轨。也可以进一步提升城市的管理水平，提高城市的文明程度，扩大城市的国际知名度。

3）会展业是促进和谐社会发展的润滑剂。举办会展活动，吸引大量区外参展商和客商，能够提高零售业的水平增加经营者收入，满足个体经营者的经济需求。也能够增加市民的自豪感和荣誉感，以最佳的精神状态展示城市文明。在一定程度上可以化解社会矛盾，促进城市文明建设。

二、测评的主要对象

为全面、系统地测评上海世博会对宁波市经济和社会发展的促进作用，形成上海世博会对宁波市经济拉动作用研究报告，课题组成员根据测评工作的实际需要，进行了系统的研究与分析，初步形成研究工作的基本思路。

（1）从拉动作用的时间阶段上划分。

1）筹备接轨阶段。从2007年宁波市政府着手接轨上海世博会相关工作以来，涉及的相关费用。具体包括工作机构、相关研究与设计、相关调研与考察、相关运营投入、相关设施及建设投入、相关服务体系建设投入等。

2）接轨阶段。主要包括运营投入、管理、服务、世博之旅、文化演出、活动收益、广告收入等投入产出项目开展分析。

3）后世博阶段。主要是通过城市品牌提升、素质提升、服务完善、对创意产业推进作用、对产业集聚的预测分析、对注意力效应的效果分析、对文化弘扬和科技创新的中远期效果测评等手段，分析上海世博会的后世博拉动效应。

（2）从拉动作用的特征划分。

1）直接拉动作用。投资方面主要包括直接建设投资、运营投资；消费方面主要包括旅游、购物、交通等消费类型；管理及服务方面主要包括服务投资、管理费用、培训费用等。

2）间接拉动作用。主要是根据产业链的构成要素，根据产业链各要素的构成层面及衍生环节，通过直接作用测评产业链各环节的拉动作用。

3）潜在拉动作用。主要包括对世博会结束后形成的注意力经济效应、产业集聚效应、投资及国际合作效应、产业竞争力提升、区域竞争力提升、产品附加值提升、区域经济板块形成等方面的作用。

（3）从拉动的内容上划分。在接轨上海世博会的过程中，宁波市在投资、消费、生产等方面的支出及收益。主要包括：

1）投资方面。主要包括宁波市政府及县区和直属部门，在接轨上海世博会过程中涉及的城市最佳实践区、世博体验之旅、城市基础设施建设、配套服务设施建设等方面开展的投入工作。

2）消费方面。主要包括宁波市市区内，因世博会举办工作而增加的对消费的拉动作用。具体包括：

① 住宿方面的消费。既包括对世博会期间外地游客到宁波市观光旅游在宁

波市区内发生的住宿消费，也包括宁波市旅游企业在上海世博会观光过程中发生在上海市的住宿消费。

② 餐饮方面的消费。既包括对世博会期间外地游客到宁波市观光旅游在宁波市区内发生的餐饮消费，也包括宁波市旅游企业在上海世博会观光过程中发生在上海市的餐饮消费。

③ 交通方面的消费。主要是指宁波市交通运输企业在世博会期间新增的旅客运输及货物运输消费。从行业上，以包车为主，长途客运、自驾车为辅，适度考虑铁路运输、民航运输、水路运输增加的客运量。

④ 旅游方面的消费。主要是指由宁波市旅游承担企业负责收取和支付的在上海世博会期间宁波市及上海市发生的旅游观光收入或支出。也包括世博会期间宁波市旅游景点、旅行社、旅游运输公司等发生的收入及支出。

⑤ 中介服务方面的消费。主要指宁波市企业在承接服务上海世博会工作中发生的建筑设计、项目策划、科学研究、财务咨询、法律咨询、商贸中介、文化推介、人才培养及推介等方面的中介服务费用。

⑥ 其他方面的消费。指上述五种消费以外的，与世博会相关的、由宁波市企业承接的各类消费活动。

3）生产方面。主要包括宁波市注册或设立分支机构的企业，在宁波市内外获得的因生产活动而形成的收益，以及在宁波市市区内形成的采购支出。具体包括：

① 为上海世博会提供的产品等方面的收益。主要包括第二产业方面。如服装、文具、灯具、门窗、音响等方面的产品，以及上述产品在安装过程中发生的相关费用。

② 为上海世博会提供原料及半成品等方面形成的收益。主要是指一产领域的产品及原材料，如苗木、海鲜产品、干海鲜产品、土特产品等，以及这些项目运输及使用过程中发生的技术指导等方面的费用。

③ 为上海世博会提供的非物质产品等方面的收益。如信息服务产品、文化活动产品等方面发生的相关费用。

4）服务方面。主要包括在接轨上海世博会的过程中，宁波市政府及各级部门，各企事业单位等，在接轨上海世博会管理、宣传、科研、人才培养、公共服务以及相关服务方面形成的产品而发生的相关费用。

① 政府公共服务方面。包括接轨世博会的办公、城市基础设施投入、城市环境建设投入、城市最佳实践区、世博体验之旅、信息化与城市发展论坛，以及世博会前后一段时期接待国内外领导和嘉宾等方面发生的费用。

② 产业服务方面。主要指政府主管部门、行业协会、政府事业单位等在接轨上海世博会过程中参观、调研、考察、学习，以及服务企业等方面发生的

费用。

③ 企业和市民服务方面。主要包括宁波市企业在接轨上海世博会的过程中，开展招商引资、国际合作、接待国际参观者、品牌推介、交流洽谈、社会宣传、人才服务、研发、志愿者服务等方面发生的费用。

三、测评的主要方法及路径

（1）测评的主要方法。测评主要采取统计学常用的方法，包括抽样调查、系统调查、典型分析计算等方法，以及能够支撑本调研工作的相关方法。

1）系统调查方法。主要是针对各行业的企业进行普遍的统计调查，明确各行业参加接轨上海世博会服务的相关企业名单。

2）抽样调查方法。主要对酒店、旅游景区、主要交通企业、主要旅游服务企业、主要生产企业等进行抽样调查。抽样调查将根据有关的规定及管理进行，有代表性地选取相关领域及行业的调查对象，进行系统调研，并按照一定的规律拓展到整个行业。

3）典型分析计算。主要对宁波市在接轨上海世博会过程中的几个主要环节、主要项目和核心企业进行系统剖析调查。主要包括会展产业、旅游产业，溪口旅游风景区、天一阁、开元大酒店、南苑饭店、波特曼大酒店等旅游企业；宁波火车站、宁波客运站、宁波机场、宁波出租车协会等交通运输企业；城市最佳实践区、信息化与城市发展论坛、镇海十里红妆社区等代表性项目；宁波市接轨世博会办公室市场部、浙仑海外旅行社等直接服务企业等开展典型分析计算工作。

（2）测评的主要路径。本课题是在结合宁波市接轨上海世博会工作实际的基础上，采用实证研究等方法，从三个方面开展研究。

1）本研究的基本路径综述。本项目在研究过程中，在构建会展资源统计评价指标体系的基础上，通过对宁波市接轨上海世博会主要会展活动进行抽样调查，对宁波市接轨世博会的构成元素进行分析，对全市相关产业、企业对经济拉动的作用进行计算，最终得出宁波市接轨上海世博会对经济拉动作用的相关数据。在对数据的计算过程中，研究人员主要从以下方面进行系统的梳理和跟进。

从会展产业链构成角度进行系统分析。会展产业对经济拉动作用的最直接的实现途径就是通过产业链的传递作用，对会展产业链上的各个相关产业带来拉动作用。本研究从会展业的上游产业、下游产业的构成入手，系统分析了会展产业链的构成情况。对会展产业的构成元素进行系统分析。准确分析会展产业的管理元素、资源元素、服务元素和项目元素等，并在此基础上，系统分析会展产业的举办对上游产业、下游产业的作用，计算宁波接轨上海世博会对经济发展的作用。

从文化活动替代角度进行全面分析。从文化活动的替代角度对会展活动开展分析，是本研究工作的一个创新。会展活动的举办过程中，往往伴随着大量的相关的文化活动，从某种意义上讲，会展活动本身就是一个文化活动，这些文化活动对于丰富人民群众的文化生活，提高整个社会的文化水平具有十分重要的意义。

从提供诱发性公共服务的角度进行具体分析。研究首次对诱发性公共服务产生的对经济的拉动作用开展研究工作。这方面主要考虑会展活动过程中，由于主办单位为社会提供了一种诱发性公共服务，并在一定程度上为政府提供的公共服务提供了部分支持经费，这样可以减少政府在公共服务方面的支出。

2）本研究采用的途径。本研究过程中，为确保上海世博会对经济拉动作用这个创新性研究工作能够准确计算出接轨上海世博会工作对经济拉动作用的结果，因此，研究人员在整个工作进程中，重点对一些关键的指标和关键的数据进行了深入研究。

指标的设定方面。主要依据2006年宁波市服务业评估中设计的会展产业对经济拉动作用的统计评价指标，并参照2005年、2006年宁波国际服装节、宁波住宅产品博览会、中国家博会对经济拉动作用计算过程中采用的相关指标综合而成。

数据的获取方面。在会展项目的数据选择方面，主要依据宁波市政府相关部门接轨上海世博会工作总结的相关统计数据，以及走访宁波市政府相关部门、重点企业获取的相关数据，并结合现场计算、观众和参展商问卷调查的方式，由研究人员获取的第一手资料等数据。在产业基础数据的选择方面，以统计局2010年4月份公布的2009年宁波市经济相关统计数据为基础。

权重数据的采用方面，主要采用2006年宁波市服务业评估中，会展产业评估过程中由省内外10名会展专家为宁波会展业打分获得的权重数值。

产业链构成的体系方面，主要参考2005年浙江省旅游局关于相关产业链分析的方法、2006年上海房产展评估对会展产业链描述的方法以及2006年宁波市发改委服务业评估过程中采用的产业链构成的方法，结合宁波会展产业的实际进行调整形成。

项目的时间段选择上。本研究所涉及的项目是指从2010年5月1日～10月31日之间在上海世博园区、上海市区以及宁波市市区内举办的会展活动、文化演出活动的数量，包括展览、节庆、会议、演出、比赛和相关的大型活动。项目的相关性质与举办时间，主办单位、承办单位、协办单位等资料以宁波市会展办提供的数据为准。

四、计算数据的处理

经过计算，得出以下相关数据。

（1）上海世博会对宁波第一产业的作用。上海世博会对宁波一产的作用主要体现在第一产业企业通过为上海世博会提供产品和相关的服务，进而带动了产

续表 5-37

序 号	企业名称	主要产品	提供对象及方式	商品金额
15	鄞州雪利曼电子仪表公司	仪器仪表	世博新能源客车的总线系统及组合仪表	约为 500 万元
16	奥克斯集团	空调	世博欧盟馆边的空调系统	1500 万元
17	大梁山啤酒集团	啤酒	成为城市最佳实践区宁波滕头馆特许赞助商	直接投入 20 万元，品牌提升 300 万元
18	慈溪罗希雨服饰有限公司	服装	世博会特许品生产商，为世博会名志愿者生产服装	企业估算为 4000 万元
19	（奉化）麦迪莱登服饰公司	服装	指定服装供应商，提供 80 套工作服和 150 套嘉宾服	约为 80 万元
20	（奉化）世家洁具有限公司	洁具	为滕头馆提供 7 种用品，并在上海投放公交广告	70 万元
21	宁波紫林文房作坊	骨木镶嵌礼品	为上海申办世博会专门制作礼品“世博觚”紫檀木匣，匣身刻有“饕餮”图案，古朴大方	20 万元
22	余姚市神仆环保科技有限公司	工具	10 万支新型太阳能景观捕蝇器获准进驻上海世博会中国国家馆外围绿化带	1500 万元
23	宁海高盛玩具礼品有限公司	礼品玩具	世博会法国馆米其林公司展区向游客分发的小风扇礼品	10 万元
24	宁波舒能光电科技成长有限公司	灯具	为宁波滕头馆提供部分灯具	50 万元

（3）上海世博会对第三产业的作用。上海世博会对宁波市第三产业拉动作用主要体现在宁波市三产企业在世博会期间提供产品和相关的服务，以及为实现产品及服务增加的基本建设投入等，这些活动带动了产品市场，扩大生产能力，在拉动消费的同时，形成对 GDP 的提升作用。主要包括旅游、餐饮、住宿、交通、建筑等方面。宁波市共有 25 家建筑企业在上海施工，承接的在建工程超过 100 个，这些工程使宁波元素成为世博中金光四射的点缀。该类项目估算拉动作用总额为 435880 万元，主要代表企业和项目见表 5-38。

（2）上海世博会对第二产业的作用。上海世博会对宁波市第二产业拉动作用主要体现在宁波市二产企业在世博会期间提供产品和相关的服务，进而带动了产品市场，扩大生产能力，在拉动消费的同时，形成对GDP的提升作用。主要包括为世博会直接或间接提供的建筑、机械、设备、纺织服装、文具用品等。计算表明，宁波市二产企业在世博会期间提供的产品和投资项目估算拉动作用总额为28460万元，主要代表企业和项目见表5-37。

表5-37 宁波参与上海世博会二产主要企业与项目表

序 号	企业名称	主要产品	提供对象及方式	商品金额
1	小花园古典鞋业有限公司	绣花鞋	为世博会提供2000双绣花鞋	300万元
2	宁波瓷方向陶瓷发展有限公司	陶瓷挂坠	非洲馆、亚洲馆等部分纪念品经营部	30万元
3	宁波音王集团	音响设备	世博中国馆、主题馆音响设备	360万元
4	浙江龙门钢结构有限公司	钢结构加工	中国馆、演艺中心、世博中心、日本馆钢结构材料加工	7000万元
5	欧琳集团	厨具	世博“天下一家”馆低碳厨房	500万元
6	贝发集团	文具	海宝系列世博纪念笔，约生产30万支，最低价格10元，最高数百元	2000万元
7	宁波新安东公司（北仑）	密封件	世博场馆门窗、幕墙的玻璃密封件	100万元
8	申永达设备安装公司	设备安装	上海世博会世博中心中央空调设备安装工程	3200万元
9	宁波普天通信技术有限公司	网络信息产品	世博会场馆3G移动网络监测系统	360万元
10	宁波光丽光电科技有限公司		企业馆中面积最大的民营企业联合馆、通用汽车馆，选用的LED软灯条	120万元
11	宁波爱使电器	节能灯具	上海市“礼仪迎宾大道”七成节能照明灯具	500万元
12	宁波凯必盛自动门制造公司	自动门	中国馆自动门系列	370万元
13	余姚梁弄灯具城	灯具	世博轴、世博博物馆、综艺大厅等的灯具	合同额约为6000万元
14	宁波方太厨具公司	厨具	世博上海馆的未来厨房	约为300万元综合经济效益

品市场，扩大生产能力，在拉动消费的同时，形成对 GDP 的提升作用。因此，在计算过程中，主要计算宁波市第一产业企业在世博会期间提供的产品以及带动投资的总量。主要包括为餐饮业、各大菜市场、世博园区主要饭店等提供海鲜产品、农副产品、干海鲜产品等。该类项目估算拉动作用总额为 59448 万元，主要代表企业和项目见表 5-36。

表 5-36　宁波参与上海世博会一产主要企业与项目表

序 号	企业名称	主要产品	提供对象及方式	商品金额
1	一市镇甬渔水产冷冻厂	冰冻海鲜	世博会期间，平均 10 天左右就发货 3 吨	1600 万元
2	丰收日集团	鲜活海鲜	每天 8000 斤，专供世博会使用	2200 万元
3	象山市场中心丹城站	鲜活海鲜	世博会期间，每天 3 吨左右	1700 万元
4	象山南方水产食品有限公司	渔糜制品、冻品海鲜	世博会期间，每天 3 吨左右	1700 万元
5	宁波原野名特优商品贸易有限公司	各类农副产品	世博会期间，每天增加 2 万元	368 万元
6	宁波甬海农渔产品有限公司	海鲜、土鸡、年糕	世博会期间，每天营业额 10 万元左右	1840 万元
7	浙江滕头园林公司	工程、苗木	2000 多万元的绿化工程、1000 多万元的定点苗木采购订单	3000 万元
8	北仑区苗木企业（整合）		澳紫珠、百子莲等近 50 多个彩叶花木新品种供农户选择。两年来，累计向世博供应花卉 1.2 亿多株	约 20000 万元
9	慈溪春望果蔬有限公司	杨梅	每天向上海世博局供应 300 ~ 500 筐杨梅	740 万元
10	宁波国家高新园区		绿地改造工程建设项目	300 万元
11	宁海县名特优商品上海购物中心		望海茶、宁海土鸡、长街蛏子、前童豆制品、高山笋干	2000 万元
12	余姚四明山镇花木	苗木	余姚四明山镇花草苗木直接用于世博会的占到全镇苗木发卖量的 1/3，以红枫、樱花、木榉、樟树、白玉兰为主	估算营业收入在 1.2 亿元
13	北仑巾帼园艺	苗木	300 万株苗木扮靓世博会	估算营业收入 5000 万元
14	北仑春晓桂池园艺场	苗木	500 万株左右的各类苗木	估算营业收入 7000 万元

表5-38　宁波参与上海世博会三产企业及项目表

序号	企业名称	主要产品	提供对象及方式	商品金额
1	明州石浦大酒店	餐饮	平均每天营业额增加15万元	2760万元
2	丰收日集团	园区餐饮	同时可接待380人就餐，每天翻台5次，每人消费50元	1750万元
3	云餐厅	园区餐饮（丰收日下属）	（与丰收日处于不同区片）每天营业额5万元左右	920万元
4	宁波宏润建设	建筑	三项配套工程	20700万元
5	宁波龙元建设	建筑	世博轴阳光谷钢结构工程、可口可乐企业馆工程、以色列馆玻璃幕墙工程，设备投入10亿元	约为3亿元左右
6	宁波市接轨世博办	展馆布展	城市最佳实践区宁波滕头馆布展工作	1200万元
7	宁波陆龙兄弟集团公司	品牌效应	上海世博会宁波馆指定品牌	1500万元
8	浙仑海外旅游集团公司	世博之旅		15000万元
9	宁波国家高新区	招商引资	金蝶软件和电子科技大学项目	6200万元
10	宁波市交通运输服务	交通	入沪车辆20568车次，发送旅客61.03万人次，其中客运班车1.5万班次，发送入沪旅客66.7万人；旅游包车5545车次，发送旅客24.4万人；入沪危险品运输车辆4510车次，运输危险品12.1万吨。151艘宁波籍船舶装运52万余吨、34232TEU货物入沪	包车消费6000万元，包车直接成本1200万元；旅客交通消费9300万元；货运支出2300万元，成本约为500万元
11	宁波滕头集团世博旅游服务综合收入	旅游	世博会期间旅游人数同比增加70%以上	约为6000万元
12	滕头村迎世博工程	环境建设	共涉及八大工程项目	12000万元
13	音王集团宣传活动	品牌推介	南京全球小姐总决赛、中国公务航空小姐大赛、吉安工业园区	约为800万元
14	台海国际会展有限公司	会展服务		约200万元
15	宁波顺旺基餐饮有限公司	餐饮	在世博场馆周边开设两家连锁店，预计每天营业额合计3万元	约550万元

续表 5-38

序号	企业名称	主要产品	提供对象及方式	商品金额
16	宁波区域内世博纪念品销售	纪念品		1.35 亿元
17	宁波市世博游整体收入	旅游	团队总量 110 万人。其中 2 日游 73 万人，一日游 37 万，预计另有自由行人数 30 万人次左右。参照一日游的工作日价格每人 288 元，周末价格 308 元；二日游的工作日价格每人 658 元，周末价格 698 元	1 日游花费 400 元（含餐饮）、两日游 800 元（含餐饮），自驾游人均 800 元计算，1 日游 1.5 亿元，2 日游 5.8 亿元，自驾游 2.4 亿元，累计 9.7 亿元
18	宁波世博期间接待境外游客收益	旅游	参照 2009 年，全市实现旅游总收入 530.53 亿元，同比增长 17.84%；接待入境旅游者 80.05 万人次，同比增长 5.74%；入境旅游外汇收入 4.86 亿美元，同比增长 3.76%；接待国内游客 3962 万人次，同比增长 14.3%；国内旅游收入 497.3 亿元，同比增长 19.6%	境外旅游增加 10 万人，人均花费 2250 美元（2009 年 12 月数据），花费约 2.25 亿美元
19	世博期间宁波市酒店收入预测	餐饮住宿	参照 2009 年，全市星级饭店实现营业收入 39.77 亿元，月均 3.3 亿元。按照世博期间增长 20%，世博前后增长 15% 的数据计算	世博外六个月增收 2.97 亿元，世博会期间增收 3.96 亿元，累计增收 6.93 亿元
20	世博期间宁波市旅游交通收入（或支出）	旅游交通	按照每天包车 100 辆计算，含单位自有车辆	各类包车费用测算约为 5000 万左右
21	世博期间宁波市出租车增值收入	交通		不明显，有，预计 1000 万元左右
22	世博期间宁波市公交车增值收入	交通		不明显，有，预计 1000 万元左右
23	上海·宁波名品直销中心	商贸	浙江华联商厦有限公司统一招商、经营与管理，展销的产品包括家电、净水设备、服装服饰、床上用品、针织内衣、羊绒羊毛、文化体育用品、五金工量具、电动工具、灯具、水暖器材、食品、橱柜、土特产等	约为 3 亿元

续表 5-38

序号	企业名称	主要产品	提供对象及方式	商品金额
24	与会展相关的科研项目	科研		30 万元
25	上海世博会志愿者培训项目	志愿者培训		70 万元
26	宁波市各相关机构接轨上海世博会宣传推介工作	世博推介		600 万元
27	市内公交车世博期间情况	交通	据宁波市城建局公用事业监管中心交通管理科提供数据，这六个月略有下降	略有下降
28	市内出租车世博期间运输情况	交通	据公管处出租车科提供数据，宁波市出租车本身处于饱和状态，因此，增加幅度不明显	约为 700 万元
29	宁波民航单程收入增幅	交通	10 月 1 日客运增幅 17.2%，货运增幅 11.7，世博期间客运增加 15 万人，货运日增加 10 段左右	约为 3 亿元增加值
30	宁波铁路单程收入增幅	交通	世博期间增加 10% 左右的运量，增加旅客运量约 50 万人，按照单程 100 元至上海计算	约为 5 亿元

（4）市政府及县市区提供的公共服务。宁波市公共服务在上海世博会期间对 GDP 的贡献度主要体现在政府为世博会提供的公共服务，以及在政府为世博会提供公共服务的过程中，宁波市相关企业的贡献度。主要包括宁波市政府及县市区政府为做好迎接世博会相关工作而在城市基础设施建设、环境建设、活动、接待、培训、城市形象宣传、行政支出等方面的投入及产出，约为 105780 万元（含约 10 亿元城市管理及服务投入）。主要包括以下单位和项目，见表 5-39。

表 5-39 宁波市及县区政府提供公共服务一览表

序号	企业名称	主要产品	提供对象及方式	商品金额
1	培罗成集团赞助宁波案例馆	世博活动		1000 万元
2	北仑区旅游宣传	世博活动	组团参加 2010 浙江（上海）旅游交易会，10 家重点旅游企业，设立 6 个形象展位、1 个销售展位，共接待旅游专业人士 1.7 万人次，上海公众 2 万余人次，发放宣传资料、小礼品、VCD 光盘等宣传资料 5 万余份	240 万元

续表 5-39

序 号	企业名称	主要产品	提供对象及方式	商品金额
3	北仑周系列活动	世博活动	约 4 万余人次进馆参观，活动预算 80 万元	80 万元
4	第二届中国宁波国际港口文化节	世博活动		300 万元
5	浙江安博特环保科技有限公司	市场运作		100 万元
6	宁波麦迪莱登服饰有限公司	市场运作		100 万元
7	上海赛路美医疗器械有限公司	市场运作		100 万元
8	中国银联宁波分公司	市场运作		100 万元
9	宁波新英雄公司	市场运作、场馆搭建		粗略按照 2000 万元计算
10	宁波市城市管理局	城市建设与管理		估算应该在 10 亿元以上
11	能士智能港科技发展有限公司	市场运作		100 万元
12	宁波市规划局	城市推介	西班牙影片制作团队邀请市规划院专家等就溪口发展问题做主题发言	忽略不计
13	宁波市规划局	公共服务	江东区“三维安全保卫系统”	30 万元
14	宁波市规划局	科技推广	演示了测绘院研发的立体化城市管理信息系统、警用三维安全保卫智能监控系统和公益信息亭三项成果	30 万元
15	宁波市公安局（系统）世博安保专项经费			约为 1200 万元
16	宁波市公安局（系统）发放世博专用通行证			忽略不计
17	宁波市工商局世博公益广告	公益广告	8 家大型广告公司在市中心、高速进城入口、机场路沿线等最具广告价值的 20 多块 LED 屏、110 多块户外广告牌投放世博广告	预计综合效益约为 1200 万元
18	宁波市公交公司公益广告		在新投放市场的 136 辆公交车上制作了“迎世博、讲文明、树新风”公益广告，公交移动电视滚动播出世博宣传片	预计综合投入约为 200 万元

（5）后世博效应。主要是指世博会结束后，直接产生的经济和社会效益。包括未来五年左右的延续营业额。该类项目预计拉动作用总额为1043520万元，主要代表企业和项目见表5-40。

表5-40　宁波参与上海世博会后世博效应预测表

序号	企业名称	主要产品	提供对象及方式	商品金额
1	云餐厅（世博结束后保留下来）	餐饮	预计每天的营业额在3万元左右	5500万元
2	宁波甬海农渔产品有限公司	海鲜、土鸡、年糕	上海西郊国际农产品交易中心开出200平方米宁波农产馆，200余家企业入驻	30000万元
3	宁波音王集团	音响设备	杭州西湖广场、广州亚运会、伦敦奥运会	预计在1个亿以上
4	十里红妆社区	文化旅游	未来五年将成为标志性景点	门票及综合收入2000万元
5	信息化与城市发展国际合作论坛	品牌会展项目	在未来的五年中，将保留下来，并不断得到发扬光大	5000万元
6	滕头集团	新农村建设	未来五年将实施五个重大的拓展项目工程	计划投资2.5亿元
7	信息化与城市发展国际合作论坛	会展合作	论坛期间与国内外名校名企签下12个重大项目	总投资23亿元
8	宁波镇海·后世博DEVNET国际园	场馆迁移	上海世博会国际信息发展网馆高新技术展示中心落户镇海，500家企业入驻	总投资约3亿元
9	宁波杭州湾新区计划引入西班牙馆	场馆迁移	正在研究运作中	预计投资不低于1亿元
10	城市最佳实践区宁波滕头馆迁移至滕头	场馆迁移	正在设计迁移方案，已获有关部门批准	投资3000万，未来五年间接收入300万元
11	宁波赛特斯电器有限公司	产品推介	6月30日，“世博红4D”取暖器、“世博红”饮水机、“世博红”加湿器等产品正式在上海世博会世界贸易中心协会馆展出，受到了世界贸易中心协会馆GMC全球巡展组委会高度认可	预计未来五年收入将超过3亿元
12	大梁山啤酒集团公司	产品推介	城市最佳实践区宁波馆指定用啤酒，品牌知名度得到提升，实现品牌效益	预计品牌效应300万元

续表 5-40

序 号	企业名称	主要产品	提供对象及方式	商品金额
13	宁波经济技术开发区海欣礼品文具有限公司	产品推介	参加 2010 年上海世博会民营企业联合馆“闪耀世博 寻找坐标”展示活动	120 万元
14	宁波牛奶集团龙湖饮品有限公司	产品推介	上海世博会宁波案例馆饮用水选用产品供应商牌子	120 万元
15	宁波太平鸟集团公司	产品推介	太平鸟等宁波服装企业走进上海世博会，在世博园宁波案例馆内开展专场发布、品牌形象推广和市场拓展活动	1000 万元
16	浙江安博特环保科技有限公司等五家企业	产品推介	签约赞助上海世博会宁波滕头案例馆项目：专用一体化水处理系统	300 万元
17	上海赛路美医疗器械公司	产品推介	签约赞助上海世博会宁波滕头案例馆项目：负离子发生器	120 万元
18	宁波麦迪莱登服饰有限公司	产品推介	签约赞助上海世博会宁波滕头案例馆项目：工作人员服装等	120 万元
19	能士智能港科技发展有限公司	产品推介	签约赞助上海世博会宁波滕头案例馆项目：电脑控制系统	120 万元
20	宁波大阿嫂食品有限公司	产品推介	签约赞助上海世博会宁波滕头案例馆项目：部分赠品和礼品	120 万元
21	余姚杨梅	产品推介	6 月 16 日，宁波滕头案例馆举办了首个专门为地方特产名品开办的展览日“余姚杨梅日”	500 万元
22	宁波国际智慧物流软件与信息服务外包产业园	园区建设	集聚各类软件企业 100 家以上，实现年营业总额 5 亿美元以上的规模	10 亿美元，约合 66.55 亿元
23	余姚仙茗瀑布茶	礼品、品牌推介	宁波滕头案例馆作为礼品茶饮	100 万元
24	奉化曲毫茶	礼品、品牌推介	宁波滕头案例馆作为礼品茶饮	100 万元

（6）上海世博会间接拉动作用。主要包括为迎接上海世博会而进行的园林绿化工程、城市基础设施建设、相关的培训项目、招商引资、企业国际合作等方面的工作。该类项目预计拉动作用总额为 4060000 万元，主要代表企业和项目见表 5-41。

表 5-41　上海世博会对宁波企业拉动作用具体形式表

序号	企业名称	主要产品	提供对象及方式	商品金额
1	浙江九龙国际物流有限公司（海曙）	信息平台	上海汇驿软件有限公司成功签约，项目总投资1000万元	年销售收入1亿元
2	雅戈尔集团	宣传推介	雅戈尔在上海最繁华的延安东路一号的雅戈尔全球形象专卖店——“外滩一号”正式亮相	品牌附加值提升及营业额超过1亿元
3	世博旅游建设项目投资	旅游景区建设	2009年度全市旅游建设项目共计57个，总投资达到254.49亿元	254.49亿元
4	接轨上海世博会进行的城市基础设施建设项目	基础设施建设		约为150亿元以上

（7）上海世博会潜在拉动作用。主要是由于参与上海世博会的影响，正在着手开展的项目，是否成功没有明确结果，但与世博会的影响密切相关，可能产生的拉动作用。该类项目预计拉动作用总额为200350万元，主要代表企业和项目见表5-42。

表 5-42　上海世博会对宁波经济潜在拉动作用预测表

序号	企业名称	主要产品	提供对象及方式	商品金额
1	音王集团	音响设备	伦敦奥运会音响设备招投标	预计为8000万元
2	宁波爱使电器公司	LED灯具	世博会给戴文良带来了灵感，也解决了困扰LED光源的技术问题	市场约增值3000万元
3	涂料与涂装行业协会	特种涂料	邀请中科院表面所相关人员开展研究工作，观念转变大	预计市场增值1亿元
4	奉化南海化学公司	无毒涂料	粉末涂料助剂无毒化研发已进入小试阶段	300万元
5	大达化学公司	工程涂料	工程涂料技术研发项目也落实了研发资金	300万元
6	宁波吉江汽车制造有限公司	新能源公交系统	即将开展研发制造	1200万元
7	雅戈尔集团	汉麻面料	引起了包括德国在内的欧洲同行的惊叹，纷纷要求订货	8000万元
8	欧琳厨具	厨具	推广新产品，打造国际化的品牌产品	3000万元
9	吉利集团	汽车系列	吉利汽车发动机在世博园区进行展示宣传	9000万元

续表 5-42

序 号	企业名称	主要产品	提供对象及方式	商品金额
10	宁波永发集团	保险箱	永发保险箱	市场占有率可提升 1000 万元
11	宁波海伦钢琴有限公司	钢琴	海伦钢琴	500 万元的市场增值
12	宁波北仑海伯钓具配件有限公司	钓具	海伯钓具	300 万元增值
13	宁波德业科技集团有限公司	电器	德业直流变频控制器及芯片	1000 万元的增值
14	宁波奥森健身器材科技有限公司	健身器材	奥森 618 零重力按摩椅	800 万元增值
15	宁波市沁香园农业开发有限公司	花卉	沁香园水培花	增至 200 万元
16	慈溪芙蓉山里人家生态观光园	旅游休闲	中非共和国向慈溪芙蓉山里人家生态观光园有限公司颁发了“指定用杨梅”荣誉证书	品牌效益 200 万元，市场增至 500 万元
17	宁波国家高新区	招商引资	金蝶软件和电子科技大学项目	超过 10 亿元
18	宁波国家高新区	招商引资	召开由索非诺瓦公司组织的“CEO-Day”峰会和宁波研发园考察推介活动，组织接待了中国移动、中国普天、东软集团、IBM 等十多批重要嘉宾	预计合同额 1 亿元
19	宁波市海曙区政府（海曙区上海招商推介会）	招商引资	促成了渣打银行（中国）有限公司、上海福满家便利有限公司、上海建工集团、财富控股（中国）有限公司、中影集团等一批服务业项目签约	签约额 1.3 亿元
20	宁波市海曙区政府	招商引资	考察高纬环球、世邦魏理仕、第一太平戴维斯、高力国际、仲量联行等五家国际中介机构	合作前景涉及资金 3 亿元以上
21	宁波市海曙区政府	旅游推介	举办“看世博，游宁波”广场嘉年华	品牌提升花费 30 万元，品牌增值 200 万元
22	宁波市振宁牧业有限公司		振宁牧业现已成为 2010 年上海世博会宁波馆选用产品供应商	直接投入和品牌提升 50 万元

续表 5-42

序 号	企业名称	主要产品	提供对象及方式	商品金额
23	奉化溪口镇驻世博未来馆	城市品牌	与德国弗莱堡、澳大利亚堪培拉、坦桑尼亚达累斯萨拉姆、美国圣迭戈和墨西哥提华纳作为五大洲的城市代表入驻世博未来馆	品牌提升度在500万元以上
24	余姚泗门镇入选中国馆展示	城市品牌	发展路径视频入选中国馆展播	直接投入和品牌提升50万元
25	宁波天天背靠背服饰有限公司	企业品牌	参加2010年上海世博会民营企业联合馆“闪耀世博 寻找坐标”展示活动	直接投入和品牌提升50万元
26	宁波经济技术开发区海欣礼品文具有限公司	企业品牌	参加2010年上海世博会民营企业联合馆“闪耀世博 寻找坐标”展示活动	直接投入品牌提升50万元

五、拉动作用计算结果分析

上海世博会从筹备到举办期间，宁波市政府共投入政府公共服务资金105780万元（含约10亿元城市管理及服务投入）。仅2009年，全市城市基础设施建设投入达到150亿元、旅游景区、酒店建设项目整体投入为249亿元。有150余家宁波企业参与了上海世博会的相关活动。

全市累计直接拉动作用523788万元。其中第一产业直接拉动作用59448万元，第二产业直接拉动作用28460万元，第三产业直接拉动作用435880万元。

世博会期间签约和达成合作意向的项目有50余项，涉及金额达到1043520万元，将在世博会后五年内对宁波市经济和社会发展发挥重大的推进作用。

此外，上海世博会可间接带动宁波经济和社会发展的综合效益达到4060000万元。世博会后五年，由世博品牌产生的间接带动作用可以达到200350万元。

除经济效益外，上海世博会还提升了宁波市的城市品牌，完善了城市功能，优化了城市环境，提升了县市区政府公共服务水平，为宁波市未来的高速发展奠定了坚实的基础。

第六章

宁波会展业重点工作研究

宁波市具有良好的会展业区位资源、产业资源、政策资源、设施资源和服务资源，大力做好宁波市会展业发展，全面推进会展品牌化建设已经具备必要的条件。但是，鉴于国内相关城市都高度重视会展业发展，因此，宁波市的会展业要紧密结合自身的特色资源，重点做好具有基础好、潜力大的优势会展项目，促进会展业的差异化和特色化发展。

第一节　宁波创新发展县域会展研究

浙江省是国内县域会展经济比较发达的省份。尤其是宁波市，以余姚、宁海、慈溪为代表的县域会展经济，在国内县级会展城市中已经产生较大的影响。因此，立足发达的县域经济，积极探索宁波市县域会展产业发展，不仅是提升会展综合竞争力的重要手段，也是进一步优化县域会展经济的有效渠道。全市县（市）区特色会展项目统计表见表6-1。

表6-1　全市县（市）区特色会展项目统计表

县　域	项目名称	举办时间	已办届数	间　隔
余姚市	中国余姚·河姆渡农业博览会	1月10日	3	1年/届
	中国塑料博览会	11月6日	13	1年/届
江东区	中国国际家居博览会	4月8日	8	1年/届
宁海县	中国徐霞客开游节	5月19日	9	1年/届
海曙区	宁波购物节	7月29日	5	1年/届
象山县	中国海洋经济峰会、中国开渔节	9月16日	6/14	1年/届
北仑区	中国宁波国际港口文化节	10月16日	2	2年/届
镇海区	宁波镇海区菊花展	10月24日	24	1年/届
江北区	中华慈孝节	10月25日	3	1年/届
鄞州区	中国梁祝爱情节	10月30日	5	1年/届
东钱湖旅游度假区	中国国际湖泊休闲节	10月31日	3	1年/届
奉化市	中国（奉化）雪窦山弥勒文化节	11月8日	4	1年/届
慈溪市	中国慈溪家电博览会	12月8日	7	1年/届

一、余姚市会展业发展现状

会展业作为新兴行业，因其产业链长，对工业和服务业的拉动效应明显，已经成为很多城市和地区经济发展新的增长点。余姚也不例外，自1999年举办第一届中国塑料博览会起，到2000年投资3亿元建造中塑国际会展中心，完善会展场馆建设，再到2007年，余姚市政府出台政策对举办与其支柱产业或重点市场相关联的专业性、特色性等展览项目以及新注册的会展公司等给予展位补助或税收补助。不仅连续13年举办中国塑料博览会，还相继举办了中国小家电博览会、中国（余姚）五金工具出口产品博览会（即全国电动工具配套会）等多个在业界有影响力的展会。余姚会展业从无到有，从小到大，已形成明显规模。

（1）会展基础设施建设。

1）场馆。余姚建有总面积4.2万平方米的中塑国际会展中心，共有8个展馆，可设2000余个标准展位。展馆内设施较齐全，包括强电、弱电、供给水、空调等设备，防盗报警和闭路监控系统，LED电子显示系统，自动扶梯2部，广播系统，消防自动喷淋系统、烟感报警系统，另有计算机无线网络系统覆盖整个场馆。会展中心配套服务较完善，拥有商务中心提供现场办公室、传真、复印等服务，另提供保安服务、餐饮休闲服务和其他服务。会展中心地处余姚中国塑料城内，地理位置优越，东距宁波40公里，西距杭州市120公里，离杭州湾大桥仅30公里，南接沪杭甬高速公路、萧甬铁路，北临329国道，便捷的交通网络，使得会展中心的区位条件十分优越。余姚中塑国际会展中心曾入选“2008～2009年度中国十大潜力会展场馆”榜单。

2）酒店。据不完全统计，余姚现有35家星级酒店，其中五星级酒店2家，各类商务宾馆遍布全市。在中国塑料博览会举办期间，酒店与宾馆入住率达到了95%。余姚三星级以上的酒店，均有比较完善的设施设备、先进的服务与管理理念，为参展商与客商提供餐饮、住宿、康体娱乐等配套服务。此外，酒店中的大型会议室为会议、论坛提供场地，如“中国塑料产业发展国际论坛”的举办场地便是余姚太平洋大酒店会议厅。

会展基础设施建设状况是县域会展发展水平和文明程度的重要支撑，是县域会展经济和社会协调发展的物质条件。余姚的会展基础设施较完善，具有较强的会展举办接待能力，有助于余姚县域会展的发展。

（2）会展管理体系建设。余姚市十分重视会展管理体系建设，已经完成会展产业规划、会展管理办法、会展产业扶持政策和会展项目评估标准的制定工作。并在此基础上，制订了余姚市会展产业考核评价办法。

1）余姚市会展工作办公室（简称会展办）作为余姚会展工作领导小组常设办事机构成立于2009年，专门研究余姚会展业发展规划，牵头整合会展资源，规范会展业运行机制，协调解决会展活动中的重点、难点和方向性问题，牵头组织实施由余姚市政府主办（承办）的会展和大型活动，完成宁波市大型活动办公室和余姚市会展工作领导小组交办的其他工作。

2）会展政策扶持。余姚市委、市政府对发展会展经济十分重视，专门成立会展工作领导小组并下设办公室。随后出台《余姚市会展项目集体会审制度》（试行）。该项制度对举办会展的申请、相关资料的报批等内容都作了明确的规定。同时规定，根据档次和规模，对会展实行分级审批管理。

余姚市政府2009年出台会展业扶持政策，2010年出台会展业鼓励政策，2011年发布《关于加快经济转型升级促进经济发展方式转变的若干政策意见会展业发展政策实施细则》等，不断加强会展业发展扶持政策力度，对来余姚举办、引进展会、注册成立展览公司等内容给予政策补助奖励。同时，不断健全服务制度，对来余姚举办的会展项目提供即时受理、简化审批、综合保障等各类服务。各乡镇街道和市直有关部门积极举办各类节庆、旅游活动。全市各级各部门对在余姚举办的各类展会都能全力支持、密切配合，共同为展会举办者提供高效优质服务。2010年制定余姚市会展工作考评办法（试行），进一步调动市直各部门发展会展业的积极性，加快会展业发展，推动余姚会展经济持续、快速、健康发展。

（3）余姚会展项目情况。自1999年举办第一届中国塑料博览会以来，在历届市委、市政府的高度重视下，通过全市上下的多年努力，余姚会展业充分利用其独特的地理区位和资源优势，取得了长足进步。会展业的发展还带动了其他产业的进一步发展和提升，对余姚的经济发展起到了推动作用。余姚主要会展活动时间及地点分布情况见表6-2。

表6-2　余姚主要会展活动时间及地点分布表

时间	展会名称	举办地点	面积/平方米	主办单位	承办单位
1月	中国余姚河姆渡农博会	中塑会展中心	20000	余姚市政府	余姚市农林局
4月	中国（余姚）电动工具配套暨五金工具博览会	中塑会展中心	15000	中国电器协会电动工具分会、余姚市人民政府	余姚众源创意展览有限公司
	余姚（春）汽车交易会	中塑会展中心	30000	余姚市中国塑料管委会	余姚中塑展览公司
	余姚（春季）婚博会	中塑会展中心	5000	余姚市中国塑料管委会	余姚中塑展览公司
	“神奇大岚”四明山茶文化旅游节	余姚市大岚镇	/	余姚市大岚镇政府	余姚市旅游局、余姚市农林局
	四明山红枫樱花节	余姚市	/	余姚市四明山镇政府	余姚市旅游局

续表 6-2

时间	展会名称	举办地点	面积/平方米	主办单位	承办单位
5月	海洋生物科普展	中塑会展中心	2000	玉林创奇服务展览有限公司	玉林创奇服务展览
	余姚春夏服装展销会	中塑会展中心	5000	临海中创世典展览有限公司	临海中创世典展览
	国际河姆渡文化节	余姚市	/	中华文化促进会、余姚市政府	市文广局、市旅游局
6月	余姚市高校招生咨询展	中塑会展中心	10000	余姚市教育局、余姚市文广局、余姚市中国塑料城管委会	余姚市中塑国际展览管理有限公司
	余姚教育图书展	中塑会展中心	5000	余姚市教育局、余姚市文广局、余姚市中国塑料城管委会	余姚市中塑国际展览管理有限公司
	中国·余姚杨梅节	余姚市	/	余姚市政府	余姚市政府
7~8月	高山西瓜节	余姚市鹿亭乡	/	余姚市鹿亭乡政府	余姚旅游局
	临山葡萄节	余姚市临山镇	/	余姚市临山镇人民政府	市旅游局、农林局
	余姚四明山清凉避暑节	四明山风景区	/	余姚市旅游局	四明山旅游风景区
9月	全国百强县市汽车巡展(余姚)站	中塑会展中心	5000	中国汽车报、中国汽车新闻工作者协会	余姚市好唧哉会展服务有限公司
	余姚(秋季)婚庆用品展	中塑会展中心	5000	余姚市中国塑料管委会	中塑国际展览公司
	房产家居博览会	中塑会展中心	20000	中国房地产开发商协会	宁波鼎博国展公司
10月	中国(余姚)日本(高岛市)书法交流联展	中塑会展中心	3000	余姚市书法家协会、日本藤树先生献书会	余姚市书法家协会
	四明山丹山赤水柿子节	丹山赤水景区	/	余姚市旅游局、农林局	丹山赤水旅游公司
	四明山旅游节	余姚市	/	余姚市政府	余姚市旅游局
	中国余姚裘皮服装节	中国裘皮城	/	中国皮革协会、中国商业联合会	中国裘皮城
	牟山湖大闸蟹休闲节	余姚市牟山镇	/	余姚旅游局、贸易局、农林局	余姚市牟山镇政府

续表 6-2

时间	展会名称	举办地点	面积/平方米	主办单位	承办单位
11 月	中国塑料产业国际论坛	太平洋大酒店	/	余姚市政府	余姚市贸易局
	中国塑料博览会	中塑会展中心	42000	中国石化协会、余姚市政府	中石油销售公司
	余姚(冬季)汽车交易会	中塑会展中心	30000	余姚市中国塑料城管委会	中塑展览公司
	中国小家电博览会	中塑会展中心	10000	中国机电产品进出口商会	中塑展览公司
	余姚汽车配件展	中塑会展中心	10000	浙江省汽车行业协会	浙江申汽会展公司
	中国裘皮产业发展论坛	中国裘皮城	/	余姚市政府	中国裘皮城
12 月	余姚秋冬服装展销会	中塑会展中心	5000	临海中创世典展览有限公司	中创世典展览公司

资料来源：宁波会展经济研究所。

由上表可知，余姚主要的展览有 17 个，举办展览面积在 2 万平方米以上的大型展览有 5 个。1、4、5、6、9、10、11、12 月份均有展览活动，主要集中在每年的下半年，举办地点主要在余姚中塑国际会展中心；会议（论坛）不定期不定点举行，举办地点主要在余姚中塑国际会展中心和余姚的各大酒店会议室；节庆活动从 3 月份开始逐渐增多，以农业类节庆和文创性节庆为主，举办地点包括了余姚的数个乡镇和街道。

2011 年余姚共举办展览 17 个、会议（论坛）8 个、节庆活动 11 个，会展活动数量和经济效益均比上年增长 10%；2012 年余姚举办会展 25 个，涉及经济、科技、教育、文化、消费等多个领域，其中展览 17 个，展出面积 22.4 万平方米，会议（论坛）8 个，参会人数 2000 多名。可见，余姚会展呈现良好势头。

会展品牌建设。随着余姚会展业的不断发展，个别会展项目显现优势，成为品牌展会。自 1999 年开始，余姚塑博会至今已连续举办 14 届。第十四届塑博会以“2012 中国（余姚）国际塑料博览会暨第十四届中国塑料博览会”冠名，并列入 2012 年度商务部引导支持展会。据统计，前十三届博览会累计参展企业 6436 家次，参展参会中外客商 179 万余人次，成交总额 378.51 亿元，签订中外合资合作项目 410 个，总投资 77.98 亿美元，协议外资 17.95 亿美元。近几年，中国塑料博览会被评为宁波市优秀展会项目银奖、中国（品牌推广）最佳展会、中国最具影响力的专业品牌展会、中国会展产业金手指奖等。余姚塑博会已发展成为中国塑料行业最具行业知名度、影响力的品牌，被誉为“中国塑料行业第一展”。

（4）会展服务体系建设。

1）余姚会展坚持“政府推动、市场运作”的发展理念，市政府出台扶持政策，引进国内外知名展览公司和培育本土展览机构相结合，促进商务会展朝“服务专业化、运作市场化”方向发展。展会的举办遵循市场运作规律，参与展会的主体广泛，包括企业、团体、个人等。切实履行了政府主导与市场化运作相结合的办展思路，使会展业成为推动余姚经济发展的新引擎。

2）会展志愿者服务体系建设方面。余姚市团委组织广大志愿者积极参与公共服务平台建设，2011 年全市各级志愿者组织累计志愿服务达 15 万余人次，服务总时数达 45 万小时。圆满完成了中国塑料博览会、国际河姆渡文化节、中国小家电博览会、余姚农业博览会等大型会展志愿服务工作，确保了会展项目的服务质量。

3）会展人才方面。余姚会展对专业会展人才十分重视，与浙江万里学院建立合作交流关系，余姚市中塑国际展览管理有限公司为学校会展经济与管理专业的学生提供实习岗位和工作岗位，将专业的会展知识运用到余姚会展中，活跃余姚会展的理论研讨和实际操作。

二、慈溪会展业发展现状

慈溪市是宁波市较早开展县域会展探索的城市。慈溪市县域会展业的发展主要依托家电产业，围绕家电常年展，努力打造县域会展综合体，初步形成场馆、酒店、展览、会议、节庆、活动为一体的会展业发展特征。

（1）科学规划会展项目。中国慈溪家电博览会（CHAE）是中国家用电器商业协会、台湾电机电子工业同业公会、慈溪市人民政府共同主办的长三角地区极具影响力和权威性的家用电器专业展览会之一。经过前五届的精心培育，先后获得了“金手指奖”、“中国五大家电行业展会”、“中国品牌展会金鼎奖”、“中国十大最具发展潜力展会”等殊荣，得到业界广泛的认可和肯定。“慈溪家博会”已成为慈溪市政府对外合作交流的一张“金名片”。

2011 中国慈溪家电博览会展出面积突破 25000m^2，共设国际标展 1000 余个，近 500 家家电企业得到集中展示。“方太”、“卓力”、“先锋”、“沁园”、“韩电”、“公牛”、“惠康”等慈溪本地知名品牌纷纷亮相，充分展示了慈溪家电的综合实力。据会后统计，展会共吸引了来自 25 个国家和地区、31 个省市 287 个城市的专业观众到会参观采购，接待各类参会人数突破 3 万人次，海外专业客商近 800 人。此外，本届展会合同和意向成交良好，场外签订中外合资合作和科技经贸合作项目 26 个，合同内外资 28 亿元，签约或意向经贸成交额达 10.32 亿元。2013 年慈溪市主要展览项目一览表见表 6-3。

表 6-3 2013 年慈溪市主要展览项目一览表

序号	项 目 名 称	举办时间	主办单位
1	慈溪工业博览会	4 月 10 ~ 14 日	慈溪市工业局
2	中国慈溪家用电器博览会	4 月 19 ~ 24 日	慈溪市家电协会
3	慈溪第十五届中外名车展	4 月 26 日 ~ 5 月 1 日	慈溪江南会展公司
4	2013 春夏丝绸服装服饰慈溪展销会	5 月 7 ~ 22 日	慈溪江南会展公司
5	2013 古典红木家具博览会	5 月 28 日 ~ 6 月 3 日	宁波城之新会展公司
6	中国（慈溪）家用电器交易会暨配件采购会	8 月 13 ~ 18 日	慈溪市家电协会
7	2013 慈溪婚庆博览会	9 月 19 ~ 21 日	慈溪江南会展公司
8	2013 年慈溪市房博会	10 月 11 ~ 14 日	宁波城之新会展公司
9	第 16 届慈溪车展	10 月 18 ~ 21 日	慈溪江南会展公司
10	2013 慈溪秋冬服装服饰展销会	10 月 26 日 ~ 11 月 6 日	慈溪江南会展公司
11	2013 浙江（慈溪）机床工磨具展览会	11 月 16 ~ 18 日	慈溪博文会展公司

资料来源：慈溪市会展中心管理有限公司。

（2）强化会展服务环境。慈溪市会展业结合慈溪市政府提出的智慧城市建设，以“智能化”为主题，倡导“智能、低碳、环保”等新发展理念，博览家电精品，引领消费潮流，搭建合作平台，共创发展未来。同时，为促进家电产业转型升级，依托产业发展优势，优化产品结构、加快家电企业技术创新，慈溪家博会除常规的贸易展览和招商引资经贸洽谈外，还结合家电产业发展同期举办了国内经销商面洽会、第六届慈溪自主创新科技合作交流会、第三届“慈溪杯”家电工业设计大赛、智能家电科技沙龙活动、家电人才招聘洽谈专场等主题活动。此外，为积极拓展国外市场，促使世界了解慈溪家电，也让慈溪家电更好地走向世界，展会还特别安排了国际买家对洽会、东南亚华商侨商家电采购对接会、台商采购投资慈溪行等活动，吸引了来自美国、加拿大、英国、法国等国家和地区从事投资、采购、商务代理等领域负责人到场参观洽谈。

下一步展会将继续引导企业走“智能”和“节能”发展路线，进一步倡导“低碳、环保、科技、品牌”等产业发展理念。展会平台将延续展示名优家电，推动行业合作交流，依托产业发展优势，引导优化产品结构，不断加快引导技术创新，不断促进产业转型。未来的展会发展，将在展览和展示的服务平台基础上，更加注重展会贸易实效，将进一步重视“中小家电企业”和“中小家电采购商”的发展实际需求，全面深入中小家电企业实践调研，不断满足家电企业发展与营销实际需求；同时，也将全面深入国内各级家电市场及东南亚、非洲等采购市场，为实现“慈溪家电”全球销售而不断努力。

（3）优化项目体系。2011年，慈溪市继续致力于完善和优化会展中心的服务和管理水平。通过向宁波、上海、深圳等会展业发达的展馆学习先进的管理经验，以及与余姚、绍兴、义乌等周边城市会展中心的交流探讨，结合城市的城市地位、产业特点及展馆的自身条件，不断摸索与完善符合慈溪会展中心发展的管理模式。

在引进展会方面，继续加大展馆推广力度，通过报刊、网络、展会现场交流等各种途径捕捉展会信息。2011年成功引进展览项目11个，展览面积近7万平方米。展会行业分布于工业模具类、家电类、农产品类和汽车服装类。受诸多因素影响，2011年会展活动呈现出以消费类展会为主、贸易类展会为辅的态势。

消费类展会生机勃勃，占主导地位。在2011年度的展览活动中服装展、汽车展等消费类展会仍占主导地位，且在数量和质量上较之往年均有上升趋势。慈溪发达的经济、强大的购买力为消费类展览会的生存和发展提供了先天有利条件。2011慈溪中外名车博览会（春季）、2011慈溪市第五届汽车文化节、2011第十二届慈溪中外名车展览会（秋季）、2011慈溪春夏丝绸服装服饰展、2011慈溪秋季服装服饰展等展览会均交易火爆，办展效果理想。贸易类展会尚需多方扶持，但生命力顽强。2011年度引进的展会活动中，贸易类展会屈指可数。工业模具展，几年来在缺乏政府支持、行业协会帮助的情况下2011年依然顽强生存，且在展位数量上有所突破。

三、宁海县会展业发展状况

宁海县在会展业发展中，重视展览、节庆、会议活动齐头并进，取得了较好的效果。此外，宁海县还具有较为完善的会展管理体系。

（1）会展设施情况。宁海国际会展中心是集会展、展销、商贸、办公、会议培训、餐饮娱乐、体育健身于一体的现代化、多功能、综合性的会展中心。该项目占地78.5亩，规划总建筑面积约73604平方米，分为两期工程建设。一期工程分为地上五层和地下一层，其中地上建筑面积39480平方米，地下面积15898平方米；二期工程分为两层，建筑面积18226平方米。广场面积约3万平方米，广场绿化面积8474平方米。会展中心展览面积约13494平方米，其中一期工程展览面积约2624平方米，可设标准展位130个；二期工程一楼展厅面积约5435平方米，可设标准展位270个，二楼展厅建筑面积约5435平方米，可设标准展位200个，共计标准展位600个。同时，可在广场空地临时搭建展位补充展会需要。会议中心面积约3500平方米，其中多功能厅面积约1176平方米，可容纳600～1000人参加会议；有各类其他会议室13～16个，每个会议室分别可容纳40～100人。

（2）会展管理体制情况。宁海县结合举办中国徐霞客旅游节，与2003年成立大型活动办公室。负责研究制定全县推进会展业、节庆活动发展的规划和相关政策；负责全县性大型活动和会展活动的策划、管理、组织、保障实施等工作；牵头协调相关部门，保障活动的正常开展。管理指导各部门和乡镇（街道）举办的各类节庆活动。参与策划展示、推介宁海城市形象和对外宣传工作。负责宁海县会展中心(在建)的管理。承担中国徐霞客开游节组委会办公室的日常工作。

(3) 主要会展活动情况。宁海县的会展活动主要以节庆为主，展览是近两年来逐渐发展起来的，现在主要是模具展和家具展、汽车展、食品展等中小项目。下一步，计划逐步加强与国内外会展企业的合作，尤其是加强与上海、杭州等城市会展企业的合作，争取引进一些适合宁海地方产业发展的相关项目。此外，宁波市相关会展企业也在进一步加强与宁海县大活动办、宁海会展中心的合作，将部分较为成熟的项目在宁海举办子项目或设立分会场，逐步提升宁海县会展业的整体实力。

四、县域会展的空间布局与发展思路

根据全市资源禀赋和功能分区，结合现有专业会展场馆资源分布和市、县会展业发展现状，统筹考虑各地会展业发展的新趋势，着力构筑“一核支撑、两翼协同、多点补充”的会展产业空间布局。

(1) 打造一个核心集聚发展。以江东区国展中心为会展核心集聚区，依托宁波国际会议展览中心及周边宾馆（酒店）等会议设施，重点发展贸易类展会，鼓励发展消费类展会，培育发展虚拟网络展，引导发展相应专题会议论坛，努力提升各类展与会的国际化水平，大力助推常年展发展。借助会展业位于现代服务业产业链前端的特征，充分发挥会展的注意力经济效应、信息交流作用、文化促进作用和消费拉动效应，与宁波国际金融中心、宁波航运中心共同构建支撑宁波现代服务业发展的现代服务业集聚区和城市综合体，基本建成立足长三角、辐射国内、面向世界和有宁波特色的区域性国际会展之都的核心集聚区。

(2) 推进“两翼”错位发展。北翼以余姚中塑国际会展中心、慈溪国际会展中心专业会展场馆为依托，重点培育发展依托本地产业优势、市场优势的贸易类展会；积极承接上海等城市的会展项目转移，尝试服务地方特色产业的小型专业化展会主题与模式的创新培育，探索具有宁波特色的县域会展经济发展新模式；适度发展消费类展会，实现与市本级展会协同错位发展；依托各地风景旅游景点的宾馆（酒店）资源，积极发展商务性会议论坛，推动展与会互动发展。

余姚市要在继续做好中国国际塑料博览会、余姚农博会等会展项目的同时，结合地方产业特点，积极探索培育金属材料类、文化产业类会展项目，研究县域会展经济发展的新思路，并做好相关会议、节庆活动。

慈溪市要在继续做好中国慈溪家电博览会等现有会展项目的基础上，积极探索与上海市会展机构的合作，积极承接上海市的相关会展项目的转移，探索县域城市综合体的建设，努力服务地方经济和社会发展。

南翼以规划中的象山海博园区、建设中的宁海县会展中心以及迁建奉化的上海世博会滕头馆为依托，重点发展海洋会展、生态会展和会展旅游项目。积极探索滨海会议产业和美食休憩等会展旅游相关产业，适度发展与地方经济有密切关联的中小型特色会展项目。

宁海要重点以中国徐霞客开游节为引领，以“5.19”国家旅游日为资源支撑，推动节庆产业与旅游业、体育运动和休闲健康产业融合互动发展；积极发挥在建的宁海县会展中心的作用，重点培育发展模具、数控机床等产业的贸易类展会；加快推进溪南国际会议中心建设，努力打造华东重要的特色会展中心。

象山要重点依托海洋、海岸、海岛等资源优势，做强渔文化主题，继续办好中国海洋论坛、中国开渔节等节会活动；加快推进大目湾海博园区规划和建设，积极发展“蓝色”海洋会展业，努力打造海洋特色会展服务新平台。

奉化县要以中国奉化雪窦山弥勒文化节、奉化水蜜桃节为依托，做强做大佛教文化、两岸文化、后世博文化主题，重视发展特色节庆项目，积极推进休闲会议产业发展，探索会展旅游产业发展的新途径。

（3）带动“多点”特色发展。鄞州区要重点挖掘历史文化资源，继续创新办好中国梁祝爱情节等节庆活动。借助区域内高级宾馆（酒店）的集聚优势和南部商务区、南高教园区的城市综合体资源，积极引进举办国家化高端商务性会议论坛和培育相关特色活动，努力打造特色商务会展区块。发挥鄞州万达广场的作用，通过举办小型汽车展、食品展、特色商品展等丰富市民的文化生活，促进消费。东钱湖旅游度假区要重点加快推进国际会议中心建设，依托丰富的特色湖泊资源，积极招会引会，继续创新办好中国国际湖泊休闲节，力争打造成为华东地区重要的国际会议基地。镇海区要充分运用“院士文化”、“宁波商帮”等资源，发挥中科院材料所的科研优势和国家级石化经济技术开发区的产业优势，重点培育发展新材料、石化工业等“新蓝海”会展业。继续办好中国开放论坛，努力把九龙湖打造成具有较强竞争力的重要商务会议基地。海曙区要充分发挥高星级酒店集聚的优势，进一步探索会议产业的发展思路，结合我市的特点，重点发展综合性会议、专业性会议，提升海曙区的会议酒店产业发展。北仑区要重点依托港口文化资源，继续办好中国宁波国际港口文化节。充分发挥梅山保税港区功能优势，探索进口商品展示基地建设，并与江东区的国展中心常年展、临时展联动发展。江北、奉化要重点分别依托慈孝文化、弥勒文化，继续办好中华慈孝节、中国（奉化）雪窦山弥勒文化节，实现文化产业与会展产业共同发展。其他县（市）区要结合自身的产业优势、市场优势、文化优势和旅游资源、场馆资源，实现会展业特色发展、错位发展。

第二节　强化智慧会展体系建设

近年来，随着经济全球化以及互联网的快速发展，会展信息化的应用也越来越广泛。宁波市作为国内首批“智慧城市”试点城市，如何借助智慧服务体系建设，努力打造宁波市智慧会展服务体系，推进全市会展信息化的发展具有十分重要的意义。

一、指导思想及工作目标

（1）指导思想：坚持“依托产业、服务产业、提升产业”的指导思想，立足宁波市较为发达的会展产业，围绕宁波市工业转型升级、从宁波制造向宁波创造转变的大趋势，整合城市会展主管部门、会展设施管理机构和市级行业协会资源，通过集成全市的工业类会展项目资源，从信息发布、网络市场、智慧会展、市场及产品分析评价等角度开展工作，努力服务于宁波工业经济倍增战略。

（2）工作目标：建成宁波市工业会展为核心、服务于块状经济、特色产业集群和专业市场的会展项目服务平台。

1）工业会展项目的集聚平台。从会展项目信息发布角度入手，将市内已有的工业会展（展览、会议）项目，从展（会）前、展中、展后三个角度集中在平台上展示推介，重点宣传，为市内企业参展参观参会提供服务，为参展商及客商提供后续洽谈交易，为展会所在地特色产业发展做好宣传推介。

2）工业产品专业市场的服务平台。从常年展示项目角度入手，将全市主要工业产品专业市场网络化经营，实现实体市场与网络市场的有机结合，并计划面向国际市场推出外文版面，提升工业产品市场的国际竞争力。

3）工业企业参展观展服务平台。为全市工业企业选择合适的会展项目出省、出国参展、推介浙江省工业企业及产品提供展会选择、展品运输、展台搭建、展板设计等服务，为企业拓展国内外市场提供信息和技术支持。

4）工业产品会展营销的统计分析平台。通过收集境内外企业在全市境内的工业类会展项目和工业产品常年展示交易市场参展、参观、洽谈、交易情况，分析产品的市场需求情况，为企业产品创新和市场拓展提供信息支撑。

5）宁波市工业园区宣传推介平台。既可以宣传工业园区的整体情况，为工业园区招商引企提供服务，也可以推进园区的企业与产品，扩大园区的企业及产品的影响，同时可通过网络平台促成企业与客户间的洽谈交易。

6）专利技术展示推介平台。与国家版权局和省版权局以及高校科研院所等合作，宣传推介与工业企业相关专利技术、软件著作权产业化应用等，为企业利用专利技术提供便利。

7）工业设计网络服务平台。通过介绍市内外著名的工业设计机构及其服务产品，为工业企业与工业设计机构合作搭建桥梁，推进宁波制造向宁波创造转变。

二、主要建设内容

（1）宁波会展网。通过建设宁波会展网，将工业经济类会展（展览、会议、大型活动）项目、市内主要会展场馆、会展主营企业、会展相关服务机构的基本情况整合成信息服务平台，通过网络平台发布，为市内工业企业提供会展服务信息。

（2）宁波市工业经济市场网络会展平台。将全市工业产品专业实体市场转化为网络市场，在网络平台上详细介绍全市工业产品市场各展位的产品特点及价格等信息，通过网络平台向国内外推介。

（3）宁波会展网上展厅。在会展举办期间与企业及用户进行互动交流，在会展结束后对工业类会展项目进行网上展示。按照展台实景介绍参展企业及产品，同时支持参展商、客商展后洽谈交易。

（4）宁波工业经济智慧会展服务体系。构建以智能手机为终端的智慧会展服务体系，纳入宁波市智慧城市服务体系，通过移动网络系统发布信息、与手机用户互动交流，通过手机进行有奖问卷调查，获奖者可获得宁波市工业会展项目的门票、套票以及参加宁波市会展业年会等奖励。

（5）宁波市工业会展会展项目统计评价体系。通过在市内会展场馆建立会展项目远程监控体系、数据采集体系，在工业会展主办机构设立参展商、客商数据采集体系，汇总分析我市工业产品国内外市场关注度和供需情况，为工业产品设计开发、市场营销提供信息支持。

（6）宁波市工业园区展览会。通过平台展示，宣传推介全市工业园区的功能、政策等，以及进一步宣传园区的企业、产品，同时也为开展交易提供便利。

（7）工业设计网络服务平台。既可以提供必要的工业设计公共服务软件，也可以提供工业设计典型案例。通过介绍市内外著名的工业设计机构及其服务产品，为工业企业与工业设计机构合作搭建桥梁，推进宁波制造向宁波创造转变。

（8）国内外工业会展项目数据资源库。汇集国内外主要工业会展项目，包括行业、展品、主办单位、参展企业、主要客商等数据资源，为全市企业参展提供参考。

三、项目的整体架构

结合宁波智慧城市平台功能，围绕会展业发展的相关需求，以手机终端用户群体为主要服务对象，参照其他服务业的项目设置，宁波智慧会展体系主要包括以下方面：

（1）宁波工业会展网。将工业经济类会展（展览、会议、大型活动）项目、市内主要会展场馆、会展主营企业、会展相关服务机构的基本情况整合成信息服务平台，通过网络平台发布，为全市工业企业提供会展服务信息。

（2）宁波工业会展信息接收软件。通过开发一款信息接收平台软件，设立多个用户端口以及数据处理、数据存储系统，可为全市工业会展项目上报提供相关数据和最便捷、最完善的服务。

（3）手机信息发布系统。可通过手机发布全市以及国内外会展信息，为企业、参展商、客商及观众提供服务（尤其是可提供展会后期的订货与销售服务）。

（4）视频播录系统。可通过手机、网站等多种方式，进行会展项目的录播功能，可以直接参观现场举办的会展项目，了解展馆情况，以便选择是否前去参观。

（5）手机支付系统。对于收费的会展项目，凭借手机系统与场馆的 LBS 衔接，或通过接收器物理衔接，可实施手机门票支付以及场馆购物支付服务。

（6）会展项目统计系统。既可以通过网站互动系统、会展信息接收平台等方式进行工业会展项目的统计，也可以采用手机下载二维码，可以在场馆进行免费登记并进入场馆，同时对客户实施会员积分。积分可换取相关的门票、礼品，积分最高者可获得年度奖励。

（7）会展智能咨询服务系统。可通过网站、手机等多个系统，获取包括交通咨询服务、餐饮住宿咨询服务、旅游购物咨询等服务，以及展台搭建、志愿者服务和危机应对服务系统等，为参展商、客商及观众提供必要的服务。

（8）会展数据手机上报平台。结合宁波会展统计平台建设，为政府部门、会展企业及相关服务机构，提供数据上报、修改、浏览等功能，以提高会展数据系统的便捷度。

（9）会展手机互动平台。可针对会展企业、会展行业协会、参展商及观众提供投诉、疑难解答、投票等功能，满足会展企业、参展商、客商互动交流的需要。

（10）手机经营服务系统。可通过该平台，为企业发布相关展会信息、人才招聘、商品销售等业务广告。

四、整体架构设计

该系统旨在依托现有的智慧宁波公共信息服务平台，嵌入宁波智慧会展工作模块，同时采用当前普遍应用的 J2EE 三层结构，构建表示层（服务端）、业务逻辑层（运行系统）、数据存储层（管理与数据库云系统）。具体框架及功能如下：

（1）智慧会展平台功能架构。该功能主要分为客户端、运行端以及存储端三个模块。三个模块有机结合，分别针对客户、运营机构和终端管理机构，系统衔接完成浙江智慧会展平台的相关服务功能。智慧会展平台架构图见表6-4。

表6-4　智慧会展平台架构图

整体架构	构建内容	主 要 功 能	设备软件
服务终端（表示层）	手机用户	可以通过手机登录智慧会展平台，浏览、下载和传送相关的信息资料	开发设计手机客户端软件及手机网站
	网络用户	可以通过电脑等登录智慧会展平台，浏览、下载和传送相关的信息资料	开发设计智慧会展网络平台
运行系统（业务逻辑层）	信息发布平台	可根据企业的需求，发布展会信息、服务信息和活动信息	会展信息发布及管理软件
	视频编辑转换平台	可根据企业提供的视频资料，经审核后对外发布	视频编辑发送软件
	手机支付系统及准入平台	能为展客商提供门票支付以及专业客商准入通行功能	手机支付系统软件、二维码识别软件
	手机统计系统	可通过安检、门禁等系统对参展商客商进行数据统计	会展统计软件
	手机咨询服务系统	可通过 LBS 搜索服务功能为参展商及客商提供周边服务项目，会展项目必要的咨询服务	手机咨询服务系统软件、二维码识别软件
	手机数据上报系统	既可以为相关部门、企业提供手机上报会展产业数据的便利，也可以为专家提供相关专业评论信息平台	会展产业数据统计手机系统手机应用版
	网络手机互动平台	可针对会展企业、会展行业协会、参展商及观众提供投诉、疑难解答、投票等功能，满足会展企业、参展商、客商互动交流的需要	手机互动平台软件
	手机经营服务系统	为企业发布相关展会信息、人才招聘、抽奖、活动安排、商品销售等业务广告	会展信息发布及管理软件
资源管理存储系统（数据存储层）	产业数据库云系统	能存储海量的会展项目、会展企业、客商及服务机构的相关数据	客户管理信息系统及后台管理系统
	智慧会展顶层管理系统	根据智慧会展体系运行情况，一方面是做好顶层设计，另一方面强化监管	监控软件以及系统整体解决方案

(2) 智慧会展的主要设备。根据功能的需求，智慧会展体系布局主要包括用户端设备、运行端设备和资源库存储设备三大类。其中用户端设备主要是场馆的接收设备，除客户自己配备的智能手机和电脑设备外，场馆等地还需要设置信号接收设备以及信息发布设备；运行端主要是网络平台配套设备、信息发送设备、采集编制设备和监控管理设备等；存储端主要需要服务器、网络空间等硬件设施以及硬件空间。智慧会展设备一览表见表6-5。

表6-5 智慧会展设备一览表

整体架构	构建内容	硬件设备
服务终端（表示层）	手机用户	智慧会展手机卡开发
	采集观测点	摄像机、照相机、监控摄像头等信息采集系统设备
	网络用户	部分用来维护和支撑的台式机、笔记本电脑
运行系统（业务逻辑层）	信息发布平台	短信信息发布必需的设备
	视频编辑转换平台	视频编辑、检测设备
	手机支付系统及准入平台	为相关场馆提供信息接收装置
	手机统计系统	为相关场馆提供信息接收装置
	手机咨询服务系统	智慧会展手机卡开发
	手机数据上报系统	智慧会展手机卡开发
	手机互动平台	智慧会展手机卡开发
	手机经营服务系统	信息发送服务系统
资源管理存储系统（数据存储层）	产业数据库云系统	服务器
	客商数据库云系统	服务器

上述对城市智慧会展体系的整体框架进行设计。其主要目的在于通过设计开发智慧会展体系，将会展业纳入智慧城市服务框架，通过智慧城市平台，优化整合会展业资源，构建决策平台及数据库系统，进一步提升城市会展业发展的信息化水平，全面提升城市会展业的综合竞争能力。

第七章

宁波会展业发展的对策建议

第一节　宁波市会展业发展的整体思路和基本原则

一、整体思路

以科学发展观为统领，深入实施“六个加快”战略，以会展业转型升级为主线，以调结构、促提升、增实效为目标，以政策推动、创新驱动、开放带动为途径，按照市场化、专业化、国际化、品牌化、联动化的要求，优先发展以贸易类展会为重点的展览业，引导发展商务性会议和特色节庆产业，积极发展新兴“蓝色”海洋会展业，着力推进会展业从注重数量规模向提升质量效益转变，着力推进政府主导性会展项目向市场主导性会展项目转型，着力推进以“内消”展会为主向“内消 + 外销”展会协调发展转向，加快把宁波打造成为区域性国际会展之都。

二、基本原则

（1）坚持市场化发展。积极推行政府主导型会展项目“1 + 1”运作模式，即由一个政府职能部门牵头协调、一个专业会展企业或行业协会具体参与承办，不断提升市场化、专业化运作水平。充分发挥会展企业和行业协会的主体作用，大力扶持市场主导型会展项目。

（2）坚持专业化发展。正确处理会展数量规模和质量效益的关系，择优发展一批符合我市产业发展需要的导向型、自主型、潜力型贸易类特别是专业性较强的展会，不断提升其他会展项目的专业化水平；大力培育一批实力型专业会展主体；积极培养一批实用性专业人才和从业人员。

（3）坚持国际化发展。依托我市开放优势，加强与国际会展机构的合作与交流，加大国际招展招商的力度，重点培育引进一批具有较强国际性的展会项目，努力提升节庆项目、会议论坛的国际化水平。学习借鉴国际会展业经营管理、服务保障、人才培养等先进理念，积极探索具有国际化特征的会展业发展机制。

（4）坚持品牌化发展。按照“稳中求进、进中求质”的要求，努力优化提升一批、培育扶持一批、策划创新一批，加快发展一批国际性较高或国内知名、区域辐射较强的规模大、效果佳的自主品牌会展项目，积极推进会展“品牌项目、品质产业”工程实施。

（5）坚持联动化发展。积极推进市县两级会展业联动、错位发展；充分依托产业优势、市场优势和开放优势，推动常年展、临时展、网络展联动发展；更加注重会展业与先进装备制造业为重点的工业和旅游、贸易、海洋等相关产业紧密式联动发展。

三、发展目标

到2015年，力争实现“三个基本”的目标：基本实现数量规模适度增长、结构调整取得进展、质量效益逐步提升的发展态势；基本构筑以实体展会为主，以节庆、会议论坛和虚拟网络展为补充的“1+3”产业发展格局；基本形成政府推动、市场培育、行会参与的联动发展机制。

（1）会展产业得到转型发展。以贸易类展会为重点的展览业得到创新发展，会议和节庆产业得到特色发展。政府主导型会展项目得到转型发展，市场主导型会展项目得到规模发展。会展业总体实力处于国内同类城市前列，努力把会展业培育成为现代服务业的战略性产业。会展业对经济的拉动作用超过400亿元。

（2）主体培育取得明显成效。初步形成以宁波市国际贸易投资发展有限公司（以下简称国投公司）为龙头、大中型专业会展企业为支撑、相关会展服务机构为辅助的“123”会展主体结构，即境外或境内外合作的专业会展机构达到10家，实力较强的专业会展企业突破20家（其中年产值2000万元、1000万元以上各达到10家），相关会展重点配套服务机构超过30家。

（3）会展量质实现跨越提升。力争全市举办会展项目达到400个。其中，举办展会达到200个，展览总面积达到250万平方米；展览面积2万平方米以上的大型展会达到30个。不断做强传统会展项目，大力培育新兴会展项目，重点打造一批国内外有较大影响的“新、特、专、优”的“12633”自主品牌会展项目，即12个优势贸易类展会、6个特色消费类展会、3个高端会议论坛、3个品质节庆活动。取得UFI认证的会展项目达到5个。

（4）发展环境不断优化改善。全市统筹会展业发展的力量得到加强，市场监管规范有序；政策作用有效发挥，服务保障明显提升；专业会展场馆运营能力明显增强；从业人员素质不断提升，人才培育引进取得突破；会展教育科研、产学合作取得较大成效。

第二节　宁波会展业发展的主要任务

一、加快完善会展平台

加快展务经济平台建设。积极发挥国有资本在会展领域的引领性、战略性、基础性和示范性作用，加快推进国展中心及配套项目建设，使之成为宁波打造区域性国际会展之都的核心平台。落实国展中心建设的优惠政策，加快推进一期常年展三、四号馆建设和临时展馆升级改造工程，以满足常年展、临时展日益发展的需要；加快完善场馆商务服务及周边餐饮、住宿、汇兑、交通、仓储等配套功能建设；加快提升场馆安防系统、票证制作与检验系统、消防监控系统、交通系统等配套设施。严格控制各地展览场馆建设，防止重复投资。积极发挥现有余姚中塑国际会展中心、慈溪国际会展中心和在建的宁海县会展中心专业会展场馆的积极作用，不断提升专业会展场馆的运营能力和服务水平，有效支撑展务经济发展。

推进会务经济平台建设。引导各县（市）区结合自身优势和发展需要，积极招商引资，加快建设面向国际的会务经济发展平台，努力打造各类高端商务性会议基地和旅游基地。加快推进东钱湖旅游度假区国际会议中心建设步伐，使之具有承办大中型国际性会议的设施条件。加快推进宁海县溪南国际会议中心、镇海九龙湖商务会议基地等建设，形成特色会务平台。依托宁波市中心三江口区块的宾馆（酒店）集聚资源，积极招商引会，加快打造“三江汇”商务会议基地。引导全市其他主要宾馆（酒店）按照国际化的服务标准，完善会议场地和相关配套设施建设。积极支撑会务经济发展。

二、加快培育会展主体

不断提升现有专业会展主体。指导国投公司按照国际化、专业化的要求经营运作，不断提升综合竞争力。鼓励中小型会展主体通过收购、兼并、联合、参股、控股等方式，进行跨地区、跨部门的战略重组；鼓励国内外资金通过多种方式参与我市会展业的资产重组和股份制改造，推进我市会展业跨区域合作、国际合作。支持市内会展企业加入国际会展组织，推行国际营销战略，力争有5家会展企业加入国际展览联盟（UFI）、美国国际展览协会（IAEM）、英国展览业联合会（EIF）等知名国际会展专业组织；支持会展企业取得ISO国际质量体系认证，提升国际竞争能力。按照《宁波市地方税务局营业税差额征税管理暂行办法》，通过对会展企业多办展、办好展的税收优惠，不断提升现有专业会展企业的实力，着力培育一批规模较大、竞争力较强的会展领军企业，增强会展业发展的内生动力。

大力培育新兴专业会展主体。充分发挥政策的宏观引导和激励作用，努力引进培育一批外向关联度高、招展引会能力强的优秀会展主体。认真落实市政府《关于加快推进国际贸易和会展企业总部基地建设的实施意见》，根据会展企业注册资本额度给予相应的补助。对符合我市引进市外大型服务业机构和总部经济扶持发展要求的会展企业（中介组织），同时享受市政府关于服务业和总部经济的相关政策。积极鼓励国内外相关行业协会、专业会展机构和配套服务企业来我市投资创办会展企业或设立分支机构。鼓励市内相关行业中介组织依托自身资源优势，分设会展企业，积极开拓会展业务；注重与上级行业中介组织联系协调，支持或参与我市会展业发展。引导其他行业有实力的企业集团投资会展业，参与主（承）办我市会展项目。研究成长性会展主体的政策扶持办法，不断壮大会展主体队伍。

不断发展会展配套服务主体。按照会展服务专业化的要求，培育发展与会展业密切相关的项目策划、布展设计、展装搭建、设备租赁、招展招商代理等专业服务企业和交通物流、金融保险、商贸旅游、广告代理及中介服务等配套服务企业，不断延伸会展产业链。引导会展服务企业在专业化、标准化、规范化方面与国际先进水平接轨，不断提升会展配套服务企业的国内外竞争力，有效支撑我市会展业专业化提升发展。

三、择优发展政府会展

优先扶持重点展会。按照“依托产业、服务产业、提升产业”的思路，市本级要围绕打造先进装备制造业基地、推进“4＋4＋4”产业升级工程和推动海洋经济、开放型经济发展等需要，重点择优扶持一批由市政府主导的在国展中心举办的贸易类展会，并给予“一展一策”财政专项支持；筛选一批符合上述导向和要求的市场化运作的自主型、潜力型已办贸易类展会，经严格评估、审核、审批，纳入市政府主导的重点扶持展会。按照“属地需要”的原则，有效发挥各县（市）区专业会展场馆的作用，鼓励各地依托产业优势、市场优势发展各自引领性的贸易类展会。继续办好宁波国际服装服饰博览会、中国浙江投资贸易洽谈会、中国国际日用消费品博览会、中国（宁波）节能产品（技术）博览会、中国国际智慧城市技术与应用产品博览会、中国国际塑料博览会、中国慈溪家电博览会等政府主导型展会。

引导发展节庆会议。鼓励各地结合自身文化历史、特色产业和区域资源优势，通过服务外包，大力培育或引进举办重点性、实效性的特色节庆项目和面向海内外的工业、贸易、物流、金融、旅游、科教、文化等商务性会议论坛，创新发展节会经济。立足宁波高端产业发展的需求，充分利用国内外资源优势，积极争取航运、大宗商品等方面的国际性高端会议论坛来甬举办并落户宁波；加强策划营销，培育一批精品节庆项目。继续办好宁波国际服装节、中国·浙江宁波人才科技周、中国开渔节、中国徐霞客开游节、中国（奉化）雪窦山弥勒文化节、中华慈孝节、中国梁祝爱情节、中国国际湖泊休闲节和甬港经济合作论坛、中国开放论坛、中国智慧城市发展高峰论坛等政府主导型重点节会项目。

规范提升政府会展。按照“突出重点、严格控制、规范运作、注重实效”的原则，既要优先扶持重点展会，严格控制非商品展览或形象展示比重较大的展会，也要培育一批政府支持型的重点节庆和会议论坛。积极推行政府主导型会展项目评估机制。新办的政府主导型会展项目申办前须经可行性评估；传统政府主导型会展项目要通过评估，整合一批、淘汰一批、提升一批；同时要逐步健全政府主导型会展项目财政资金的绩效评价体系。积极推行政府主导型会展项目“1+1”运作模式，不断提升专业化、市场化举办水平。新办的政府主导型会展项目应按照“1+1”模式运作，传统的政府主导型会展项目力争三年内实现转型，同时要控制同一家市内专业会展企业承办政府主导型会展项目数量，确保会展企业集中精力承办好会展项目，以此培育更多、更优的专业会展主体。努力减少政府主导型会展项目的务虚活动，安排财政专项资金的重点展会应要加大招展特别是招商的投入。

四、着力发展市场会展

加大市场化展会政策扶持。充分发挥市场主体的作用，把大力培育市场化展会作为今后会展业发展的重点方向。遵循展会从小到大、从弱到强、从专到优的成长规律，按照“分类分级、突出重点、绩效挂钩”和“小展少助、大展多助、优展特助”的原则，加大对会展企业（中介机构）举办的运作规范的展会项目资金支持力度，积极鼓励会展企业招展引展。有效发挥市本级财政专项资金的激励作用，重点扶持新材料、新能源、新装备、生命健康、海洋高技术、汽车零部件等我市产业发展需要的新题材贸易类展会，适度发展消费类展会。认真把握国务院《关于加强进口促进对外贸易平衡发展的指导意见》，既要大力支持会展企业培育引进进口商品展会，也要积极鼓励市场化运作的展会项目加大招展特别是招商投入，努力扩大展会规模，提高进口展品比重，不断提升展会质量，尽快培育一批市场化的优势品牌展会项目。鼓励各地按照“属地需要、属地受益、属地扶持”的原则，积极发展市场化的特色展会。

提升节会项目市场化水平。按照“突破高端、发展中端、培育专业、适度发展”的思路，鼓励各县（市）区培育发展一批政府支持型商务性会议论坛。按照“精品化、特色化”的要求，打好文化牌、产业牌、海洋牌、港口牌，培育发展一批“政府+市场”运作的重点节庆项目。引导现有政府主导型节会项目立足长远，策划创新，加快引入市场机制，通过服务外包和专业机构策划运作，稳步提升节庆项目和会议论坛的专业化、市场化水平。研究市县两级市场化节庆和商务类会议论坛扶持办法。

规范市场化会展监督管理。按照《宁波市展览业管理暂行办法》，在实践中不断完善展会的“一站式”审核、审批制度，切实规范展会的监督管理。认真做好会展企业办展资格审查，严格把好展会准入关，克服骗展、多头办展和重复办展现象，抵制劣质办展单位和展会项目，防止展会恶性竞争，促进我市展览业健康发展。抓紧研究出台节庆项目和商务性会议论坛管理办法。强化行业自律，加快形成“事前准入审核、事中服务保障、事后评估评优”的监管和评价机制，指导市会展业促进会、市节庆联合会认真履行“服务、代表、协调、自律”的基本职能，健全行业规章，配合政府加强行业监管，保障会员企业的合法权益。

五、积极发展海洋会展

培育海洋重点会展项目。贯彻落实国家和浙江海洋经济发展战略，继续办好中国海洋经济投资洽谈会、中国海洋论坛和中国开渔节、中国国际港口文化节等重点海洋会展项目。积极发展海洋装备、船舶、医药、高新技术、渔业等题材的会展项目，努力争取中国海洋博览会落户宁波。突出重点，整合资源，力争培育一个国内最大、国际有较大影响的“龙头”海洋会展项目，抢占国内海洋会展业新高地。

推进海洋国际会展发展。积极发挥“宁波帮”和帮宁波人士的作用，加强与国外已办的海洋会展项目主办机构合作，推进合作办展，或培育子展、卫星展，争取得到国家有关部门和中介组织的大力支持。通过5~10年培育扶持，力争发展一批国内外有较大影响的海洋题材贸易类展会，大力助推我市海洋经济快速发展。积极参与世界重点海洋会展项目，继续推进申办世界海洋博览会前期申报研究等基础性工作。

建设海洋文化会展中心。以象山大目湾新城筹建海博会展区为契机，突出海洋文化主题，积极培育引进若干知名品牌展览，打造海洋文化展览中心。以中国海洋论坛为引领，依托沿海湾海洋旅游资源，积极发展海洋会议和奖励旅游。以中国开渔节为龙头，丰富海洋节庆内涵，创新办节模式，继续办好石浦“三月三·踏沙滩”民俗节、渔山国际海钓节、象山海鲜美食节等节庆项目，整合现有海洋节庆资源，构建“1+3+N”的海洋节庆体系。

六、努力发展品牌会展

优化项目评选促品牌。突出重点，继续鼓励全市展会项目做大、做强、做专、做优。按照政府主导型、市场主导型两大类，创新开展年度市级优秀展会项目评选活动，优先评选贸易类专业性、进口型展会。稳步推进市级优秀节庆、会议论坛评选活动。力争形成“双十佳展会”（政府主导型、市场主导型）和“双五佳节会”（节庆、会议论坛）项目。重点评选我市自主型和在我市连续举办三年（届）以上的非自主型会展项目。对评出的市场主导型优秀会展项目给予适当的经费奖励。

强化自主创新塑品牌。鼓励我市自主型会展项目组办单位加强自主品牌建设，对获得国际展览联盟（UFI）等知名国际性组织认证和取得国家注册商标的会展项目一次性给予相应资金补助；对获得中国驰名、浙江省著名、宁波市知名商标或名牌的会展项目一次性给予相应专项奖励。加强策划创新，鼓励各类展会项目组办单位，积极培育相应的订货会、对接会等配套活动，增强和延伸展会的实效，不断推进会展业品质化发展。

深化内外合作强品牌。积极发挥我市国内外合作交流资源优势和海内外“宁波帮”、“帮宁波”人士在推动我市会展业发展中的重要作用，加强与国内外相关部门和行业中介组织及相应品牌会展项目组办机构的联系协调，大力引进国际性、全国性的品牌会展项目来甬举办并落户，或联办我市传统会展项目，不断增加国际化元素，提升会展项目举办水平和档次，力争培育国际、国内或区域有较大影响的“12633”大型品牌会展项目，以提升会展项目国际化，促进品牌化发展。

七、创新推进智慧会展

构建智能会展服务体系。结合宁波智慧城市建设，加大投入，重点突破，率先在国内构建智能会展服务体系，争取获得市级或省级、国家级立项建设。努力提升“中国宁波会展网”建设水平，建成多种语言并与国内外知名网站和市内重点会展企业网站、会展项目专题网站链接的全市综合性会展业官方门户网站，集合会展项目网上申报、审批和展会资助资金、项目评优申请及统计分析、信息发布、决策咨询等多种功能。积极探索推进来甬展、客商参多展、多用途的“一卡通”服务体系，包括免费参加市内重点展会和市内公交、餐饮、住宿、购物等结算服务。鼓励重点会展项目专题网站开设网上预约、确认等服务功能。加强专业会展场馆基础设施建设，不断提升智能化服务水平。

促进智慧会展创新发展。重点鼓励注册在本市的会展企业依托自办的贸易类实体展会，培育一个相应的虚拟网络展，给予相应的资金补助，积极开拓“第二展会”，延长展会产业链，促进实体展览与虚拟展览良性互动发展。市内外贸部门要有效发挥各自资源优势、贸易优势，创新发展虚拟网络展。继续办好中国国际日用消费品网上博览会（简称网上消博会）等网上会展。依托国际贸易、专业市场，创新发展网上进出品贸易，建设成为区域性、行业性进出口电子商务平台。鼓励加大投入，逐步推进现有网络展从二维技术向三维、四维立体技术提升。

提升智力会展保障水平。强化会展科研工作，以宁波市会展经济研究所为基础，依托驻甬高校科研和师资力量，进一步提升我市会展科研在国内的影响力，适时成立宁波会展经济学会；加大会展科研投入，提高市级课题会展项目立项比重，支持会展学科团队建设；积极鼓励申报国家、省级会展科研项目，开展会展业发展前瞻性基础理论和方法研究，强化应对性研究，为会展企业和产业发展提供智力支撑。推进会展专业建设，鼓励现有开设会展专业的院校，通过争取国家级专业综合改革试点、省优势专业建设、市品牌专业和重点专业建设等，不断提高专业建设水平；加大会展课程和教材建设力度，争取在国家级、省级视频公开课、资源共享课和规划教材建设方面实现突破。

八、合力构建和谐会展

强化会展项目安全管理。按照“谁组办、谁负责和属地管理”的原则，落实各项大型会展项目安全措施，制订安全应急预案；完善各大型专业会展场馆安防系统、票证检验系统、消防监控系统、交通系统等配套设施和卫生设施；加强专业会展场馆布展搭建施工企业规范化管理，推进“平安会展”建设。认真落实国家对展会的知识产权保护办法，协调市知识产权和工商管理部门设点巡场服务，及时处理展会知识产权保护投诉事宜，推进“信用会展”建设。

提升重点场馆服务运营。充分发挥各专业会展场馆的公共服务平台的作用，加强硬件及配套设施建设，不断提升场馆的现代化、智能化水平；加强自我管理，不断提升规范化、人性化的服务水平。重点加快完善国展中心要场馆的门禁、登陆、交通、消防等配套设施建设，更好地服务于展会举办，并按照“优先贸易类展会、保护传统品牌展会”的原则，有序安排展期；市公安部门要切实加强对其指导，抓紧组建相对稳定的专业安保队伍；建立健全场馆租赁价格和各项服务收费的多方协商机制，立足于政府激励政策一致性，立足于加快推进国展中心建设，尽快研究制订各项优惠收费措施，鼓励会展企业多办展、办好展。

优化会展公共服务保障。着眼于宁波打造“区域性国际会展之都”的大局，充分发挥政府及部门在推动会展业转型升级中的重要作用，积极实施会展服务便利化工程，探索构建具有国际化特征的会展公共服务保障体系。协调宣传、公安、财政、人力社保、城管、交通、食品药品、卫生、工商、质检、海关、检验检疫、知识产权、人才、外事、经济协作等部门，建立行业管理规范化、部门协作程序化、服务保障标准化的工作体系，形成运作有序、相互衔接、高效协同的推进机制。

第三节　宁波会展业发展的保障措施

一、健全组织体系

充分发挥市会展工作领导小组及办公室的作用，定期或不定期召开会议，协调解决会展业发展中的突出问题。各县（市）区和市有关部门要明确分管领导和相应的工作机构及联络员。市会展办要紧紧围绕“战略研究、行业管理、协调保障”三大任务，积极履行职能。按照有利于加快推进会展业转型升级的新要求，有效理顺各级会展工作机构，配强工作力量。充分发挥市会展业促进会、市节庆联合会、市会展经济研究所、市会展业服务中心等会展机构的积极作用，加强对其业务指导和经费支持。研究成立会展业与工业、旅游、贸易、海洋等相关重点行业中介组织联合的服务联盟。加快形成政府主导力、企业主体力、市场配置力的“三力合一”会展业发展增促机制。

二、创新政策措施

根据新形势、新任务和新要求，加强系统研究，抓紧出台加快推进会展业转型升级的政策文件，合理安排使用会展业发展专项资金，切实提高政策的针对性、实效性和操作性。加强对各地各部门会展工作实绩考核，发挥政府部门和各类服务机构在促进会展业发展中的重要作用。重点资助在国展中心举办的市场化运作规范的贸易类特别是专业性较强的展会，扶持专业会展企业，奖励优秀展会和会展工作先进单位与个人，支持有关院校、科研机构和中介服务机构开展工作，做好会展整体营销推广、统计评估、绩效评价、调查研究、从业人员培训等基础性工作。协调市各有关部门大力支持或服务于会展业发展和会展项目筹办；引导各县（市）区制订相应的政策措施，推动本地会展业发展。

三、重视人才培养

积极发挥政府主导和企业主体作用，实施“1+1”会展人才培养工程。按照“以用为本、以用为先、以长期用为好”的原则，支持市内重点会展企业引进一名素质高、稳定性好的高级会展策划或高级会展营运管理等紧缺人才，不断提升我市会展业竞争软实力。对引进和培养的会展业领军人才、拔尖人才及高层次创新创业人才，按有关政策给予扶持和资助。积极开展会展职业培训、资质培训，不断提高会展从业人员整体素质。创新突破，政校联合设立会展专项创业基金，共建会展创业基地。引导会展企业支持从业人员参加国内外学习培训，不断提升企业软实力。积极开展市级“双十佳”（机关、企业各10名）会展工作先进个人评比活动，表彰和奖励为推动我市会展业发展作出贡献的相关人员。

四、做好统计评估

加强会展统计调查。制订会展业统计调查办法，进一步规范会展统计调查工作，完善统计要素和标准设置，健全全市会展业统计数据上报流程，逐步纳入我市国民经济统计体系。加强会展项目评估。成立由各方专业人员组成的会展项目评估机构，逐步向第三方评估认证机构过渡。研究制订会展项目系统评估办法。近期，重点做好政府主导型展会和申请资助资金的市场主导型展会的事前、事中、事后综合评估工作，严格认定展会类型、展览面积和贸易类展会展客商人次等要素指标，逐步推进其他会展项目评估工作。加强会展产业评价，结合会展统计调查和会展项目评估，支撑会展项目评优、资金审核、安全管理等工作，重点测算年度会展业对经济的拉动作用，并做好财政资金的绩效评价工作，及时组织编写年度会展业发展报告，为上级决策提供依据。市会展、财政、统计、审计、公安等部门要加强业务指导和工作支持。

五、加强营销推广

加大经费投入。支持办好“中国宁波会展网”、《宁波会展简报》等有效平台，积极宣传把宁波打造成为区域性国际会展之都的重要意义和作用，大力弘扬先进典型事迹，积极传播会展知识和行业信息，加快形成会展业发展“大合唱”氛围。鼓励“走出去”营销推广。每年有针对性地选择国内外重点会展城市进行专题营销推广和学习考察；整合资源，研究在国内外重要媒体整体营销推广我市会展业和品牌项目的办法。充分发挥展会资助资金调节作用。鼓励会展企业加大展会营销推广投入，开设相应专题网站。市相关部门要大力支持在市区主要道路的公共场所和国展中心周边设置常年展、临时展专题公益广告等配套宣传设施。

参考文献

[1] 孟凡胜，等．会展业发展的影响因素及对城市经济影响的实证研究[J]．技术经济，2012，31(4)：32～37.

[2] 方忠权．广州会展企业空间集聚特征与影响因素[J]．经济地理，2012，68(4)：464～476.

[3] 高欣．会展活动对主办城市经济的影响研究——基于广交会的实证分析[J]．石家庄经济学院学报，2011，34(4)：91～96.

[4] 丛丽，等．北京市会议产业空间格局及其影响因素研究[J]．经济地理，2013，33(5)：78～83.

[5] 陆南雁，等．会展管理中的文化维度[J]．商业研究，2012(12)：391～392.

[6] 冉静斐．会展经济与区域发展——基于重庆的研究[J]．中国经贸导刊，2012(6)：63～66.

[7] 王保伦，等．会展旅游产业链的本质分析[J]．第二外国语学院学报，2006(5)：76～80.

[8] 余向平．会展产业链的结构及其产业延展效应[J]．商业研究，2008(8)：92～94.

[9] 蔡梅良，等．会展对消费的拉动作用探析[J]．消费经济，2009，25(5)：36～38.

[10] 周利方．从社会秩序与价值建构角度论会展的社会文化功能[J]．商业时代，2011(10)：124～125.

[11] 郑昌江，等．哈尔滨市会展产业集群发展的可行性分析[J]．黑龙江对外贸易，2010(11)：6～8.

[12] 吴建，等．基于引力模型的长三角城市会展经济联系的测度及分析[J]．旅游论坛，2011(12)：61～67.

[13] 唐源，等．经济空间聚集效应分析及规划对策——以南宁市会展经济为例[J]．广西师范学院学报（自然科学版），2012，29(3)：57～63.

[14] 吴培明．会展经济的文化张力——世博会跨文化传播分析[J]．上海商学院学报，2009，10(3)：76～79.

[15] 林海榕．福州市会展经济发展及其产业政策立法研究[J]．长春理工大学学报（社会科学版），2013，26(4)：85～87.

[16] 赵磊，等．浙江省旅游景区空间分布差异化研究[J]．经济地理，2013，33(9)：177～183.

[17] 黄海燕，等．F1大奖赛中国站对上海旅游空间的影响[J]．体育科研，2013，34(4).

[18] 陈忆戎．节庆产业与城市发展[M]．北京：中央编译出版社，2011.

[19] 刘思敖，等．浙江经济空间集聚模式的历史演进分析[J]．浙江学刊，2012(1)：210～217.

[20] 杨松．北京会展场馆运营管理模式比较研究[J]．城市管理与科技，2013(1)：28～31.

[21] 甄志国．浅议中山市会展场馆的可持续发展策略[J]．南昌教育学院学报，2013，28(5)：10～12.

[22] 王春才．北京会展业发展与会展场馆建设互馈关系研究[J]．城市问题，2008(9)：39～43.

[23] 张若阳. 会展场馆的区位分析[J]. 商场现代化, 2008(4): 247.
[24] 许懋彦, 等. 德国大型会展中心选址模式及场馆规划[J]. 城市规划, 2003, 27(9): 32~48.
[25] 李娜. 长三角区域会展场馆合作模式研究[J]. 江苏商论, 2008(9): 72~73.
[26] 郭慧萍. 沈阳会展场馆整合发展研究[J]. 北方经贸, 2010(12): 62~63.
[27] 杨勇. 关于会展经济效应若干基本问题的辨析[J]. 旅游学刊, 2009, 22(10): 73~81.
[28] 王晓文. 会展经济效应的作用机制研究: 一个以创业活动为传导路径的观点[J]. 旅游科学, 2011, 25(4): 49~57.
[29] 孟祥敏, 等. 会展促进文化消费的商业模式创新研究[J]. 教育技术研究, 2011(12): 225~226.
[30] 任国岩. 浙江省接轨上海世博会的对策研究[J]. 华东经济管理, 2008, 22(8): 13~16.
[31] 罗秋菊, 等. 社区居民对会展业经济影响感知研究——以广州琶洲村村民为例[J]. 热带地理, 2012, 32(2): 113~120.
[32] 周杰, 等. 会展专业观众的服务认知结构研究——兼论参展动因对服务认知的影响[J]. 旅游学刊, 2011, 26(10): 75~81.
[33] 王春雷, 等. 中美会展产业发展系统比较研究——兼论美国会展产业发展对中国的启示[J]. 世界地理研究, 2006, 15(2): 86~92.
[34] 储祥银. 会展与城市经济间关系研究: 以北京为例[J]. 行业研究, 2009(9): 123~125.
[35] 靳文敏. 城市会展业资金类政策效果评估——以广州、深圳、东莞为例[J]. 旅游学刊, 2013, 28(8): 69~76.

致　谢

经过一段时间的集中工作，《城市会展业发展的理论、方法与应用——基于宁波的探索》终于完成撰写工作。笔者自2003年介入会展业以来，始终得到了宁波市政府会展办等相关部门的大力支持。在本文的撰写过程中，也得到了会展办等部门领导及相关人员的大力支持。其中许多文稿中的研究成果都包含着各级领导的大力支持和悉心指点，这也是本专著能够得以完成的重要保证。

首先，要感谢宁波市政府会展办副主任吴仁兴先生，自2003年开展宁波市会展业发展研究工作以来，他就与我一起研究、工作，我们共同度过了多个不眠之夜，也对宁波会展业的发展达成了高度共识。他以一个军人特有的坚定、认真与执着，指导我在服务宁波会展业的发展过程中走过一段艰苦而又充满乐趣的历程。

感谢宁波市政府分管会展工作的几位副秘书长（部分领导兼任过会展办主任）张松才、陈国强、喻丹桦、张延等，以及市会展办张幸迩、陈文飞、陈忆戎、张力、徐合如、李慧平等各位领导，他们在我多年的研究工作中给我提供了大力的支持。也感谢浙江万里教育集团应雄总裁，在宁波市大力发展会展业的初期，他以敏锐的洞察力，引导我走进会展教育科研领域，并在后面很长一段时期给会展学科专业建设持续的鼓励和支持，才有了今天发展的机遇和坚实的基础。感谢浙江省会展行业协会会长刘志刚、浙江省会展标准化技术委员会秘书长方曦、浙江省文创产业规划与技术评估中心主任陆善兴，还有我的学生、长三角协调会会展专业委员会副秘书长杨谦，对我在相关研究工作中给予的大力支持。

最后，感谢十二年来，在我的研究工作中给予我各种支持的各级领导、各位同仁以及我的学生们！

著　者
2015年4月于宁波